Die Einzel- und Gesamtrechtsnachfolge in die gefahrenabwehrrechtliche Zustands- und Verhaltensverantwortlichkeit

Europäische Hochschulschriften
Publications Universitaires Européennes
European University Studies

Reihe II
Rechtswissenschaft

Série II Series II
Droit
Law

Bd./Vol. 4594

PETER LANG
Frankfurt am Main · Berlin · Bern · Bruxelles · New York · Oxford · Wien

Patrick Schorsch

Die Einzel- und Gesamtrechtsnachfolge in die gefahrenabwehrrechtliche Zustands- und Verhaltensverantwortlichkeit

PETER LANG
Internationaler Verlag der Wissenschaften

Bibliografische Information der Deutschen Nationalbibliothek
Die Deutsche Nationalbibliothek verzeichnet diese Publikation in der Deutschen Nationalbibliografie; detaillierte bibliografische Daten sind im Internet über <http://www.d-nb.de> abrufbar.

Zugl.: Köln, Univ., Diss., 2007

Gedruckt auf alterungsbeständigem, säurefreiem Papier.

D 38
ISSN 0531-7312
ISBN 978-3-631-57321-1

Printed in Germany 1 2 3 4 5 7

www.peterlang.de

meinen Eltern

Vorwort

Die vorliegende Arbeit wurde als schriftlicher Teil meines Dissertationsvorhabens im Februar 2007 von der Universität zu Köln angenommen. Die Anregung für das Thema erfolgte durch Herrn Universitätsprofessor Dr. Arnulf Schmitt-Kammler, der auch die Erstellung der Arbeit begleitete und mich während der gesamten Zeit, in der ich die Dissertation parallel zu meiner Arbeit als Rechtsanwalt verfasste, mit einer Freundlichkeit und Nachsicht bezüglich der dadurch immer wieder eintretenden Verzögerungen betreute, für die ich ihm an dieser Stelle meinen herzlichsten Dank aussprechen möchte. Mein Dank gilt ebenfalls Herrn Universitätsprofessor Dr. Stefan Muckel für die Erstellung des Zweitgutachtens.

Danken möchte ich schließlich auch meiner Frau Vuslat Kuyas-Schorsch für die Mithilfe bei der Durchsicht und Korrektur der Arbeit sowie das Verständnis für die in dieser Zeit sehr eingeschränkte Gelegenheit, füreinander da zu sein.

Düsseldorf, 13.04.2007

Inhaltsverzeichnis

I. Einleitung / Problemstellung

Im öffentlichen Recht existiert – im Gegensatz zum Zivilrecht – keine allgemeine Kodifizierung der Rechts- und Pflichtennachfolge. Das Zivilrecht knüpft an verschiedene Tatbestände einen Wechsel sämtlicher Rechtspositionen und somit insbesondere der bestehenden Rechte und Pflichten von einem Subjekt auf ein anderes (Gesamtrechtsnachfolge) und lässt explizit die Übertragung einzelner Rechtspositionen von einem Subjekt auf ein anderes zu (Einzelrechtsnachfolge).

Das Fehlen einer solchen allgemeinen Kodifizierung im öffentlichen Recht lässt die Frage, ob und gegebenenfalls auf welche Weise auch dort eine solche Rechtsnachfolge stattfindet, als eine der dogmatisch schwierigsten Themen dieses Rechtsgebiets erscheinen[1]. Lange Zeit galt dieses Thema darüber hinaus als in Rechtsprechung und Literatur unterentwickelt[2].

Im Unterschied zur Frage des möglichen Übergangs subjektiver Rechte stellt sich bei einem möglichen Pflichtenübergang zusätzlich die Problematik, dass es sich hier in der Regel um eine mögliche Belastung des potentiellen Rechtsnachfolgers und damit um einen Eingriff - zumindest - in dessen allgemeine Handlungsfreiheit aus Art. 2 Abs. 1 GG handelt[3], der nach dem Prinzip der Gesetzmäßigkeit der Verwaltung daher dem Vorbehalt einer gesetzlichen Regelung unterliegt.

Dies ist praktisch vor allem relevant bei Pflichten des Bürgers, die aus dem Polizei- und Ordnungsrecht resultieren[4]. Hier haben insbesondere die so genannten „Altlastenfälle" für umfangreiche Diskussionen in Literatur und Rechtsprechung gesorgt. Die hierbei erarbeiteten Ansichten und Lösungsvorschläge sind mannigfaltig und teilweise auch heute noch grundverschieden.

Zur Illustration mag eine Entscheidung des VGH Bad.-Württ.[5] aus dem Jahre 1999 dienen. Die Behörde hatte hier von der Inanspruchnahme des zivilrechtlichen Gesamtrechtsnachfolgers eines Handlungsstörers abgesehen, da aufgrund des starken Streits um den Übergang der Verhaltensverantwortlichkeit in Literatur und Rechtsprechung ein langwieriger Rechtsstreit mit ungewissem Ausgang zu befürchten gewesen sei. Das Gericht bestätigte die Rechtmäßigkeit dieser Vorgehensweise, da es für die Behörde unzumutbar gewesen sei, sich einer solchen Ungewissheit auszusetzen[6].

Die vorliegende Arbeit will zunächst einen Überblick über die bisherigen Ansätze und Theorien vermitteln und diese anschließend auf ihre dogmatische Stringenz hin überprüfen sowie abschließend eine Systematisierung versuchen.

---

[1] Zacharias, JA 2001, S. 720
[2] Heitmann, Rechtsnachfolge, S. 1; Rimann, DVBl. 1962, S. 553; Ihmels, DVBl. 1972, S. 481; v. Mutius, VerwArch Bd. 62, S. 83
[3] Dietlein, Nachfolge im öffentlichen Recht, S. 197
[4] Zacharias, JA 2001, S. 720
[5] UPR 8/2000, S. 314
[6] Auch Nolte / Niestedt, JuS 2000, S. 1072 sprechen von einer „abschreckenden Meinungsvielfalt"

II. Bisherige Lösungsansätze

1. Ursprüngliche Ansichten

Bis in die späten sechziger Jahre hinein entsprach es der ganz überwiegenden Meinung, dass eine Nachfolge in polizeirechtliche Pflichtenstellungen nicht in Betracht kam[7]. Dem lag die Annahme zugrunde, bei öffentlich-rechtlichen Rechtspositionen des Bürgers handele es sich stets um solche höchstpersönlicher Natur[8]. Ein höchstpersönliches Rechtsverhältnis zeichnet sich nach der gängigen Definition dadurch aus, dass es untrennbar mit der Person des Betroffenen verknüpft ist, so dass eine Übertragung auf ein anderes Subjekt schon per se ausscheidet. Dies ist auch im Rahmen der zivilrechtlichen Rechtsnachfolgeregelungen allgemein anerkannt[9].

Die Höchstpersönlichkeit öffentlich-rechtlicher Rechtspositionen, die damals als „gesicherte Lehre" bezeichnet wurde[10], wurde überwiegend damit begründet, dass Verwaltungsrechtsverhältnisse stets auf die individuelle Position des jeweiligen Bürgers gegenüber der Behörde bezogen, somit mit den individuellen Verhältnissen des Bürgers untrennbar verknüpft seien und daher eine Übertragung auf ein anderes Subjekt wegen dessen unterschiedlicher individueller Position bzw. unterschiedlichen persönlichen Verhältnissen ausscheide[11].

Teilweise wurden gesetzliche Regelungen des Polizeirechts, die eine Übertragung bestimmter Rechtspositionen zuließen (§ 20 Abs. 2 PVG; § 18 Abs. 2 OBG NRW) als Beleg dafür zitiert, dass eine solche Übertragbarkeit regelmäßig ausscheide und daher einer spezialgesetzlichen Normierung bedurft habe[12].

Anders bewertet wurde indes teilweise die sich sekundär aus der polizeirechtlichen Verantwortlichkeit ergebende Kostentragungspflicht, z. B. für die Kosten einer stattgehabten Ersatzvornahme. War das Polizeirechtsverhältnis bis in dieses Stadium hinein „gediehen", so wurde eine Nachfolgefähigkeit bejaht, da die Verpflichtung zur Zahlung einer Geldsumme vermögensrechtlicher und nicht höchstpersönlicher Natur sei[13]. Bezeichnend war die Ansicht, der Staat müsse die Geldforderung dann aber vor dem Zivilgericht einklagen, weil sich die Haftung des Rechtsnachfolgers ja ausschließlich auf Zivilrecht gründe, da die eigentliche öffentlich-rechtliche Pflicht nicht übergangsfähig sei[14]

---

[7] Mayer, Verwaltungsrecht, S. 245ff; Jellinek, Verwaltungsrecht, S. 211ff; Fleiner, Institutionen des Deutschen Verwaltungsrechts, 6./7. Aufl., S. 138ff.; Drews-Wacke, Allgemeines Polizeirecht, S. 209 f.

[8] Finkelnburg, JuS 1965, 498; Hurst, DVBl. 1963, S. 806; Ausnahmen wurden lediglich bei „vermögensrechtlichen Ansprüchen des öffentlichen Rechts" gemacht (z. B. BVerwGE 11, S. 46)

[9] Zur Einzelrechtsnachfolge Grüneberg in: Palandt, BGB, § 399 Rz. 6 m. N; zur Gesamtrechtsnachfolge Edenhofer in: Palandt, BGB, § 1922 Rz. 36 m. N.

[10] Drews-Wacke, Allgemeines Polizeirecht, S. 209

[11] Finkelnburg, JuS 1965, 498

[12] Drews-Wacke, Allgemeines Polizeirecht, S. 210; Hurst, DVBl. 1963, S. 804ff.

[13] Hurst, DVBl. 1963, S. 804; anders indes noch BVerwGE 10, 285: „Dem Grundsatz des persönlichen Charakters der Polizeipflichtigkeit und der Tatsache, dass die Kostenpflicht lediglich einen Annex hierzu darstellt, entspricht es, dass eine Rechtsnachfolge in die Kostenverpflichtung ... nicht stattfindet."

[14] Bischoff, NJW 1965, S. 1420

Auch die Rechtsprechung vertrat ursprünglich die vorgenannte Ansicht. So entschieden das BVerwG[15], der BayVGH[16] und das OVG Münster[17], dass die jeweils streitgegenständlichen Polizeipflichten mit dem Tode des ursprünglichen Pflichtenträgers erloschen seien und daher kein Übergang stattfinde.

2. Erste Abweichungen

Diese ganz herrschende Lehre wurde, abgesehen von vereinzelten abweichenden Ansichten, erstmals grundsätzlich von Ossenbühl in Frage gestellt[18]. Er wirft der überkommenen Lehre vor, die These von der Höchstpersönlichkeit apodiktisch zu verwenden und die (auch von ihm angenommene) Höchstpersönlichkeit bestimmter Verpflichtungen (so z. B. diejenige zur Duldung einer körperlichen Untersuchung) ohne begründeten Anlass auf sämtliche polizeirechtlichen Pflichten zu übertragen.

Er selbst plädiert dafür, diejenigen Polizeipflichten, welche vertretbare Handlungen zum Gegenstand haben, aus dem Kreis der höchstpersönlichen Pflichten auszuschließen. Zur Begründung verweist er auf die weitgehend akzeptierte Übergangsfähigkeit von Kostenforderungen. Er argumentiert, dass die Polizeipflicht, eine vertretbare Handlung vorzunehmen, die Kostentragungspflicht für eine von der Behörde veranlasste Ersatzvornahme bereits „embryonal" in sich trage[19].

Als Konsequenz aus dieser Ansicht will er allerdings nicht die Pflicht zur Vornahme der vertretbaren Handlung auf den Erben übergehen lassen[20], sondern diesen nur für die Kosten der Ersatzvornahme haften lassen, welche dann die Behörde seiner Ansicht nach offenbar ohne weiteres veranlassen kann[21].

3. Die Theorie vom „sachbezogenen" oder „dinglichen Verwaltungsakt"

Für bestimmte öffentlich-rechtliche Pflichten vertrat, soweit ersichtlich, erstmals Walter Jellinek[22] die Auffassung, dass diese dann übergehen könnten, „wenn das Pflichtsubjekt irgendwie mit dem Eigentume an einer Sache, insbesondere einem Grundstück, wechselt".

Hier wurde erstmals der Gedanke entwickelt, dass bestimmte Verwaltungsakte ihrem Regelungsgehalt nach eher die Eigenschaften einer Sache als die persönlichen Verhältnisse des Sacheigentümers betreffen.

Diese Lehre wurde 1968 vom OVG Saarlouis[23] und daran anknüpfend 1971 vom BVerwG[24] aufgegriffen. Sie stellten sich auf den Standpunkt, eine polizeirechtliche

---

[15] BVerwGE 10, 282
[16] BayVBl. 1970, 328
[17] OVGE 24, 91
[18] Ossenbühl, NJW 1968, S. 1993
[19] Ossenbühl, NJW 1968, S. 1996
[20] Ossenbühl, NJW 1968, S. 1996: „Die Pflicht, die Gefahr eigenhändig zu beseitigen, trifft nur den Verursacher und sinkt mit ihm ins Grab"
[21] Hiergegen Heitmann, Rechtsnachfolge, S. 163 mit dem Argument, die Vollstreckung einer nicht mehr bestehenden Polizeipflicht sei jedenfalls rechtswidrig.
[22] Verwaltungsrecht, S. 195
[23] BRS 22, Nr. 215
[24] NJW 1971, 1624

Pflicht könne auf den Rechtsnachfolger übergehen, wenn der Inhalt der Pflicht sich nicht primär auf den Adressaten, sondern auf die betroffene Sache beziehe.

Ausgangspunkt dieser Entscheidungen war die Frage, ob eine für den Bürger nachteilige Verfügung der Baurechtsbehörde (im Falle des BVerwG eine Abrissverfügung) auch gegenüber dem Erben Wirkung zeitige.

Die Gerichte argumentierten, eine solche Verfügung sei ihrem Inhalt nach grundstücksbezogen, sie stelle primär auf das Vorhaben und nicht auf die Person des Eigentümers ab[25] und erhalte gerade aus dieser „Dinglichkeit“ ihr besonderes Gepräge[26]. Vor diesem Hintergrund habe die Verpflichtung dem Schicksal der Sache zu folgen und daher auf den Zivilrechtsnachfolger überzugehen.

Den Umstand, dass solche Verfügungen als Ermessensentscheidungen zwangsläufig auch persönliche Elemente berücksichtigen müssen, räumten die Gerichte zwar ein, entgegneten aber, dieser Tatsache könne man auch noch im Vollstreckungsverfahren im Rahmen der auch dort zu treffenden Ermessensentscheidungen Rechnung tragen[27].

Weiter wurde auf entsprechende Vorschriften in den Landesbauordnungen verwiesen[28], in denen ausdrücklich geregelt sei, dass Baugenehmigungen nicht nur für, sondern auch „gegen“ den Rechtsnachfolger wirken sollten; gleiches müsse für belastende Verfügungen der Bauaufsichtsbehörde gelten.

Schließlich führten die Gerichte an, für diese Ansicht und die daraus folgende Handhabung sprächen „nicht zuletzt praktische Erwägungen“, es sei „unbefriedigend“, wenn mangels Überganges der jeweiligen Rechtspositionen die Behörden gegenüber dem zivilrechtlichen Rechtsnachfolger ein neues Verfahren einleiten und durchführen müssten. Dies eröffne zudem die Gefahr eines Rechtsmissbrauchs durch einen nur vorgeschobenen Eigentümerwechsel.

Diese Rechtsprechung wurde im weiteren Verlauf von verschiedenen Gerichten aufgegriffen, verfestigt und erweitert. So sah bereits 1979 der VGH Mannheim keine Notwendigkeit mehr, den Übergang einer Abbruchverfügung auf den Rechtsnachfolger weiter zu begründen als mit dem Hinweis: „Nach materiellem Recht wirkt eine gegen den Grundstückseigentümer erlassene Anordnung zum Abbruch eines Bauwerkes auch gegen den Rechtsnachfolger“[29], wobei zum Beleg die vorgenannten Entscheidungen zitiert wurden.

Im Tenor dieses Urteils wurde dies sowohl für die Einzel-[30] als auch für die Gesamtrechtsnachfolge ausgesprochen sowie auf den Fall erweitert, dass ein Neueigentümer das Grundstück im Wege der Zwangsversteigerung erworben hatte.

---

[25] BVerwG aaO. S. 1625

[26] So auch Heitmann, Rechtsnachfolge, S. 31, der sogar ausführt, die Bauerlaubnis und Genehmigung einer Anlage enthielten lediglich „Zustandsregelungen einer Sache“

[27] OVG Münster, NVwZ 1987, S. 427

[28] So im Fall des OVG Saarlouis § 96 Abs. 2 SaarlBauO

[29] NJW 1979, S. 1565

[30] Dies war immerhin vom VGH Kassel (NJW 1976, S. 1910), anders als für die Gesamtrechtsnachfolge, noch verneint worden.

Das OVG Münster[31] bezeichnete darüber hinaus die Möglichkeit, dass baubehördliche Entscheidungen auch persönliche Elemente des Betroffenen berücksichtigten, als eine „mehr theoretische Möglichkeit".

4. Die weitere Entwicklung

Auch in der Folgezeit kam es nicht zu einer einheitlichen Linie in der Literatur bzw. zwischen Lehre und Rechtsprechung.

a) Einige Autoren halten an der grundsätzlich fehlenden Übergangsfähigkeit öffentlich-rechtlicher Rechte und Pflichten fest[32].

b) Andere halten lediglich die Verhaltensverantwortlichkeit für übergangsfähig, da diese - einmal durch die Handlung begründet - auch über den Tod hinaus weiter bestehe[33]; weitere Autoren wollen gerade bei der Verhaltensverantwortlichkeit wegen deren Personenbezuges einen Rechtsübergang ausschließen[34]. Teilweise wird vertreten, der Übergang einer noch nicht durch Verwaltungsakt konkretisierten Pflichtenstellung komme nicht in Betracht, entweder, weil es sich noch um gar kein bestehendes Rechtsverhältnis handele[35] oder aber, weil diese Pflichtenstellung an die Person des Verursachers gebunden und somit höchstpersönlich sei[36]. Dem entgegen wird von anderen Autoren die Übergangsfähigkeit ohne weiteres[37] oder zumindest „grundsätzlich" [38] bejaht. Teilweise wird auch hier differenziert mit dem Ergebnis, dass die Pflicht dann übergangsfähig sei, wenn sie in einer vertretbaren Handlung bestehe[39] oder aber die Übergangsfähigkeit wird nur dann ausgeschlossen, wenn die Pflicht - ausnahmsweise im Einzelfall - eine höchstpersönliche sein sollte[40].

c) Auch diejenigen Autoren, welche eine Übergangsfähigkeit grundsätzlich oder zumindest teilweise bejahen, schließen zum Teil eine Rechtsnachfolge dennoch wegen Fehlens einer gesetzlichen Übergangsanordnung aus.

aa) So wird die Nichtanwendbarkeit der zivilrechtlichen Nachfolgeanordnungen beispielsweise damit begründet, dem Zivilrecht liege das Prinzip der Privatautonomie zugrunde, demgegenüber betreffe das öffentliche Recht überwiegend Subordinationsverhältnisse[41]. Abgesehen von einzelnen spezialgesetzlichen Anordnungen wird

---

[31] NVwZ 1987, S. 427
[32] Schenke, Polizeirecht, 4. Aufl. § 4 VII Rz. 296; Wolff / Bachof / Stober, Verwaltungsrecht Bd. 1, 9. Aufl., S. 316, anders jetzt aber in der 11. Aufl. (S. 630ff)
[33] Wallerath, JuS 1971, S. 465; Finkelnburg (JuS 1965, S. 498) nimmt dies gar nur für die abstrakte Verhaltensverantwortlichkeit an, da bei der Konkretisierung durch den Erlass des jeweiligen Verwaltungsaktes von der Behörde persönliche Elemente zu berücksichtigen gewesen seien. Dieser Umstand mache die konkretisierte Verpflichtung dann zu einer solchen höchstpersönlicher Natur und schließe damit deren Übergangsfähigkeit aus.
[34] Papier, DVBl. 1996, S. 128
[35] Dietlein, Nachfolge im öffentlichen Recht, S. 227; Rau Jura 2000, S. 437
[36] Götz, Allgemeines Polizei- und Ordnungsrecht, Rz. 247
[37] Schlabach / Simon, NVwZ 1992, S. 143; Schink, GewArch. 1996/2, S. 50; Stadie, DVBl. 1990, S. 501
[38] Zacharias, JA 2001, S. 727
[39] Rumpf VerwArch. Bd. 78 (1987), S. 269
[40] Schoch, JuS 1994, S. 1026; so wohl im Ergebnis auch Zacharias, JA 2001, S. 727
[41] Rumpf, VerwArch Bd. 78 (1987), S. 284

daher ein Übergang öffentlich-rechtlicher Positionen ausgeschlossen und eine entsprechende gesetzliche Regelung gefordert.[42]

Eine analoge Anwendung der zivilrechtlichen Normen wird auch unter Hinweis auf den Vorbehalt des Gesetzes für staatliches Eingriffshandeln abgelehnt[43], der nicht durch „Analogien und Rechtsgrundsätze ... unterlaufen" werden dürfe[44].

bb) Andere halten die Anwendung zivilrechtlicher Nachfolgetatbestände immerhin für „möglich", allerdings lediglich beschränkt auf bereits durch Verwaltungsakt konkretisierte Rechtsverhältnisse[45].

In einer späteren Veröffentlichung[46] bezeichnet derselbe Autor indes die zivilrechtlichen Nachfolgeregelungen bereits als „allgemeinen, im Privat- und öffentlichen Recht gleichermaßen anerkannten Rechtssatz"[47].

cc) Zacharias[48] hält die zivilrechtlichen Normen über die Gesamtrechtsnachfolge nur außerhalb des Eingriffsrechts für analog anwendbar, bei (unfreiwilliger) Gesamtrechtsnachfolge sei dem Vorbehalt des Gesetzes nur durch eine ausdrückliche öffentlich-rechtliche Norm Genüge getan.

Bei der autonomen, also der auf einem Willensakt der jeweiligen Grundrechtsträger beruhenden Einzelrechtsnachfolge, die auch in Pflichtenstellungen grundsätzlich möglich sei[49], sei allerdings der Gesetzesvorbehalt aufgrund der Möglichkeit der Privatperson zum Grundrechtsverzicht eingeschränkt und auf die Beachtung der Verfassungsgrundsätze, insbesondere des Grundsatzes der Verhältnismäßigkeit, begrenzt[50].

d) Einige Autoren wollen mit unterschiedlicher Begründung die zivilrechtlichen Regelungen über die Gesamt- und/oder Einzelrechtsnachfolge direkt oder analog oder auch nur teilweise anwenden.

aa) So wird vertreten, dass die zivilrechtlichen Vorschriften über die Gesamt- und Einzelrechtsnachfolge auch im Verwaltungsrecht gälten[51]. Sie gehörten nicht lediglich dem Zivilrecht an, sondern stellten „übergreifende Bestimmungen dar, die als abstrakte Rechtsgestaltungsformen eine Art von ‚Gemeinrecht' " bildeten[52].

Eine Ausnahme wird hier indes teilweise bei der Einzelrechtsnachfolge in Pflichtenstellungen gemacht. Da diese nicht zur Disposition des Pflichtenträgers stünden, käme eine Anwendung der §§ 398 ff. BGB nicht, sondern nur ein Übergang kraft Gesetzes in Betracht[53].

---

[42] Peine, DVBl. 1980, S. 947
[43] Wolff / Bachof / Stober, Verwaltungsrecht Bd. 1, 11. Aufl. Rz. 59f.
[44] Wolff / Bachof / Stober, Verwaltungsrecht Bd. 1, 9. Aufl. Rz. 59f.
[45] Papier, NVwZ 1986, S. 262
[46] Papier, DVBl. 1996, S. 125
[47] Papier, DVBl. 1996, S. 125
[48] Zacharias, JA 2001, S. 726
[49] Zacharias, JA 2001, S. 726
[50] Zacharias, JA 2001, S. 726
[51] Erichsen / Ehlers, Allgemeines Verwaltungsrecht, 12. Aufl., § 11 II 6 (Rz. 51), anders jetzt jedoch in der 13. Aufl., § 17 II 5 (Rz. 18)
[52] Stadie, JA 2001, S. 727; Rau, Jura 2000, S. 37
[53] Ebenso (mittlerweile) Papier, DVBl. 1996, S. 126; wohl auch Schink, GewArch. 1996, S. 60: die nachfolgende Formulierung, „beide Ansätze" seien „nicht überzeugend", die damit auch den vorgenannten einschließt, dürfte ein Formulierungsfehler oder ein Redaktionsversehen darstellen

bb) Teilweise wird von einer entsprechenden Anwendbarkeit der zivilrechtlichen Nachfolgevorschriften ausgegangen, ohne dass dies näher begründet würde[54].

Dies wird auch von Autoren vertreten, die die direkte Anwendung noch mit dem Argument verneinten, den zivilrechtlichen Rechtsnachfolgevorschriften komme keine irgendwie belegbare öffentlich-rechtliche Natur zu[55].

cc) Teilweise wird auch hier zwischen der Gesamt- und der Einzelrechtsnachfolge differenziert, wobei die überwiegenden Stimmen hier eine analoge Anwendung der Vorschriften über die Gesamtrechtsnachfolge für möglich halten, eine solche aber bei der Einzelrechtsnachfolge ablehnen[56].

5. Ausblick

Wie die Vielzahl der vorstehend aufgeführten Meinungen, denen noch weitere hinzugefügt werden könnten, zeigt, baut die Diskussion um die Nachfolge in polizeirechtliche Pflichtenstellungen auf einigen grundsätzlicheren Fragestellungen auf.

Es handelt sich hierbei zunächst um die Fragen,

- ob und gegebenenfalls wie eine Rechtsnachfolge im öffentlichen Recht – hier insbesondere im Bereich der Eingriffsverwaltung – überhaupt stattfinden könne und welche gesetzlichen Grundlagen hierfür in Betracht kämen. Diese Frage wird in der Diskussion regelmäßig unter der Überschrift „Nachfolgetatbestand“[57] oder „Übergangsanordnungsnorm“ behandelt.

  Hierbei sind dann noch die Unterkomplexe „Gesamtrechtsnachfolge“ und „Einzelrechtsnachfolge“ auseinanderzuhalten, da diese – ob zu Recht oder zu Unrecht, wird zu untersuchen sein – weitestgehend unterschiedlich gewertet werden.

- ob die dabei entwickelten Grundsätze auch auf die polizeirechtlichen Verantwortlichkeitspositionen übertragbar seien. Diese Frage wird unter dem Titel „Übergangsfähigkeit“[58] diskutiert.

  Zuweilen werden diese Fragenkomplexe auch (zumindest begrifflich) vermischt[59].
  Anschließend sind diese Erkenntnisse auf die möglichen Konstellationen der polizeirechtlichen Verantwortlichkeit anzuwenden. Als solche sind zu unterscheiden:

- Die Zustandsverantwortlichkeit, und zwar zum einen in ihrer abstrakten, sich (lediglich) aus dem Gesetz ergebenden Form und zum anderen in ihrer durch Verwaltungsakt „konkretisierten“ Ausgestaltung,

---

[54] Schlabach / Simon, NVwZ 1992, S. 143; Götz, Allgemeines Polizei- und Ordnungsrecht, Rz. 247ff.; Ihmels, DVBl. 1972, S. 483
[55] Wallerath, JuS 1971, S. 464
[56] Schoch, JuS 1994, S. 1030; Gusy, Polizeirecht, 2. Aufl. Rz. 286; Schenke, GewArch 1976, S. 7
[57] Muckel, Klausurenkurs zum besonderen Verwaltungsrecht, S. 151 Vorbemerkung zu Fall 18a
[58] Otto, Die Nachfolge in öffentlich-rechtliche Positionen des Bürgers, S. 52
[59] So spricht z. B. Gusy (Polizeirecht, 6. Aufl., Rz. 362) von „Übergangsfähigkeit“ und meint damit die Existenz von Übergangsnormen, ebenso Schlabach / Simon, NVwZ 1992, S. 144

- Die Verhaltensverantwortlichkeit, wobei ebenfalls zwischen abstrakter und konkretisierter Verantwortlichkeit zu unterscheiden sein wird.

Eine Prüfung der aufgeworfenen Fragenkomplexe setzt zunächst die Klärung und Hinterfragung einiger grundsätzlicher Begrifflichkeiten voraus. Mit den daraus gewonnenen Erkenntnissen soll dann versucht werden, die vorstehend aufgeworfenen Grundsatzfragen zu beantworten und die dazu bereits entwickelten Lösungsansätze einer kritischen Betrachtung zu unterziehen. Hierbei soll der Schwerpunkt auf die Frage gelegt werden, ob es möglich ist, allgemeine Ansätze zur Lösung der Problematik zu entwickeln. Abschließend soll dann ein Überblick über die gewonnenen Erkenntnisse durch Zuordnung der Ergebnisse zu den einzelnen, vorstehend genannten Erscheinungsformen gegeben werden.

III. Grundsätzliches

1. Die Rechtsnachfolge

Unter dem Begriff Rechtsnachfolge wird klassischerweise der Übergang einer rechtlichen Position von einem Rechtssubjekt auf ein anderes verstanden. Hierbei darf naturgemäß die Rechtsposition durch diesen Übergang keine, zumindest keine wesentliche, inhaltliche Änderung erfahren, da sich ansonsten nicht mehr vom Übergang ein- und derselben Rechtsposition sprechen ließe[60]. Der Untergang eines Rechtes bei einem Rechtssubjekt und das (gleichzeitige oder dadurch begründete) Entstehen einer von der untergegangenen abweichenden Rechtsposition bei einem anderen Rechtssubjekt fällt somit nicht unter den Begriff „Rechtsnachfolge“[61]. Schink formuliert daher pointiert: „Rechtsnachfolge ist Substitution des Rechtssubjekts bei Kontinuität des Rechtsobjekts“, wobei als Rechtsobjekt hier der Inhalt der rechtlichen Position zu verstehen ist.

a) Beteiligte und Gegenstand der Rechtsnachfolge

Als Rechtssubjekte, zwischen denen die rechtliche Position wechseln kann, kommen sowohl natürliche als auch juristische Personen, sowohl Grundrechts- als auch Hoheitsträger in Betracht.

Als Rechtsposition wird zunächst die rechtliche Beziehung eines Subjektes zu einem anderen Subjekt bezeichnet. Diese kann sowohl eine Anspruchs- als auch eine Pflichtenposition sein. Bei den Anspruchspositionen kann noch weiter differenziert werden zwischen einerseits dem Recht, von einem anderen Subjekt ein bestimmtes Tun oder Unterlassen zu fordern und andererseits dem Recht, generell andere von der Einwirkung auf eine Sache auszuschließen, wie dies z. B. beim zivilrechtlichen Eigentum der Fall ist.

Schließlich existieren noch Rechtspositionen, die ausschließlich den Status eines Rechtssubjektes klassifizieren, so z.B. bei natürlichen Personen die Eigenschaft als „Ehegatte“, „Bürger“, „Kaufmann“ etc.

b) Anlass für die Rechtsnachfolge

Einen Schwerpunkt der in diesem Zusammenhang geführten Diskussionen bildet die Frage nach dem Grund des Übergangs einer Rechtsposition von einem Subjekt auf ein anderes.

Hierfür kommen grundsätzlich zwei Alternativen in Betracht:

aa) Gesetzlicher Übergang

Der Übergang einer Rechtsposition auf ein anderes Subjekt kann vom Gesetz angeordnet werden.

Abgesehen von dem praktisch eher seltenen, aber naturgemäß auch möglichen Fall der Anordnung einer Rechtsnachfolge durch Einzelfallgesetz wird sich dies regelmä-

---

[60] Heitmann, Rechtsnachfolge, S. 3
[61] Heitmann, Rechtsnachfolge, S. 3

ßig derart vollziehen, dass das Gesetz generell für das Vorliegen bestimmter Tatbestandsmerkmale die Rechtsfolge anordnet, dass die jeweilige Rechtsposition, die bisher bei einem Rechtssubjekt bestand, nunmehr auf ein anderes Rechtssubjekt übergeht.

bb) Gewillkürter Übergang

Weiter kommt als Grund für die Rechtsnachfolge in Betracht, dass sich zwei Rechtssubjekte über den Übergang der Rechtsposition zwischen ihnen einigen und diesen daher freiwillig herbeiführen.

Das geltende Recht, insbesondere das Zivilrecht, stellt hierfür eine Vielzahl von Gesetzen zur Verfügung, die solche Rechtsübertragungen zulassen, regeln, ausschließen etc. Die dort zu findende Kodifizierungsdichte lässt die Frage angebracht erscheinen, ob hier nicht auch schon von einem „Übergang kraft Gesetzes" gesprochen werden könnte, da das Gesetz dazu neigt, den Willen der Rechtssubjekte in bestimmte Kategorien zu „kanalisieren" und die jeweiligen Rechtsfolgen dann explizit und teilweise abschließend zu regeln

Besonders deutlich wird dies im zivilrechtlichen Sachenrecht, welches die Beziehungen von Rechtssubjekten untereinander in Ansehung von Sachen regelt (nicht, wie mancherorts formuliert wird, die Verhältnisse eines Rechtssubjektes zu einer Sache). Hier herrscht die einmütige Auffassung, dass die Rechtssubjekte zur Gestaltung ihrer Beziehungen ausschließlich auf die vom Gesetz zur Verfügung gestellten Formen zurückgreifen dürfen („Numerus Clausus" oder „Typenzwang" der Sachenrechte[62]), so dass der einzige „gewillkürte" Akt bei einer Rechtsübertragung noch im „ob", nicht mehr aber im „wie" der Übertragung gesehen werden kann (mit Ausnahme allenfalls der Auswahl der jeweiligen vom Gesetz zur Verfügung gestellten Übertragungsform).

Das zivilrechtliche Schuldrecht räumt hier wesentlich eher dem Parteiwillen die maßgebliche Rolle ein. Auch hier wird allerdings zunächst versucht, die Einigung der Rechtssubjekte unter eine feststehende Kategorie zu klassifizieren (Kaufvertrag, Mietvertrag etc.), um sie dann bestimmten Regelungen zu unterwerfen.

Doch wird hier zum einen der Autonomie der Rechtssubjekte dadurch Rechnung getragen, dass in der historischen Entwicklung Kategorien neu gebildet werden, die den von den Parteien gewollten Inhalt zutreffender wiedergeben als die ursprünglich vorhandenen Regelungen (Leasingvertrag, Reisevertrag etc.) und dass schließlich in § 305 BGB anerkannt wird, die Rechtssubjekte könnten ihre rechtlichen Beziehungen untereinander in einer Form regeln, für die das Gesetz überhaupt keine Kategorie vorsieht.

Vor diesem Hintergrund und angesichts der Tatsache, dass das Schuldrecht nur in ganz seltenen Fällen auf die Entscheidung der Rechtssubjekte, ob sie überhaupt von einer der vom Gesetz angebotenen Möglichkeiten Gebrauch machen wollen, Einfluss nimmt[63], sollen in der vorliegenden Arbeit zumindest die im Schuldrecht des BGB geregelten Übertragungsvorgänge als „gewillkürte" behandelt werden.

---

[62] Bassenge in: Palandt, BGB, Einl. vor § 854 Rz. 2 m. w. N.
[63] Sog. „Kontrahierungszwang", dazu Brox, BGB AT, S. 50 Rz. 74; Heinrichs in: Palandt, BGB, vor § 145 Rz. 8

Davon losgelöst bleibt natürlich die Frage offen, ob – speziell im öffentlichen Recht – auch eine gewillkürte Rechtsübertragung ohne entsprechende gesetzliche Regelung denkbar sei. Dem wird an späterer Stelle nachzugehen sein.

c) Die Rechtsnachfolge im Zivilrecht

Wie schon in den vorangegangenen Ausführungen angedeutet, hat das Institut der Rechtsnachfolge vor allem im Zivilrecht eine umfangreiche Kodifizierung erfahren. Die verschiedenen möglichen Ausgestaltungsformen einer Rechtsnachfolge sowie ihre Abgrenzungen von ähnlichen Fallgestaltungen sollen daher an Beispielen aus dem Zivilrecht dargestellt werden.

aa) Gesamtrechtsnachfolge

Der Begriff Gesamtrechtsnachfolge (Universalsukzession) wird im Zivilrecht dahingehend definiert, dass sämtliche Rechtspositionen (Rechte und Pflichten) von einer Person auf eine andere übergehen. Nach Abschaffung der Haftung für Altschulden bei Vermögensübernahme unter Lebenden (§ 419 BGB a. F.) findet eine Gesamtrechtsnachfolge nur noch in Fällen statt, in denen der vormalige Rechts- und Pflichtenträger vollständig wegfällt[64]:

aaa) Gesamtrechtsnachfolge von Todes wegen

§ 1922 BGB bestimmt, dass mit dem Tode einer (notwendigerweise natürlichen[65]) Person deren Vermögen als Ganzes auf den oder die Erben übergeht.

Zu beachten ist hier bereits, dass im Zivilrecht dem Begriff des „Vermögens" keine irgendwie geartete Ausschlussfunktion zukommt, da im Zivilrecht unter diesem Begriff die Gesamtheit der Rechtsverhältnisse des Rechtssubjekts verstanden wird[66]. Hierunter werden sogar die Rechtsverhältnisse nichtvermögensrechtlichen Inhalts subsumiert[67]. Es handelt sich somit um nichts anderes als die Anordnung, dass (abgesehen von Ausnahmen, die aber ihren Charakter als Ausnahme nicht aus dem Tatbestand des § 1922 BGB herleiten) eben sämtliche Rechtspositionen des Erblassers vom Übergang betroffen sind[68]. Dies wird von denjenigen Autoren übersehen, die gegen eine Anwendbarkeit der zivilrechtlichen Vorschriften im öffentlichen Recht damit argumentieren[69], die Begriffe „Vermögen" und „Schulden" seien nicht auf das öffentliche Recht übertragbar[70].

Der Regelungsinhalt des § 1922 BGB beschränkt sich somit auf die Anordnung des Übergangs sämtlicher Rechtsverhältnisse des Verstorbenen auf den oder die Erben[71].

[64] Diskutiert wird allerdings, ob die Bildung einer Gütergemeinschaft durch Eheleute und der dafür in § 1416 BGB angeordnete Wechsel der Vermögenszuordnung eine Form der Gesamtrechtsnachfolge darstelle, was aber im Ergebnis abzulehnen ist (s. hierzu die Ausführungen unter bbb.).
[65] Edenhofer in: Palandt, BGB, § 1922 Rz. 2
[66] Edenhofer in: Palandt, BGB, § 1922 Rz. 12
[67] Edenhofer in: Palandt, BGB, § 1922 Rz. 12; Nach BGH NJW 2000, S. 2195 existieren sogar „vermögenswerte Bestandteile" des allgemeinen Persönlichkeitsrechts.
[68] Otto, Die Nachfolge in öffentlich-rechtliche Positionen des Bürgers, S. 61
[69] Dazu unten unter IV 4 a
[70] So z. B. Rumpf, VerwArch. Bd. 78 (1987), S. 284
[71] Stadie (DVBl. 1990, S. 503) verwendet hierfür zwar die Bezeichnung „alle nachfolgefähigen vermögenswerten Rechte des Erblassers", betont aber im gleichen Zuge auch den universellen Charakter der Erbrechtsvorschriften

Wer Erbe ist, wird von den §§ 1923 ff. BGB näher bestimmt. Der Umstand, dass die Berufung zum Erben sowohl durch Rechtsgeschäft (Testament, Erbvertrag) als auch (subsidiär) unmittelbar durch das Gesetz (§§ 1924 ff. BGB) erfolgen kann, dürfte für die Qualifikation des § 1922 BGB als (rein) gesetzlich angeordnete Rechtsnachfolge keine Rolle spielen[72], da es sich bei den §§ 1923 ff. lediglich um eine in Folgenormen des gleichen Gesetzes „ausgelagerte" Definition des Tatbestandsmerkmals „Erbe" handelt.

Einige Rechtspositionen werden indes auch in der zivilrechtlichen Dogmatik als vom Übergang ausgeschlossen angesehen, da sie nicht übergangsfähig seien. Zum Teil wird die Übergangsfähigkeit kraft ausdrücklicher gesetzlicher Bestimmung ausgeschlossen:

- Der Nießbrauch erlischt mit dem Tode des Nießbrauchers, § 1061 BGB. Infolge der Verweisung in § 1090 Abs. 2 BGB gilt dies auch für beschränkte persönliche Dienstbarkeiten.
- Die Mitgliedschaft in einem rechtsfähigen Verein ist nach § 38 BGB nicht vererblich.
- Das Vorkaufsrecht geht nach der Bestimmung des § 473 nicht auf die Erben über.
- Grundsätzlich erlischt der Anspruch auf eine geschenkte Rente gem. § 520 BGB mit dem Tode des Schenkers und gem. § 759 BGB umgekehrt der Anspruch auf eine Leibrente mit dem Tode des Gläubigers.
- Ebenso erlöschen die familienrechtlichen Unterhaltsansprüche gem. den §§ 1586, 1615 BGB mit dem Tode des Berechtigten, gem. § 1615 BGB darüber hinaus auch mit dem Tode des Verpflichteten.

Darüber hinaus ist im Zivilrecht anerkannt, dass manche Rechtspositionen, die als „höchstpersönlich" bezeichnet werden, nicht auf den oder die Erben übertragbar sind. Als solche werden z. B. angesehen:

- Das Namensrecht aus § 12 BGB[73].
- Grundsätzlich das allgemeine Persönlichkeitsrecht. Auch wenn hier mittlerweile teilweise angenommen wird, dass dieses über den Tod hinaus fortbestehen könne[74], so steht es dennoch nicht den Erben als eigenes Recht zu, sondern kann von diesen lediglich „für den Verstorbenen" geltend gemacht werden[75].

Allerdings werden mittlerweile von der Rechtsprechung sogar vermögenswerte Bestandteile des allgemeinen Persönlichkeitsrechts angenommen, welche vererblich seien Es handelt sich hierbei um Ansprüche aus dem Persönlichkeitsrecht, die nach dem heutigen Stand der Technik „vermarktbar" sind und daher dem Schutz kommerzieller Interessen des Trägers dienen[76].

---

[72] Riedl, Rechts- und Pflichtennachfolge, S. 59
[73] BGH Z 8, S. 318
[74] BGH NJW 1996, S. 593; BVerfG, NJW 2001, S. 2957
[75] BGH NJW 1996, S. 593
[76] BGH NJW 2000, S. 2195 (S. 2198)

- Auch bestimmte Familienrechte (z. B. das Recht zur elterlichen Sorge) werden als unübertragbar angesehen[77].

bbb) Gesamtrechtsnachfolge unter Lebenden

Im Falle der Begründung einer Gütergemeinschaft zwischen Eheleuten wird das jeweilige (bislang getrennte) Vermögen der Eheleute gem. § 1416 BGB kraft Gesetzes gemeinschaftliches Vermögen.

Ob es sich hierbei indes wirklich um eine Gesamtrechtsnachfolge handelt, ist zweifelhaft. Immerhin behält jeder der beiden Ehegatten seine ursprüngliche Rechtsposition inne, die Zuordnung des Vermögens wird lediglich auf ein weiteres Subjekt ausgedehnt. Hierdurch wird kein von den bisherigen Rechtsträgern verschiedenes Rechtssubjekt geschaffen, sondern die Eheleute werden lediglich in ihrer gesamthänderischen Verbundenheit Träger des gemeinschaftlichen Vermögens[78].

Es findet also kein wirklicher „Wechsel" des Rechtssubjekts statt.

ccc) Gesamtrechtsnachfolge unter juristischen Personen und Personengesellschaften

Auch eine juristische Person und / oder eine Gesellschaft können wegfallen. Grundsätzlich ist dies bei juristischen Personen (z. B. im Falle einer Liquidation) damit verbunden, dass ihre Rechtsverhältnisse ersatzlos erlöschen. Doch auch für juristische Personen und Personengesellschaften sieht das Gesetz in bestimmten Fällen eine Gesamtrechtsnachfolge vor:

- So bestimmt § 20 Abs. 1 Nr. 1 UmwG, dass im Falle der Verschmelzung zweier Gesellschaften das Vermögen des oder der übertragenden Rechtsträger(s) auf den übernehmenden Rechtsträger übergeht.
- Gleiches gilt gem. § 131 Abs. 12 Nr. 1 UmwG im Falle der Spaltung für das Vermögen des übertragenden Rechtsträgers.
- Übernimmt ein Gesellschafter das weitgehend aus einem einzigen Wirtschaftsgut bestehende Gesellschaftsvermögen durch Übertragung von Aktiva und Passiva, liegt hier keine Übernahme eines Unternehmens vor, sondern eine Gesamtrechtsnachfolge des verbleibenden Gesellschafters. Nach Ansicht des Bundesfinanzhofs handelt es sich hierbei um eine Anwachsung gem. § 142 HGB.
- Das Handelsrecht sieht in den §§ 339, 346 Abs. 3, 353 Abs. 5 AktG, 5, 44 UmwG eine Gesamtrechtsnachfolge der neu entstehenden Gesellschaft in Bezug auf die frühere Gesellschaft vor.

Die vorstehend unter aaa dargestellten Ausnahmen bezüglich höchstpersönlicher Rechte gelten in diesem Falle nicht, da juristischen Personen und Gesellschaften nach herrschender Auffassung keine höchstpersönlichen Rechte zustehen[79].

---

[77] Edenhofer in: Palandt, BGB, § 1922 Rz. 36
[78] Brudermüller in: Palandt, § 1416 Rz. 1.
[79] Stadie, DVBl. 1990, S. 504

Bezüglich des Namensrechts (Firma) bestimmt § 22 HGB ausdrücklich, dass die Firma auch nach dem Tode des Inhabers bestehen bleibt und vom Erwerber verwendet werden darf.

bb) Teil- oder Sonderrechtsnachfolge

Außer der vorstehend dargestellten Gesamtrechtsnachfolge existieren im Zivilrecht noch einige Normen, welche das Einrücken eines Rechtssubjekts in die vormalige Stellung eines anderen Rechtssubjektes im Rahmen eines bestimmten „Rechtskreises" anordnen. In diesen Fällen gehen nicht sämtliche Rechtspositionen des vormaligen Rechtsträgers auf den Nachfolger über, sondern nur die Gesamtheit von Rechtspositionen, die sich auf den betreffenden Teilbereich beziehen.

aaa) Das klassische Beispiel einer solchen Teilrechtsnachfolge bildet § 613a BGB, der bestimmt, dass im Falle eines Betriebsüberganges der Erwerber in sämtliche Rechte und Pflichten aus den mit dem Vorgänger bestehenden Arbeitsverhältnissen eintritt.

§ 613a BGB beschränkt diese Rechtsfolge auf den Tatbestand eines Betriebserwerbs durch Rechtsgeschäft, da im Falle eines gesetzlichen Überganges (z. B. von Todes wegen) der in § 613a BGB geregelte Übergang der Rechtspositionen ohnehin Teil der umfassenderen Universalsukzession wäre[80]. So wird auch eine in Absatz 2 der Norm enthaltene Spezialregelung durch Absatz 3 ausdrücklich für im Fall der Umwandlung[81] unanwendbar erklärt.

bbb) Eine lediglich dem Umfang nach beschränktere Teilrechtsnachfolge findet sich in verschiedenen Vorschriften des Mietrechts, wo für den Fall des Wegfalls einer der Mietparteien das Fortbestehen des Mietverhältnisses mit jeweils im Einzelnen bestimmten Rechtsnachfolgern angeordnet wird.

So ordnet § 563 BGB den Eintritt bestimmter Personen (unabhängig von deren Erbenstellung) in das Mietverhältnis an, sieht aber zugleich eine Möglichkeit für diese Personen vor, diesen Eintritt durch Willenserklärung ex tunc wieder zunichte zu machen. § 563 a lässt die Rechtsposition des (eigentlich als Rechtsträger berufenen) Erben des verstorbenen Mieters auf den oder die überlebenden Mitmieter übergehen. § 564 BGB enthält indes entgegen seinem Wortlaut keine über die nach der Universalsukzession ohnehin stattfindende Rechtsnachfolge hinausgehende Übergangsanordnung, sondern statuiert lediglich ein Sonderkündigungsrecht des oder der Erben.

Weiter bestimmt § 566 BGB, dass der Erwerber einer Mietwohnung bezüglich sämtlicher Rechte und Pflichten aus dem Mietvertrag in die Position des vormaligen Eigentümers einrückt.

ccc) § 401 BGB lässt die bezüglich einer Forderung bestehenden Neben- und Sicherungsrechte im Falle der Forderungsabtretung kraft Gesetzes mit übergehen.

---

[80] Weidenkaff in: Palandt, BGB, § 613a Rz. 6
[81] Siehe oben unter aa bbb

ddd) Die §§ 25 und 27 HGB bestimmen, dass sämtliche Verbindlichkeiten des vormaligen Inhabers eines Handelsgeschäftes auf den Erwerber übergehen[82].

eee) Nach § 4 Höfeordnung[83] sowie den entsprechenden Normen in den jeweiligen Landesgesetzen[84] geht die dort als „Hof“ bezeichnete Einheit von Rechten und Pflichten an einer landwirtschaftlichen Produktionsstätte unabhängig von der für den restlichen Nachlass geltenden Rechtsnachfolge in ihrer Gesamtheit auf einen oder mehrere bestimmte Rechtsnachfolger über, die aber ihrerseits wieder durch Rechtsgeschäft von Todes wegen oder (subsidiär) vom Gesetz bestimmt werden.

cc) Einzelrechtsnachfolge

Von den Fällen, in welchen eine Gesamtheit von Rechten und Pflichten von einem Rechtssubjekt auf ein anderes übergeht, ist die Einzelrechtsnachfolge zu unterscheiden, welche sich dadurch auszeichnet, dass jeweils nur der Übergang einer einzelnen Rechtsposition (Forderung oder Verpflichtung) auf ein anderes Rechtssubjekt stattfindet.

Auch eine Einzelrechtsnachfolge kann entweder vom Gesetz angeordnet werden oder aber auf einem Rechtsgeschäft beruhen[85].

aaa) Das Zivilrecht kennt eine Vielzahl gesetzlich angeordneter Einzelrechtsnachfolgen:

- § 264 BGB bestimmt, dass das Wahlrecht in einem Schuldverhältnis unter bestimmten Voraussetzungen auf den anderen Teil übergeht.
- Gemäß § 268 BGB geht die Forderung eines Gläubigers auf denjenigen über, der ihn wegen der Forderung anstelle des Schuldners befriedigt.
- Entsprechende Regelungen sehen die §§ 774 BGB zugunsten des Bürgen, 1143 BGB zugunsten des Eigentümers des mit einer Hypothek belasteten Grundstückes und 1225 BGB zugunsten des Verpfänders einer beweglichen Sache vor. Weitere Beispiele mit entsprechender Interessenlage stellen die §§ 1248 und 1607 BGB dar. Auch § 426 Abs. 2 BGB bestimmt, dass einer von mehreren Gesamtschuldnern, der den Gläubiger befriedigt, Inhaber der Forderung gegen die übrigen Gesamtschuldner wird.

Beachtlich ist, dass, soweit ersichtlich, im Zivilrecht keine gesetzlich angeordnete Einzelrechtsnachfolge in eine Verbindlichkeit stattfindet.

---

[82] Bezüglich der Forderungen trifft § 25 HGB allerdings lediglich eine relative Anordnung, zu diesem Begriff sogleich unter ff bbb.

[83] Bei der es sich um den seltenen Fall von partiellem Bundesrecht handelt, s. Edenhofer in: Palandt, BGB, Art. 64 EGBGB Rz. 6

[84] § 9 brem. HöfeG, § 14 rheinl.pfälz. HöfeO, § 3 württ-hohenzollernsches AnerbenRG, Hess LandgüterO

[85] Diese Differenzierung wird in der öffentlich-rechtlichen Diskussion nicht immer hinlänglich beachtet, wo häufig der Begriff „Einzelrechtsnachfolge“ synonym zu der Figur der gewillkürten Rechtsnachfolge verwendet wird.

bbb) Für die gewillkürte Einzelrechtsnachfolge sieht das Zivilrecht drei Grundtatbestände vor:

- Die §§ 929 ff. BGB einerseits und § 873 BGB andererseits ermöglichen die durch Parteiwillen herbeigeführte Übertragung von Eigentumspositionen an beweglichen und unbeweglichen Sachen.
- § 398 BGB lässt die Übertragung einer Forderung zwischen zwei Rechtssubjekten zu.
- Die §§ 414 und 415 BGB schließlich ermöglichen die rechtsgeschäftliche Übernahme einer Verbindlichkeit durch ein vom bisherigen Schuldner verschiedenes Rechtssubjekt. Beide Vorschriften sind so ausgestaltet, dass bei diesem Rechtsgeschäft eine Mitwirkung des Gläubigers zwingende Wirksamkeitsvoraussetzung ist. Hintergrund dieser Bestimmung ist, dass die Person des Schuldners für die Werthaltigkeit der Forderung von entscheidender Bedeutung ist[86] und daher niemandem gegen seinen Willen ein anderer Schuldner aufgezwungen werden darf[87].

dd) Verdrängung

Eine Sonderform der Rechtsnachfolge stellen die zivilrechtlichen Vorschriften dar, die gemeinhin unter dem Oberbegriff „Verdrängung" zusammengefasst werden. Vielfach werden diese auch als Beispiel für einen originären Rechtserwerb angeführt (ob dies zutreffend ist, soll sogleich unter ee untersucht werden). Jedenfalls zeichnen sie sich dadurch aus, dass der Rechtserwerb oder die Rechtsnachfolge zwar aufgrund bestimmter Handlungen (teilweise sogar aufgrund von Rechtsgeschäften) des Erwerbers, aber unabhängig von einem diesbezüglichen Willen des bisherigen Rechtsträgers erfolgt.

aaa) Verarbeitung, Verbindung, Vermischung

In den §§ 946 bis 948 BGB wird bestimmt, dass Rechte an Sachen, die miteinander verbunden oder vermischt werden, in bestimmter, hier nicht näher darzustellender Weise neu geordnet werden.

bbb) Ersitzung, Eigentumserwerb des Finders

Gemäß § 937 BGB erwirbt derjenige, welcher eine bewegliche Sache zehn Jahre lang im Eigenbesitz hat, das Eigentum an dieser Sache. Gleichermaßen erwirbt nach § 958 BGB derjenige Eigentum, der eine herrenlose bewegliche Sache in Eigenbesitz nimmt.

ccc) gutgläubiger Erwerb und Erwerb in der Zwangsvollstreckung

Einer der wichtigsten verdrängenden Erwerbstatbestände des BGB ist der gutgläubige Erwerb vom Nichtberechtigten.

Bei beweglichen Sachen führen die §§ 935 ff. BGB dazu, dass derjenige, welcher die Erwerbstatbestände der §§ 929 bis 931 erfüllt, auch dann Eigentum an der Sache erwirbt, wenn derjenige, der als Übertragender auftritt, in Wirklichkeit gar nicht Eigen-

---

[86] Medicus, Allgemeines Schuldrecht, § 64 Rz. 743; Grüneberg in: Palandt, BGB, vor § 414 Rz. 1
[87] Brox, Allgemeines Schuldrecht, § 35 Rz. 9

tümer der Sache ist, der Erwerber dieses aber angenommen hat und auch annehmen durfte. In diesem Fall findet ein unmittelbarer Eigentumsübergang vom tatsächlichen Eigentümer auf den Erwerber statt.

Gleiches wird bezüglich unbeweglicher Sachen, namentlich für Grundstücke, durch § 892 BGB angeordnet, wo naturgemäß als weitere Voraussetzung bestimmt ist, dass der Veräußerer auch im Grundbuch als Berechtigter eingetragen ist. Auch in diesem Falle kommt es zu einem unmittelbaren Eigentumsübergang vom tatsächlichen Eigentümer auf den Erwerber.

Eine weitere Form des gesetzlichen Rechtsübergangs ohne Rücksicht auf den Willen des tatsächlich Berechtigten stellt der Erwerb unbeweglicher Sachen in der Zwangsversteigerung dar. Hier erwirbt derjenige, dem der Zuschlag erteilt wird, gemäß § 90 ZVG aufgrund dieses Zuschlages das Eigentum an dem versteigerten Grundstück.

Die vorgenannten Tatbestände werden häufig als Beispiele für einen originären Rechtserwerb genannt. Als Begründung hierfür wird angeführt, dass es für den Erwerb des „neuen" Eigentums nicht zwingende Voraussetzung ist, dass dieses Eigentum bei einem anderen Rechtssubjekt bislang in der gleichen Form bestanden habe. Namentlich wird darauf hingewiesen, dass eine der Sachen, die in das Eigentum des Verarbeiters, Finders, Ersteigerers etc. übergehen, vorher auch herrenlos gewesen sein kann. Dies wird nachfolgend unter d zu erörtern sein.

ee) Verfügungsverbote

Abschließend soll aufgrund der teilweise gleichgelagerten Interessensituation im öffentlichen Recht kurz dargestellt werden, unter welchen Voraussetzungen das Zivilrecht die Übertragung von Rechtspositionen generell oder im Einzelfall ausschließt.

aaa) absolutes Verfügungsverbot

§ 134 BGB bestimmt, dass ein Rechtsgeschäft, das gegen ein gesetzliches Verbot verstößt, nichtig ist. Von dieser Vorschrift werden nicht nur schuldrechtliche Verpflichtungsgeschäfte, sondern auch Verfügungen über Rechtspositionen erfasst[88]. Diese Vorschrift definiert also nicht, unter welchen Voraussetzungen eine Verfügung ausgeschlossen ist, sondern bildet quasi ein „Einfallstor" für vielfältige Vorschriften des anderweitigen Zivil- aber insbesondere auch des öffentlichen und des Strafrechts. Wird daher eine vom Rechtssubjekt getroffene Verfügung über ein Recht von der Rechtsordnung missbilligt, so ist sie in ihrer Gänze nichtig.

bbb) relatives Verfügungsverbot

Eine hiervon abweichende Rechtsfolge ordnen die §§ 135,136 BGB und für unbewegliche Sachen die §§ 883, 888 BGB an: Bezweckt ein Verbotsgesetz nur den Schutz bestimmter Personen, so ist eine dem Gesetz zuwiderlaufende Verfügung nur diesen Personen gegenüber unwirksam. Durch diese in dogmatischer Hinsicht bemerkenswerte Konstruktion verliert z. B. das Eigentum im Falle einer solchen Verfügung seine absolute Position und wandelt sich in ein Rechtsinstitut „eigener Art".

---

[88] Heinrichs in: Palandt, BGB, § 134 Rz. 13

Auch hier ist indes festzuhalten, dass diese Vorschriften nicht selbst die Übertragbarkeit bestimmter Rechtspositionen ausschließen, sondern nur die Rechtsfolgen einer verbotswidrigen Verfügung regeln.

ccc) § 399 BGB

Im direkten Anschluss an die Regelung des § 398 BGB, der die Möglichkeit statuiert, Forderungen von einem Rechtssubjekt auf ein anderes zu übertragen, bestimmt § 399, für welche Arten von Forderungen dies nicht in Betracht kommt. Dies soll namentlich dann gelten, „wenn die Leistung an einen anderen als den ursprünglichen Gläubiger nicht ohne Veränderung ihres Inhalts erfolgen kann". Diese Vorschrift gilt aufgrund der gesetzlichen Regelung in § 412 BGB sowohl für den Übergang von Rechtspositionen kraft Rechtsgeschäfts als auch für eine gesetzlich angeordnete Rechtsnachfolge.

Als Beispiele für solche eines Übergangs nicht fähige Rechtspositionen kommen zunächst die oben bereits unter d aa aaa genannten höchstpersönlichen Rechtspositionen in Betracht. Als solche werden darüber hinaus z. B. das Recht auf Dienstleistungen angesehen, der Anspruch auf Unterlassung von Ehrverletzungen[89], Urlaubsansprüche des Arbeitnehmers[90], der Rückforderungsanspruch des Schenkers wegen Verarmung[91], der Anspruch auf Naturalunterhalt etc.

ddd) Weitere Vorschriften

Schließlich existiert noch eine Vielzahl von Einzelvorschriften, welche die Übertragbarkeit bestimmter Rechtspositionen ausschließen. Zusätzlich zu den bereits oben unter d aa aaa genannten Normen seien beispielhaft noch die §§ 613, 664 und 400 BGB erwähnt.

ff) Statusregelungen

Von Rechten und Pflichten, welche im Wege der Rechtsnachfolge übergehen können, sind schließlich Rechtsverhältnisse zu unterscheiden, welche sich in der Definition eines Status für ein Rechtssubjekt erschöpfen, welcher dann Anknüpfungspunkt für sich aus diesem Status ergebende Rechte und Pflichten sein kann.

aaa) Kaufmannseigenschaft

So bestimmen die §§ 1ff. HGB, unter welchen Voraussetzungen einem Rechtssubjekt die Eigenschaft „Kaufmann" zukommt. Diese Voraussetzungen sind rein tatsächlicher Natur, so z. B. das Betreiben eines Handelsgewerbes durch die jeweilige Person oder aber die Tatsache, dass die Person in das Handelsregister eingetragen ist. Die Rechtsposition, Kaufmann zu sein, ist daher weder im Rahmen der Einzel- noch der Gesamtrechtsnachfolge übertragbar.

bbb) Verwandtschaftsverhältnisse

Gleiches gilt für die familienrechtlichen Bestimmungen, welche den Status einer Person als „Abkömmling", „Erzeuger", „Mutter" etc. regeln. Auch all diese Rechtspositio-

---

[89] RG HRR 33, S. 919
[90] BAG AP § 611 Nr. 3 zu UrlaubsR
[91] BGH NJW 1995, S. 323

nen knüpfen ausschließlich an tatsächliche Sachverhalte an und sind daher einer Rechtsnachfolge nicht zugänglich.

ccc) Weitere Beispiele

Ebenfalls eine rein statusrechtliche Definition unter Anknüpfung an tatsächliche Voraussetzungen stellen die Regelungen zur Gesellschaftsform dar (so ist z. B. eine OHG eine Gesellschaft bürgerlichen Rechts, die ein Handelsgewerbe betreibt[92]), die Bezeichnungen einer Person als Fahrzeug- oder Tierhalter[93], als Erbe, als Finder etc. Weitere Beispiele ließen sich beliebig anfügen.

Auch wenn auf den ersten Blick die mangelnde Nachfolgefähigkeit dieser Positionen evident erscheint, so ist die Feststellung, dass es Rechtspositionen dieser Natur gibt, und ihre Abgrenzung zum Begriff der Rechtsnachfolge äußerst hilfreich für die Einordnung der entsprechenden, parallel gelagerten Tatbestände im öffentlichen Recht, bezüglich derer die Unterscheidung von subjektivem Recht einerseits und rein statusrechtlicher Rechtsbestimmung andererseits nicht immer hinlänglich sauber durchgehalten wird.

d) „Rechtsnachfolge“ oder originärer Erwerb?

Insbesondere im Bereich der abstrakten gefahrenabwehrrechtlichen Zustandshaftung spielt die Frage eine Rolle, ob es auch unter den Begriff der Rechtsnachfolge zu subsumieren sei, wenn ein Recht bei einem Subjekt wegfällt und (möglicherweise zeitgleich und/oder dadurch bedingt) ein inhaltsgleiches Recht bei einem anderen Rechtssubjekt neu entsteht. Inwiefern auch dies einen Fall der Rechtsnachfolge darstelle, ist Anlass für einige Kontroversen in Literatur und Rechtsprechung gewesen.

Für die Beantwortung dieser Frage kommt es vor allem auf den Zusammenhang an, der zwischen dem Untergang des Rechtes bei dem „früheren“ Rechtsträger und dem Entstehen beim „neuen“ Rechtsträger besteht.

aa) Kein Zusammenhang

Theoretisch ist hier zunächst der Fall denkbar, dass ein solcher Zusammenhang überhaupt nicht besteht. Die Neuentstehung des Rechtes bei einem Rechtssubjekt würde sich demnach unabhängig von dessen Fortbestand beim vormaligen Rechtsträger vollziehen. Da das Recht aber, wenn überhaupt von einer Rechtsnachfolge gesprochen werden soll, inhaltsgleich fortbestehen und darüber hinaus den Rechtsträger wechseln muss, dürfte es beim Rechtsvorgänger nicht weiter bestehen, sondern müsste dort, da ein kausaler Zusammenhang zwischen dem Untergang des Rechts beim Rechtsvorgänger und seiner Neuentstehung beim Rechtsnachfolger in dieser Variante gerade nicht anzunehmen ist, quasi „zufällig“ untergehen. Die praktische Relevanz dieser theoretischen Möglichkeit erscheint zweifelhaft.

[92] Es kann zwar die Gesellschaft an sich umgewandelt oder die Gesellschaftsanteile können auf ein anderes Rechtssubjekt übertragen werden, der Status, „eine OHG (und nicht lediglich eine GbR) zu sein“, ist aber nicht übertragbar, da für diese Klassifizierung der tatsächliche Umstand, ein Handelsgewerbe zu betreiben, zwingende Voraussetzung ist.

[93] Brehm JZ 1972, S. 228

bb) „Klassisch“ derivativer Erwerb

Die wesentlich naheliegendere Möglichkeit ist die, dass das Recht beim „früheren“ Rechtsträger eben deshalb untergeht, weil es beim „neuen“ Rechtsträger neu entsteht (Dies impliziert die weitere Bedingung, dass es ausgeschlossen sein muss, dass die rechtliche Position gleichzeitig inhaltsgleich von zwei Rechtssubjekten innegehabt werden kann).

Diese Variante setzt indes eine finale Verknüpfung und damit einen gewollten Zusammenhang zwischen Entstehung und Untergang des Rechts voraus, einen Zusammenhang, welcher nicht von selbst entstehen kann. Diese Verbindung kann lediglich durch Willensakt oder aber durch ein Gesetz hergestellt werden.

Entweder vereinbaren die Parteien explizit die Neuentstehung der rechtlichen Position beim Nachfolger (dann handelt es sich schon „klassisch“ um einen derivativen Erwerb) oder aber das Gesetz knüpft an das Vorliegen bestimmter Tatbestandsmerkmale den Verlust der Rechtsposition bei einem Rechtssubjekt und die Neuentstehung bei einem anderen Rechtssubjekt. Auch diese Verknüpfung kann aber nur deshalb sinnvoll unter die Bezeichnung „derivativer Erwerb“ gefasst werden, weil hier das Gesetz einen „Übergang“ anordnet.

Beide vorgenannten Fälle lassen sich daher unter die vorstehend zu b aa und bb genannten Kategorien „gesetzlicher Übergang“ und „gewillkürter Übergang“ subsumieren.

cc) „Klassisch“ originärer Erwerb

Als weitere Möglichkeit eines originären Rechtserwerbs kommt die Situation in Betracht, dass das Recht, welches beim „neuen“ Inhaber entsteht, in unmittelbarer Vergangenheit überhaupt nicht existiert hat. Ein Beispiel wäre hier der zivilrechtliche Eigentumserwerb an einer herrenlosen Sache. Da dies aber mangels eines Rechtsvorgängers schon per definitionem keine Rechtsnachfolge darstellen kann, müssen solche Fälle hier unberücksichtigt bleiben.

dd) Rechtlich exklusive Positionen

Die letzte denkbare Möglichkeit des originären Rechtserwerbs ist diejenige, dass es sich um eine Rechtsposition handelt, die an Voraussetzungen geknüpft ist, die zwangsläufig nur bei einem Rechtssubjekt (oder einer Mehrheit von Rechtssubjekten in ihrer Verbundenheit) zur gleichen Zeit vorliegen können. Weiter muss nach dem Vorgesagten die Möglichkeit bestehen, dass eine finale Verknüpfung zwischen dem Untergang der Rechtsposition beim früheren Rechtsträger und dem Entstehen beim neuen Rechtsträger weder vom Gesetz noch vom Willen der Beteiligten hergestellt wird, sondern sich der Zusammenhang zwischen Rechtsuntergang und Rechtserwerb quasi „aus der Natur des Rechts“ ergibt.

Diese Rechtsposition muss daher per definitionem Exklusivität beanspruchen. Eine solche Rechtsposition stellt in erster Linie das zivilrechtliche Eigentum dar. Dieses gewährt die alleinige Sachherrschaft und schließt dadurch – und im übrigen noch einmal per ausdrücklicher gesetzlicher Definition – die Existenz eines weiteren, gleichermaßen berechtigten Rechtssubjektes aus.

Für die folgenden Überlegungen ist zunächst ausschlaggebend, dass nach den vorstehenden Ausführungen die Übertragung von Eigentum regelmäßig derivativ erfolgt, weil sie entweder von den beteiligten Rechtsträgern gewollt oder aber vom Gesetz angeordnet wird.

Abgesehen von dem – hier nicht interessierenden – Fall einer herrenlosen Sache, bestehen an sämtlichen körperlichen Gegenständen Eigentumsrechte. Die „originäre" Entstehung eines Eigentumsrechtes ist daher nur an einer neu geschaffenen Sache möglich. In allen anderen Fällen bestand an der jeweiligen Sache bereits Eigentum, so dass diese Rechtsposition lediglich vom Voreigentümer zum neuen Eigentümer „wechseln" kann. Ob dies mit oder ohne Mitwirkung des Voreigentümers oder „lediglich" kraft Gesetzes erfolgt oder aber unter „Zugrundegehen" sonstiger, an der Sache bestehender Rechten erfolgt, ist nach dem hier vertretenen Begriffsverständnis irrelevant, der Eigentumserwerb erfolgt in allen diesen Fällen derivativ.

Anders kann sich dies indes bei Rechtspositionen darstellen, die an die zivilrechtliche Eigentumslage anknüpfen, diese also zur Tatbestandsvoraussetzung haben.

Als für die vorliegende Arbeit maßgebliches Beispiel mag hier die gefahrenabwehrrechtliche Zustandsverantwortlichkeit dienen. Diese weist – unter anderem – dem jeweiligen Eigentümer einer Sache bestimmte Rechtspositionen zu.

Wechselt das Eigentum an der Sache, so findet hier zunächst ein Erlöschen dieser Pflichten beim „alten" Eigentümer statt, da dieser die Tatbestandsvoraussetzungen nicht mehr erfüllt.

Unterstellt, es gäbe keine Norm, welche den Übergang dieser Pflichten auf einen neuen Rechtsträger anordnete, so wäre dennoch der neue Eigentümer neuer Pflichtiger, da er nunmehr die Tatbestandsvoraussetzungen der Norm, welche die Zustandsverantwortlichkeit regelt, erfüllt. Dieser „Wechsel" der Polizeipflicht vollzöge sich demnach ausschließlich aufgrund einer faktischen Gegebenheit und weder durch Parteiwillen noch aufgrund einer dies bestimmenden Gesetzesnorm[94]. Gäbe es hingegen eine solche Norm, so müsste man wieder von einem durch das Gesetz angeordneten Übergang und damit von einer derivativen Überleitung sprechen.

Häufig wird dies in der Diskussion nicht genug beachtet. Zumeist wird bei der Proklamation eines „gewillkürten Übergangs der Polizeipflicht" darauf abgestellt, dass z. B. der Übergang des zivilrechtlichen Eigentums doch auf einer Vereinbarung der Parteien oder auf einer gesetzlichen Anordnung beruhe. Dies ist aber nicht der entscheidende Anknüpfungspunkt, da durch den gewillkürten Akt lediglich die Tatbestandsmerkmale der die Zustandshaftung anordnenden Norm beeinflusst werden, der Übergang der Polizeipflicht indes regelmäßig weder von den Parteien intendiert noch per se von der jeweiligen gesetzlichen Norm angeordnet wird[95].

Diese Sachlage ist auch im Zivilrecht nicht anders. § 985 bestimmt z. B. die Herausgabepflicht des Besitzers gegenüber dem Eigentümer und knüpft damit auch ausschließlich an die tatsächliche Lage der jeweiligen Rechtssubjekte an; die Herausgabepflicht ist einer (eigenen, von ihren Voraussetzungen losgelösten) Rechts-

[94] Otto, Die Nachfolge in öffentlich-rechtliche Positionen des Bürgers, S. 37
[95] Ob eine gewillkürte Übertragung der Polizeipflicht „an sich", also losgelöst von den zivilrechtlichen Anknüpfungspunkten, dennoch möglich ist, wird unten unter IV 2 b untersucht werden.

nachfolge nicht fähig[96]. Durch eine Rechtsnachfolge in Besitz und Eigentum ändert sich lediglich die personale Zuordnung des Tatbestandes. Die aus dieser Vorschrift resultierende Pflicht wird daher ebenfalls nicht übertragen, sondern entsteht originär neu bei den jeweiligen Rechtsnachfolgern in Besitz und Eigentum.

Ein solcher originärer Rechtserwerb ist also zumindest möglich. Ob es sich im konkreten Beispiel der gefahrenabwehrrechtlichen Zustandshaftung indes um einen solchen originären Erwerb oder aber doch um einen vom Gesetz angeordneten Übergang handelt, wird weiter unten[97] zu untersuchen sein.

Die vorstehenden Ausführungen zeigen zugleich, dass streng differenziert werden muss nach den zivilrechtlichen Vorschriften über einen Rechtswechsel (z.B. am Eigentum) und einer daraus sich möglicherweise für das öffentliche Recht ergebenden Rechtsnachfolge. Auch hierauf wird im Folgenden noch näher einzugehen sein.

e) Die Rechtsnachfolge im öffentlichen Recht

Wie bereits eingangs erwähnt, findet sich im öffentlichen Recht kein allgemeiner Rechtsnachfolgetatbestand, der mit den Regelungen der zivilrechtlichen Rechtsnachfolge[98] vergleichbar wäre.

Dieser Umstand muss zunächst verwundern, da zumindest der für die Anordnung einer Gesamtrechtsnachfolge im Zivilrecht maßgebliche Sachverhalt (Wegfall eines Rechtssubjekts) Bereiche des Zivilrechts ebenso berühren kann wie solche des öffentlichen Rechts.

Anders ausgedrückt stellt der Wegfall eines Rechtssubjekts (namentlich der Tod eines Menschen) einen rein tatsächlichen Vorgang dar, der weder dem privaten noch dem öffentlichen Recht zuzuordnen ist[99]; es muss daher beiden Rechtsordnungen überlassen bleiben, an diesen Vorgang bestimmte Rechtsfolgen zu knüpfen oder eben nicht.

aa) Allgemeine Rechtsnachfolge

Vor diesem Hintergrund könnte aus dem Fehlen allgemeiner Normen über eine Rechtsnachfolge im öffentlichen Recht der einfache Schluss gezogen werden, dass eine Rechtsnachfolge in Positionen des öffentlichen Rechts grundsätzlich nicht stattfinde, eine Ansicht, die, wie bereits eingangs unter II dargestellt, vor allem in der ersten Hälfte des vorigen Jahrhunderts, von einigen Autoren vertreten[100] und meist zusätzlich damit begründet wurde, dass eine Rechtsnachfolge in öffentlichrechtliche Positionen auch deshalb in der Regel nicht in Betracht komme, da diese „grundsätzlich persönlichen Charakter" aufwiesen[101].

---

96 Grüneberg in: Palandt, BGB, vor § 414 Rz. 1
97 Unter IV 2 b
98 Der Begriff „Rechtsnachfolge" wird im Folgenden aus Vereinfachungsgründen als Oberbegriff für die „Rechts- und Pflichtennachfolge" benutzt.
99 Riedl, Rechts- und Pflichtennachfolge, S. 61, der allerdings mit der Formulierung „der Erbgang" sei ein Vorgang „ebenso des öffentlichen Rechts" bereits ein nach vorliegender Ansicht unzulässiges Präjudiz aufstellt.
100 Drews / Wacke, Allgemeines Polizeirecht, S. 209; Hurst, DVBl. 1963, S. 804
101 Forsthoff, Lehrbuch des Verwaltungsrechts I, S. 191, Wolff / Bachof / Stober, Verwaltungsrecht I, 10. Aufl. 1994, § 43 Rz. 83 (anders aber jedenfalls für Pflichten aus dem Polizei- und Ordnungsrecht seit der 11. Aufl: § 42 Rz. 56); Finkelnburg, JuS 1965, S. 498

Freilich wurden auch schon in frühen Jahren Überlegungen dahingehend angestellt, ob hinsichtlich bestimmter Rechtspositionen nicht dennoch eine Rechtsnachfolge in Betracht komme[102], ohne dass indes die Frage nach einer dieser zugrunde liegenden rechtlichen Regelung vertieft erörtert oder gar beantwortet worden wäre.

Ein Ansatzpunkt dieser Auffassung mag die prima facie unschwer zu gewinnende Erkenntnis gewesen sein, dass eine Vielzahl öffentlich-rechtlicher Positionen ihrer Natur nach auf eine jeweilige Person „zugeschnitten" sind und eine Rechtsnachfolge der Sache nach vernünftigerweise schlichtweg nicht vorstellbar ist. So ist beispielsweise der Erwerb einer Fahrerlaubnis von Todes wegen ebenso wenig diskutabel wie die Übertragung einer durch Ausweisung begründeten Ausreiseverpflichtung durch Rechtsgeschäft auf eine andere Person.

Bereits hier werden aber zwei streng voneinander zu trennende Problemkreise miteinander verknüpft: Die Frage muss zunächst lauten, ob es im öffentlichen Recht überhaupt eine Rechtsnachfolge gibt. Die Frage, ob bestimmte (oder auch alle) öffentlich-rechtliche Rechtspositionen im Wege einer solchen Rechtsnachfolge dann auch wirklich auf einen Rechtsnachfolger übergehen können, ist davon streng zu trennen[103].

Nicht von entscheidender Bedeutung ist demgegenüber, ob man der einen oder anderen Fragestellung den logischen Vorrang einräumt. Man könnte argumentieren, solange öffentlich-rechtliche Rechtspositionen nicht übergangsfähig seien, erübrige sich die „Suche" nach einer möglicherweise eine Übertragung anordnenden Norm[104]. Dem kann entgegengehalten werden, dass die Prüfung der Übergangsfähigkeit einer Norm überflüssig ist, wenn schon kein einen Übergang anordnender Tatbestand in Betracht komme[105].

Für die Richtigkeit dieser letztgenannten Ansicht spricht, dass, wenn es eine allgemeine, die Rechtsnachfolge im öffentlichen Recht ermöglichende Übergangsnorm gäbe, diese naturgemäß ein Regel-Ausnahmeverhältnis zugunsten einer Rechtsnachfolge statuieren würde[106], wie dieses auch im Zivilrecht kodifiziert ist: eine Rechtsnachfolge wird grundsätzlich ermöglicht und kann dann nur durch die fehlende Übergangsfähigkeit der jeweiligen Rechtsposition „verhindert" werden. Allein der Umstand, dass letzteres im öffentlichen Recht sehr viel häufiger als im Zivilrecht, vielleicht sogar in der überwiegenden Zahl der Fälle zutreffen mag, vermag dieses logische Regel- Ausnahmeverhältnis nicht umzukehren, er führt lediglich zu einer größeren Anzahl von Ausnahmen.

Die gegenteilige Argumentation könnte daher nur dann stichhaltig sein, wenn der Rechtssatz aufgestellt werden könnte, es gebe im öffentlichen Recht keine übergangsfähige Rechtsposition, eine Ansicht, die zwar – wie dargestellt – in der Vergan-

---

[102] G. Jellinek, System der subjektiven öffentlichen Rechte, S. 343
[103] Stober, NJW 1977, S. 123; Otto, Die Nachfolge in öffentlich-rechtliche Positionen des Bürgers, S. 52, führte hierfür den Begriff der „Übergangsfähigkeit" ein, der sich in der Folgezeit durchgesetzt hat und auch vorliegend für diese Fragestellung verwendet werden soll.
[104] Peine, DVBl. 1980, S. 944 ; Nolte / Niestedt, JuS 2000, S. 1072
[105] Stadie, DVBl. 1990, S. 501
[106] Es sei denn, diese Regelung enthielte eine negative Formulierung, z. B. : „Eine Rechtsnachfolge findet nur in den ausdrücklich bestimmten Fällen statt"

genheit teilweise vertreten wurde, sich heute aber – soweit ersichtlich – nirgendwo mehr findet[107].

Beide Argumentationen sind indes nur in beschränktem Maße praxisrelevant. Allenfalls verkürzen sie den „Arbeitsaufwand" der Prüfung, wenn das Vorliegen des einen oder des anderen Merkmals, die beide für eine Rechtsnachfolge erfüllt sein müssen, verneint werden muss. Für den Fall, dass eine Rechtsnachfolge bejaht wird, sind ohnehin beide Merkmale zu prüfen (und logischerweise zu bejahen). Mangels dogmatischer Relevanz soll daher im Folgenden (ohne jedes Präjudiz) der Aufbau gewählt werden, der auch der Konzeption des Zivilrechts zugrunde liegt, nämlich zunächst die Untersuchung, ob sich allgemeine Aussagen über eine die Rechtsnachfolge im öffentlichen Recht anordnende Norm treffen lassen und anschließend, ob die jeweils in Frage stehenden Positionen auch tatsächlich übergangsfähig sind.

bb) Einzelne Rechtsnachfolgenormen

Trotz des Fehlens einer allgemeinen Kodifikation der Rechtsnachfolge im öffentlichen Recht finden sich eine Reihe von Einzelvorschriften, welche Regelungen enthalten, die sich auf eine Rechtsnachfolge beziehen.

- So bestimmt § 45 Abs. 1 AO: „Bei Gesamtrechtsnachfolge gehen die Forderungen und Schulden aus dem Steuerverhältnis auf den Rechtsnachfolger über. Dies gilt jedoch bei der Erbfolge nicht für Zwangsgelder."
- § 4 BBodSchG regelt in Abs. 3: „Der Verursacher einer schädlichen Bodenveränderung oder Altlast sowie dessen Gesamtrechtsnachfolger ... sind verpflichtet, den Boden ... zu sanieren."
- § 75 Abs. 2 BauO NW lautet: „Die Baugenehmigung gilt auch für und gegen die Rechtsnachfolgerin oder den Rechtsnachfolger der Bauherrin oder des Bauherrn."[108]
- § 101 OWiG bestimmt: „In den Nachlass des Betroffenen darf eine Geldbuße nicht vollstreckt werden."
- § 7 Abs. 2 AbgrG NW hat folgenden Wortlaut: „Die Genehmigung wird dem Antragsteller ... erteilt. Sie wirkt für und gegen den Rechtsnachfolger des Antragstellers."
- In § 7 Abs. 2 WHG findet sich die Formulierung: „Die Erlaubnis geht mit der Wasserbenutzungsanlage ... auf den Rechtsnachfolger über."

All diesen Vorschriften ist eines gemeinsam: Sie verwenden die Begriffe „Rechtsnachfolger" oder „Gesamtrechtsnachfolge" als Tatbestandsmerkmal und ordnen jeweils an, dass eine Rechtsposition auf den „Nachfolger" oder „bei Gesamtrechtsnachfolge" übergehe. Die Existenz einer Rechts- bzw. Gesamtrechtsnachfolge wird mithin in diesen Normen vorausgesetzt.

So wäre z. B. § 75 Abs. 2 BauO bei einer isolierten Betrachtung überhaupt nicht verständlich: Die Anordnung, dass die Baugenehmigung auch für und gegen den

---

[107] So auch Dietlein, Nachfolge im öffentlichen Recht, S. 29

[108] Entsprechende Regelungen finden sich z. B. in § 89 Abs. 3 BayBauO, § 89 Abs. 2 S. 3 NdsBauO, § 78 Abs. 3 RhPfBauO, § 77 Abs. 3 SaarlBauO

Rechtsnachfolger wirke, sagt für sich gesehen überhaupt nichts über das Nachfolgesubjekt aus[109]. Wer denn dieser „Rechtsnachfolger" sein solle, wäre völlig unklar.

Es kann auch nicht argumentiert werden, diese Normen ordneten die jeweilige Rechtsnachfolge autark und vollumfänglich an, so wie dies z. B. § 1922 BGB tut, indem dort bestimmt wird, dass das Vermögen des Erblassers auf die Erben übergeht. Es ergibt sich zwar aus dem Tatbestand des § 1922 ebenfalls nicht, wer denn der „Erbe" ist, doch wird dies in den darauf folgenden Vorschriften desselben Gesetzes bestimmt. Eine solche Bestimmung fehlt in den Gesetzen, denen die vorstehenden Beispiele entnommen sind.

Außerdem kann es sich schon deshalb bei dieser in den genannten Normen vorausgesetzten Rechtsnachfolge nicht um den in der jeweiligen Vorschrift selbst angeordneten Rechtsübergang handeln, da die Norm dann ihre eigene Rechtsfolge als Tatbestand aufwiese, was rechtstechnisch nicht möglich ist.

Es ist daher jeweils ein außerhalb der Norm und mangels Definition der Rechtsnachfolge im betreffenden Gesetz ein auch außerhalb des jeweiligen Gesetzes liegender, allgemeiner Rechtsnachfolgetatbestand in Bezug genommen.

Um welchen Tatbestand es sich hier handele, ist die am meisten umstrittene Frage im Problemkreis der Rechtsnachfolge im Verwaltungsrecht. Ihre Beantwortung setzt eine ausführliche Auseinandersetzung mit den hierzu entwickelten Theorien voraus, die weiter unten im Hauptteil erfolgen wird.

Als Zwischenergebnis ist zunächst festzuhalten, dass ausweislich einiger ausdrücklicher gesetzlicher Bestimmungen auch dem öffentlichen Recht eine Rechtsnachfolge geläufig ist, was angesichts des eingangs erwähnten Umstandes nicht verwunderlich ist, dass sich auch im öffentlichen Recht zumindest im Falle des Untergangs eines Rechtssubjektes die Frage stellen muss, was mit den ihm bislang zugeordneten Rechtspositionen zu geschehen habe.

2. Die Polizeipflichten

Da die vorliegende Arbeit aus dem allgemeinen Problemkreis „Rechtsnachfolge im öffentlichen Recht" speziell den Ausschnitt behandeln will, der sich mit der Übergangsfähigkeit der polizeirechtlich begründeten Zustands- und Verhaltensverantwortlichkeit befasst, sollen zunächst diese Rechtspositionen dargestellt und gegenüber vergleichbaren Positionen abgegrenzt werden.

Der Konzeption sämtlicher Polizeigesetze der Bundesrepublik Deutschland liegt das Prinzip zugrunde, dass die zur Gefahrenabwehr berufenen Stellen ermächtigt werden, Maßnahmen der Gefahrenabwehr gegenüber bestimmten Personen zu treffen[110]. Hierbei differenzieren die Gesetze durchgängig zwischen der Inanspruchnahme von Störern, womit Personen gemeint sind, die einen Bezug zur Gefahrenquelle oder Gefahrenursache aufweisen, und Nicht-Störern, bei denen es sich um Personen handelt, die ohne einen solchen Bezug in Anspruch genommen werden können. Für den Begriff der Person spielt es dabei keine Rolle, ob es sich um natürli-

[109] Peine, JuS 1997, S. 985
[110] Tettinger, Besonderes Verwaltungsrecht 1, § 13 Rz. 422

che oder juristische Personen handelt[111], maßgeblich ist vielmehr die Fähigkeit der Person, im Rechtsverkehr überhaupt Handlungen vorzunehmen.

Der maßgebliche Unterschied in der Behandlung von Störern und Nichtstörern liegt nicht in erster Linie in ihrer Verpflichtbarkeit auf der Primärebene der unmittelbaren Gefahrenabwehr[112], sondern vielmehr darin, dass die als Störer in Anspruch Genommenen auch die Kosten dieser Inanspruchnahme sowie der weiteren damit verbundenen Maßnahmen zu tragen haben, während dem als Nichtstörer in Anspruch Genommenen regelmäßig ein Ausgleichsanspruch gegen die öffentliche Hand zusteht[113].

a) Zustandsverantwortlichkeit

In den Fällen, dass eine Gefahr im polizeirechtlichen Sinne von einer Sache[114] ausgeht, bestimmen die Polizei- und Ordnungsbehördengesetze, dass die gefahrenabwehrrechtlichen Maßnahmen entweder gegen den Eigentümer oder gegen den Inhaber der tatsächlichen Gewalt zu richten sind.

Welcher der danach möglichen Adressaten vorrangig in Anspruch zu nehmen ist, wird von den jeweiligen Gesetzen unterschiedlich geregelt. So bestimmt z. B. das PolG NW in § 5 Abs. 1, dass eine Inanspruchnahme des Inhabers der tatsächlichen Gewalt zu erfolgen hat. In Abs. 2 ist geregelt, dass Maßnahmen „auch" gegen den Eigentümer gerichtet werden können, es sei denn, dass der Inhaber der tatsächlichen Gewalt diese ohne oder gegen dessen Willen ausübt.

Umgekehrt bestimmt § 18 OBG NW in Abs. 1, dass die ordnungsbehördliche Maßnahme gegen den Eigentümer zu richten ist und Abs. 2 ergänzt, dass diese „auch" gegen den Inhaber der tatsächlichen Gewalt gerichtet werden kann. Auch hier wird bestimmt, dass sich die Maßnahme gegen den Inhaber der tatsächlichen Gewalt richten muss, wenn diese gegen oder ohne den Willen des Eigentümers ausgeübt wird.

Der Grund für diese Differenzierung ist darin zu sehen, dass sich § 5 PolG vorrangig an die vor Ort operierende Vollzugspolizei richtet, welche die tatsächlichen Gewaltverhältnisse eher einschätzen kann als die „wahre" Eigentumslage, während die Bestimmung des § 18 OBG primär für Ordnungsbehörden gilt, welchen dementgegen eine Prüfung der Eigentumslage regelmäßig eher und einfacher möglich ist als eine solche der tatsächlichen Gewaltverhältnisse[115].

Die Polizeipflichtigkeit knüpft daher in dieser Variante an eine tatsächliche (Sachherrschaft) bzw. rechtliche Gegebenheit (Eigentum) an, deren Voraussetzungen – zumindest im Falle des Eigentums – nicht im öffentlichen Recht geregelt sind.

---

[111] Tettinger, Besonderes Verwaltungsrecht 1, § 15 Rz. 487

[112] Wobei hier auch geregelt ist, dass die Inanspruchnahme eines Nichtstörers stets subsidiär zu erfolgen habe, z. B. § 6 Abs. 1 Nr. 2 PolG NW, § 19 Abs. 1 Nr. 2 OBG NW

[113] Siehe z. B. § 67 PolG NW i. V. m. § 39 Abs. 1 lit. a OBG NW

[114] Wobei teilweise ausdrücklich hervorgehoben wird, dass dies auch für ein Tier als Gefahrenquelle gilt

[115] Friauf, in: Schmidt – Aßmann, Besonderes Verwaltungsrecht, 10. Aufl, 2. Abschnitt II 2 b aa Rz. 84; Götz, Allgemeines Polizei- und Ordnungsrecht, § 9 Rz. 218

Es ist unumstritten, dass mit dem Begriff „Eigentümer“ die vom Zivilrecht als Eigentümer bestimmte Person gemeint ist[116].

Bezüglich des Begriffs des „Inhabers der tatsächlichen Gewalt“ ist indes umstritten, ob auch dies einen Anknüpfungspunkt an die zivilrechtliche Besitzlage darstelle. Verbreitet wird dies ohne nähere Begründung verneint[117], teilweise auch mit der Begründung, der Besitzbegriff des BGB knüpfe nicht an eine tatsächliche Lage an, sondern stelle eine rechtliche Position dar[118]. Dies erscheint aber zumindest im Hinblick auf den Begriff des unmittelbaren Besitzes in § 854 BGB zweifelhaft. Nach herrschender Ansicht im Zivilrecht ist nämlich der unmittelbare Besitz nichts anderes als die Beschreibung des tatsächlichen Gewaltverhältnisses über eine Sache[119]. Eine andere Frage ist, inwieweit aus dem Besitz Rechte erwachsen; diese sind in der Tat mannigfaltiger Natur. Auch wird der Besitz in verschiedenen Bereichen des Zivilrechts wie ein Recht behandelt[120], doch sollte dies nicht darüber hinwegtäuschen, dass der Begriff „Besitz“ im Zivilrecht zumindest in der Version des unmittelbaren Besitzes ebenfalls lediglich die Beschreibung eines tatsächlichen Zustandes darstellt[121].

Dies bedeutet indes nicht, dass das Polizeirecht an entsprechende zivilrechtliche Vorgaben gebunden wäre, da hier durchaus unterstellt werden kann, dass der Gesetzgeber, der für das Polizeirecht den Begriff des Eigentümers dem Zivilrecht entnommen hat, bewusst nicht den „Besitzer“ als alternativen Störer definiert hat, sondern lediglich die Formulierung, die das Zivilrecht als Tatbestandsvoraussetzungen des Besitzes verwendet, in das öffentliche Recht übernommen hat[122]. Dennoch mag es hier aufgrund der gleichgelagerten tatsächlichen Grundsituation naheliegen, die Grundsätze und die sehr differenzierte Kasuistik zum Besitzbegriff des Zivilrechts nicht unter apodiktischer Proklamation der Verschiedenheit der Rechtsordnungen völlig außer Betracht zu lassen[123].

Festzuhalten bleibt, dass die polizeirechtliche Zustandsverantwortlichkeit bei dem zivilrechtlichen Eigentümer einer Sache oder dem Inhaber der tatsächlichen Gewalt über eine Sache liegt, von der eine Gefahr für die öffentliche Sicherheit oder Ordnung ausgeht, wobei sich die Frage des Eigentums nach den Bestimmungen des BGB richtet und der Begriff „Inhaber der tatsächlichen Gewalt“ einen rein tatsächlichen Zustand beschreibt.

---

[116] Schumann, Grundriss des Polizei- und Ordnungsrechts, S. 46; Habermehl, Polizei- und Ordnungsrecht, S. 90 Rz. 186
[117] BVerwGE 67, S. 12
[118] Schumann, Grundriss des Polizei- und Ordnungsrechts, 1978, S. 46; Knemeyer, Polizei- und Ordnungsrecht, § 27 Rz. 334 spricht von einem „vergeistigten“ Begriff
[119] Bassenge in: Palandt, BGB, vor § 854 Rz. 1, eine Ausnahme bildet möglicherweise die Figur des „Besitzdieners“
[120] So z. B. in § 823 BGB, s. Sprau in: Palandt, BGB, § 823 Rz. 13
[121] Der BGH (NVwZ 1985, S. 447) stellt für die unterschiedliche Behandlung des Besitzbegriffes im öffentlichen und im Zivilrecht darauf ab, dass im Zivilrecht zur Erlangung des Besitzes ein Willensakt (Besitzbegründungswille) erforderlich sei, auf den es im öffentlichen Recht nicht ankomme
[122] Das OVG Münster (DVBl. 1977, S. 257) argumentiert, der Begriff der tatsächlichen Gewalt sei im öffentlichen Recht „unter Übernahme des Inhalts, den der Begriff durch seine Verwendung in den §§ 854 bis 856 BGB erhalten hat“, zu verstehen, weist aber darauf hin, dass zwischen Besitz und tatsächlicher Gewalt zu unterscheiden sei.
[123] So im Ergebnis auch VGH München, BayVBl. 1979, S. 176

b) Die Verhaltensverantwortlichkeit

Als weitere Person, gegen die gefahrenabwehrrechtliche Maßnahmen der Gefahrenabwehr gerichtet werden können, bestimmen die einschlägigen Gesetze denjenigen, der die jeweilige Gefahr verursacht hat[124]. Anknüpfungspunkt für die Haftung ist daher in diesem Fall das Verhalten der betreffenden Person. Unter Verhalten ist zunächst das positive Tun zu verstehen. Doch auch ein Unterlassen kann als persönliches Verhalten eine gefahrenabwehrrechtliche Verantwortung begründen[125], wenn und soweit für die betreffende Person eine öffentlich-rechtliche Pflicht zu sicherheits- oder ordnungswahrendem Tun besteht[126]. Eine solche kann sich z. B. aus einem vorangegangenen, potentiell gefährlichen Tun ergeben, welches für sich genommen die Schwelle zur gefahrenabwehrrechtlichen Gefahr noch nicht überschritten hat, wobei die dadurch geschaffene Lage sich durch Hinzutreten weiterer Umstände zu einer Gefahr entwickelt[127]. Es reicht allerdings für eine Inanspruchnahme als Störer nicht aus, dass die betreffende Person über das Gegenmittel zur Gefahr verfügt, ohne dass sie sonst einen Beitrag zur Gefahrverursachung gesetzt hätte[128].

Zu beachten ist hier, dass es für die Frage der Verursachung der Gefahr nicht auf ein Verschulden der jeweiligen Person ankommt. Die Verursachung ist vielmehr in rein kausaler Betrachtungsweise festzustellen. Aufgrund der damit verbundenen Weite möglicher kausaler Beiträge zum Entstehen einer Gefahr ist freilich mit Korrektiven zu arbeiten. Weder die Äquivalenz- noch die Adäquanztheorie bieten hier eine geeignete Einschränkungsmöglichkeit[129].

Die „conditio-sine-qua-non-Formel" des Strafrechts würde den Kreis der Verhaltensverantwortlichen zu weit ziehen[130], da sie jeden naturwissenschaftlich relevanten Beitrag als ursächlich ansieht, ohne bezüglich dieser Beiträge eine Gewichtung vorzunehmen, ein Ergebnis, mit dem sich im Strafrecht aufgrund des dort hinzutretenden Verschuldenserfordernisses operieren lässt[131].

Die Theorie der „nach der Lebenserfahrungen voraussehbaren Kausalverläufe" wiederum ist zu eng, da es im Polizeirecht nicht nur auf typische, vorhersehbare Kausalverläufe ankommt, sondern die Behörden bei einer jeden Gefahrenlage einschreiten müssen, mag sie auch auf einem noch so ungewöhnlichen Kausalverlauf beruhen[132].

---

[124] So z. B. § 6 PolG BW, Art. 7 PAG Bay, § 13 ASOG Bln, § 16 OBG Brbg / § 5 PolG Brbg, § 5 PolG Brem, § 8 SOG Hessen, § 69 SOG MV, § 6 Nds., § 17 OBG NW / § 4 PolG NW, § 4 POG RhPf, § 4 PolG Saarl, § 4 PolG Sachs, § 7 SOG SA, § 218 LVwG SH, § 10 OBG Thür / § 7 PAG Thür

[125] Drews / Wacke, Allgemeines Polizeirecht, S. 217

[126] Schmidt – Aßmann, Besonderes Verwaltungsrecht, 2. Kap. II 2 d bb Rz. 133; Pape, NJW 1992, S. 2664; Tettinger, Besonderes Verwaltungsrecht 1, § 15 Rz. 489; Knemeyer, Polizei- und Ordnungsrecht, § 27 Rz. 334; Götz, Allgemeines Polizei- und Ordnungsrecht, § 9 Rz. 211; Habermehl, Polizei- und Ordnungsrecht, S. 89 Rz. 183

[127] Schlabach / Simon, NVwZ 1992, S. 144

[128] Schumann, Grundriss des Polizei- und Ordnungsrechts, S. 44

[129] Tettinger, Besonderes Verwaltungsrecht 1, § 15 Rz. 332

[130] Schnur, DVBl. 1962, S. 1

[131] Schink, GewArch. 1996, S. 53; Pape, NJW 1992, S. 2665; Tettinger, Besonderes Verwaltungsrecht 1, § 15 Rz. 490; Drews / Wacke, Allgemeines Polizeirecht, S. 221

[132] Schumann, Grundriss des Polizei- und Ordnungsrechts, S. 43; Friauf in: Schmidt – Aßmann, Besonderes Verwaltungsrecht, S. 137 Rz. 74; Schink, GewArch. 1996, S. 53; Drews / Wacke, Allgemeines Polizeirecht, S. 222

In der polizeirechtlichen Dogmatik wurden daher unterschiedliche Theorien entwickelt, um eine Verhaltensverantwortlichkeit zu begründen. Teilweise wird vertreten, nur, wer sich „sozial inadäquat" verhalte, könne sich polizeirechtlicher Verantwortlichkeit aussetzen[133], andere wollen nach Risikozurechnungssphären unterscheiden[134], wieder andere stellen schwerpunktmäßig auf die Rechtswidrigkeit der Verursachung einer Gefahr ab[135]. Ganz überwiegend hat sich mittlerweile die Lehre von der „unmittelbaren Verursachung" durchgesetzt[136]. Hiernach ist jemand dann (und nur dann) als Verhaltensstörer anzusehen, wenn sein Verhalten die konkrete Gefahr unmittelbar herbeigeführt hat, womit gemeint ist, dass sein Verhalten die Gefahrenschwelle überschritten haben muss[137]. In der Regel wird daher der letzte auf einer Willensbetätigung basierende Beitrag eines Beteiligten als Setzen der unmittelbaren Ursache anzusehen sein[138].

Wichtig ist ferner, dass nach ganz herrschender Auffassung diejenigen Beiträge, die lediglich eine Ausübung der von der Rechtsordnung zur Verfügung gestellten Befugnisse darstellen, nicht zur Begründung einer Verhaltenshaftung herangezogen werden können[139]. Anders ausgedrückt: Wer lediglich eine von der Rechtsordnung vorgesehene Möglichkeit der Rechtsausübung in sozialüblicher Weise wahrgenommen hat[140], scheidet als Verhaltensstörer aus[141].

Aus der durch diese Differenzierung geschaffenen Problematik heraus erklärt sich die Diskussion um die von Rechtsprechung und Lehre entwickelte Figur des „Zweckveranlassers", mit der eine Peron als verhaltensverantwortlich qualifiziert wird, die durch eine Handlung, die an sich nach dem Vorgesagten polizeirechtlich neutral einzustufen ist, andere Personen zu Handlungen veranlasst, die dann in einen polizeirechtswidrigen Zustand münden[142]. Hier wird argumentiert, dass die an sich von der Rechtsordnung gestattete Handlung des „Zweckveranlassers", z. B. die Vermietung von Geschäftsraum an Prostituierte im Sperrbezirk[143], mehr oder weniger zwangsläufig den polizeirechtswidrigen Zustand nach sich ziehe[144]. Daher gelte insoweit der vorgenannte Grundsatz nicht, dass durch von der Rechtsordnung gestattete Handlungen eine Verhaltensverantwortlichkeit überhaupt nicht begründet werden könne.

Die Verursachung der Gefahr muss in solchen Fällen allerdings, um sachwidrige Ergebnisse zu vermeiden, der als Zweckveranlasser bezeichneten Person nicht nur

---

[133] Hurst, AöR 83 (1958), S. 75ff.
[134] Pietzcker, DVBl. 1984, S. 464
[135] Schnur, DVBl. 1962, S. 3; Lisken / Denninger, Handbuch des Polizeirechts, Rz. E 69 (S. 233)
[136] Muckel, Klausurenkurs im besonderen Verwaltungsrecht, S. 86 Fall 12; Wacke, DÖV 1960, S. 93; Pape, NJW 1992, S. 2665; Tettinger, Besonderes Verwaltungsrecht 1, § 15 Rz. 333
[137] Tettinger, Besonderes Verwaltungsrecht 1, § 15 Rz. 333
[138] Schmidt – Aßmann, Besonderes Verwaltungsrecht, 2. Kap. II 2 d aa Rz. 128
[139] BGH JZ 1984, S. 987 (S. 990)
[140] So z. B. der Vermieter, der gegenüber einem Mieter die Zwangsräumung aufgrund eines Titels betreibt, auch wenn der Mieter dadurch obdachlos wird, was für sich genommen regelmäßig als Gefahr für die öffentliche Ordnung (oft auch für die öffentliche Sicherheit) gewertet wird, s. hierzu OVG Münster, E 14, S. 265
[141] OVG NRW, NVwZ 1985, 355; Tettinger, Besonderes Verwaltungsrecht 1, § 15 Rz. 493; Schink (GewArch. 1996, S. 53) postuliert dies insbesondere auch für den Fall, dass diese Handlung die zeitlich letzte war, die bei der Entstehung der Gefahr beteiligt war und nutzt dieses Argument zur Kritik an der Unmittelbarkeitslehre.
[142] Differenzierend hierzu Pietzcker, DVBl. 1984, S. 461
[143] Hierzu Hess. VGH, DÖV 1992, S. 753
[144] Pape, NJW 1992, S. 2665

objektiv[145], sondern auch subjektiv zumindest als billigend in Kauf genommen, wenn nicht gar als intendiert zugerechnet werden können[146]. Daher scheidet z. B. die Verantwortlichkeit der Organisatoren einer Demonstration für Gefahren aus einer hierdurch „veranlassten" Gegendemonstration aus[147].

Ferner bestimmen die einschlägigen Polizeigesetze, dass auch diejenigen, welche gegenüber einer verhaltensverantwortlichen Person zur Aufsicht bestimmt sind, als Adressaten von Maßnahmen in Betracht kommen[148].

c) Der Nichtstörer

Die Polizeigesetze sehen schließlich die Möglichkeit vor, auch gegen andere Personen als die Zustands- und Verhaltensverantwortlichen Maßnahmen zu treffen, wenn eine gegenwärtige erhebliche Gefahr weder durch eigene Mittel noch durch die Inanspruchnahme eines nach den vorgenannten Grundsätzen Verantwortlichen beseitigt werden kann und den von der Maßnahme Betroffenen aus deren Inanspruchnahme keine erheblichen Nachteile erwachsen[149].

Aus diesem Umstand bestätigt sich auch die bereits vorstehend getroffene Feststellung, dass eine Person nicht bereits dann als Störer zu qualifizieren ist, wenn sie über ein geeignetes Gegenmittel gegen die drohende Gefahr verfügt[150]. Da auch eine Maßnahme gegen einen Nichtstörer stets „verhältnismäßig" im Sinne des Übermaßverbotes (und daher auch zur Erreichung des Zweckes geeignet) sein muss, impliziert die Inanspruchnahme eines Nichtstörers, dass dieser über ein wirksames Gegenmittel verfügt.

Hinzuweisen ist hier noch einmal auf den bereits oben angesprochenen Grundsatz, dass der in Anspruch genommene Nichtstörer zumindest nicht die finanziellen Folgen seiner Inanspruchnahme zu tragen hat. Sofern es in den jeweiligen Polizeigesetzen nicht ausdrücklich bestimmt ist[151], so ist regelmäßig die öffentliche Hand einstandspflichtig[152], sei es aufgrund von Art. 14 Abs. 3 GG (bei Entzug von Eigentumspositionen)[153] oder aufgrund des gewohnheitsrechtlichen[154] Instituts der Entschädigung für Aufopferung (bei sonstigen Rechtsgütern)[155].

d) Entscheidung der Behörde

Bei Vorliegen einer Gefahr ist die Behörde grundsätzlich nicht zum Einschreiten verpflichtet, sondern ihr ist in den Polizeigesetzen aufgegeben, ihre Maßnahmen „nach pflichtgemäßem Ermessen" zu treffen[156]. Daraus ergibt sich zunächst ein Ent-

---

145 So aber OVG Hamburg, GewArch. 1992, S. 76
146 PrOVGE 40, S. 216
147 Schoch, JuS 1994, S. 934; VGH BW, DÖV 1990, S. 346; Hess. VGH, DVBl. 1993, S. 618; auch hier differenzierend indes Pietzcker, DVBl. 1984, S. 461
148 Z. B. § 17 Abs. 2 u. 3 OBG NW; § 4 Abs. 2 u. 3 PolG NW
149 So z. B. § 6 PolG NW, § 19 OBG NW
150 Tettinger, Besonderes Verwaltungsrecht 1, § 15 Rz. 495; Drews / Wacke, Allgemeines Polizeirecht, S. 227
151 So z. B. in § 39 Abs. 1 OBG NW
152 Schmidt – Aßmann, Besonderes Verwaltungsrecht, 2. Kap. II 3 a Rz. 177.
153 § 39 Abs. 1 OBG NW ist insoweit als Enteignungsentschädigungsregelung zu verstehen.
154 Grundlage hierfür bildet eine Fortgeltung des Rechtsgedankens der §§ 74, 75 Einl. prALR
155 Insoweit handelt es sich bei § 39 Abs. 1 OBG NW um eine positivierte Aufopferungs - Entschädigungsregelung.
156 So z. B. § 3 Abs. 1 PolG NW, § 16 OBG NW

schließungsermessen bei der Entscheidung, ob überhaupt Maßnahmen zur Gefahrenabwehr getroffen werden sollen (sog. „Opportunitätsprinzip")[157].

Auf der zweiten Stufe hat die Behörde zu entscheiden, ob sie eigene Maßnahmen zur Gefahrenabwehr trifft oder aber eine Maßnahme gegen einen Störer oder einen Nichtstörer richtet (sog. Auswahlermessen). Hierbei hat sie allerdings die in den einzelnen Polizeigesetzen statuierten Prioritätsbestimmungen zu berücksichtigen.

Schließlich obliegt ihr die Wahl der konkreten Maßnahme[158], welche naturgemäß wiederum unter Beachtung des Übermaßverbotes zu erfolgen hat[159].

3. Die Rechtsnachfolge im Verwaltungsverfahren und Verwaltungsprozess

Die einzige Regelung der VwGO, die unmittelbar auf eine Rechtsnachfolge Bezug nimmt, stellt § 121 VwGO dar, der bestimmt, dass sich die Rechtskraft eines verwaltungsgerichtlichen Urteils außer auf die Beteiligten auch auf deren Rechtsnachfolger erstreckt. Hierdurch wird festgelegt, dass der Rechtsnachfolger an die Entscheidung des Gerichts gegenüber dem Rechtsvorgänger gebunden ist. Der Vorgang der Rechtsnachfolge selbst ist daher nicht Gegenstand dieser Norm[160].

Das öffentliche Verfahrensrecht enthält vielmehr weder in der VwGO noch in den Verwaltungsverfahrensgesetzen eine ausdrückliche Regelung, wie der Wegfall eines Verfahrensbeteiligten oder aber der Wechsel der Sachlegitimation während des laufenden Prozesses zu behandeln seien. § 173 VwGO bestimmt jedoch, dass zur Ergänzung der Regelungen der VwGO auf vergleichbare Bestimmungen der ZPO zurückgegriffen werden kann, „wenn die Grundsätze der beiden Verfahrensarten dies nicht ausschließen". Die ZPO stellt für beide Fallgestaltungen Regelungen bereit:

a) Wegfall der Partei

Für den Fall des Todes einer Partei, der in der zivilrechtlichen Dogmatik den Verlust der Parteifähigkeit bedeutet[161], ordnet § 239 ZPO die Unterbrechung des Verfahrens bis zur Aufnahme durch den Rechtsnachfolger an. Dies soll nach im Zivilrecht herrschender Ansicht für den Fall der Gesamtrechtsnachfolge unter juristischen Personen entsprechend gelten[162]. Im Falle einer Aufnahme des Verfahrens durch den Rechtsnachfolger wird dieses in dem Stadium fortgesetzt, in welchem es sich zum Zeitpunkt der Unterbrechung befunden hat[163].

Wer der jeweilige „Rechtsnachfolger" ist, wird in der ZPO nicht geregelt. Lediglich § 239 Abs. 5 ZPO enthält einen dahingehenden Hinweis, indem dort bestimmt wird,

---

[157] Tettinger, Besonderes Verwaltungsrecht 1, § 15 Rz. 495; OVG NW, DÖV 1971, S. 208; Götz, Allgemeines Polizei- und Ordnungsrecht, Rz. 348ff; anders indes Knemeyer, Polizei- und Ordnungsrecht, S. 86 Rz. 129f, der die Ansicht vertritt, in der Regel sei die Behörde zum Einschreiten verpflichtet, solches dürfte indes lediglich im (Ausnahme-) Fall einer Ermessensreduzierung auf Null anzunehmen sein. .

[158] Siehe z. B. § 3 Abs. 2 PolG NW, § 21 OBG NW

[159] Tettinger, Besonderes Verwaltungsrecht 1, § 16 Rz. 531f.

[160] Dietlein, Nachfolge im öffentlichen Recht, S. 275; Peine, DVBl. 1980, S. 947

[161] Im verwaltungsrechtlichen Verfahren führt der Tod zum Verlust der Beteiligtenfähigkeit, hierzu Spannowsky, NVwZ 1992, S. 426

[162] Greger in: Zöller, ZPO, § 239 Rz. 6 m. w. N.

[163] Z. B. § 249 ZPO: Fristen, die vor der Unterbrechung zu laufen begonnen haben, laufen erst ab Ende der Unterbrechung weiter

dass „der Erbe“ vor Annahme der Erbschaft nicht zur Fortsetzung des Rechtsstreits verpflichtet ist. Es ist indes allgemein anerkannt, dass es sich bei dem hier genannten Rechtsnachfolger um denjenigen handelt, der im Sinne der materiellen zivilrechtlichen Regelungen Gesamt- oder Sonderrechtsnachfolger der weggefallenen Prozesspartei geworden ist[164].

b) Wechsel der Sachbefugnis

Für den Fall des Wechsels der materiellrechtlichen Zuordnung des streitbefangenen Gegenstandes ordnet § 265 ZPO an, dass dies auf den Prozess, insbesondere auf die Prozessführungsbefugnis des ursprünglichen Rechtsträgers, keinen Einfluss hat. In § 266 ZPO wird dies, wenn Streitgegenstand eine unbewegliche Sache ist, dahingehend eingeschränkt, dass der (materiellrechtliche) Rechtsnachfolger in die Parteistellung seines Vorgängers einrücken kann, wobei es sich auch hier um einen gewillkürt vorzunehmenden Akt handelt[165] und nicht etwa um einen automatischen Parteiwechsel.

c) Übertragbarkeit der Regelungen auf verwaltungsrechtliche Verfahren

Fraglich ist aufgrund der Formulierung des § 173 VwGO, welche dieser Regelungen inwieweit auf den verwaltungsgerichtlichen Prozess und das Verwaltungsverfahren zu übertragen seien, und insbesondere, ob und inwieweit grundsätzliche Unterschiede der Verfahrensarten dies ausschließen.

aa) Wegfall der Beteiligtenfähigkeit im Verwaltungsprozess

Im Falle des Todes der beteiligten natürlichen Person oder aber des Eintritts der entsprechenden Tatbestände bezüglich der beteiligten juristischen Person[166] bestehen keine Bedenken, die Regelungen der §§ 239 ff. ZPO im Verwaltungsprozess entsprechend anzuwenden[167]. Die Folge ist, dass der Rechtsnachfolger als zur Fortführung des Prozesses berechtigt angesehen wird.

Die entsprechende Anwendung der zivilprozessualen Regelung darf indes nicht so weit gehen, dass parallel zu der oben dargestellten Auslegung des Rechtsnachfolgebegriffs der ZPO auch im Verwaltungsprozess derjenige als Rechtsnachfolger angesehen würde, welcher in die zivilrechtliche Rechtsposition des Verfahrensvorgängers eingerückt ist.

Im Zivilprozess ist diese Auslegung naheliegend, § 173 VwGO ordnet aber lediglich eine „entsprechende“ Anwendung der in der ZPO enthaltenen Regelungen an. Diese Verweisung wirkt sich dahingehend aus, dass der Verwaltungsprozess mit dem nach öffentlich-rechtlichem Maßstab bestimmten Rechtsnachfolger fortgesetzt wird. Wer dies – speziell im Prozess über gefahrenabwehrrechtliche Pflichten – ist, wird im Rahmen dieser Arbeit zu untersuchen sein.

---

[164] Greger in: Zöller, ZPO, § 239 Rz. 9; Thomas / Putzo, ZPO, § 239 Rz. 1
[165] Greger in: Zöller, ZPO, § 266 Rz.4
[166] Verschmelzung, Ausgliederung, Vermögensübernahme, s. dazu oben unter III 1 d dd
[167] Kopp / Schenke, VwGO, § 173 Rz. 4; Spannowsky, NVwZ 1992, S. 426; Wallerath, JuS 1971, S. 461; VGH Mannheim, NJW 1984, S. 195

bb) Wegfall der Beteiligtenfähigkeit im Verwaltungsverfahren

In den Verwaltungsverfahrensgesetzen existiert ebenfalls keine Regelung über die Behandlung des Wegfalls der Beteiligtenfähigkeit einer Person. Für das Rechtsbehelfsverfahren ordnet § 79 VwVfG eine entsprechende Anwendung der Vorschriften der VwGO an, was die Verweisvorschrift des § 173 VwGO einschließt[168].

Für das einfache Verwaltungsverfahren fehlt eine solche Vorschrift gänzlich. Hieraus könnte der Schluss gezogen werden, dass eine Fortsetzung des Verwaltungsverfahrens mit Rechtsnachfolgern grundsätzlich nicht in Betracht komme und dieses daher im Falle des Todes des beteiligten Bürgers grundsätzlich ende[169]. Spannowsky[170] schließt aus dem der Behörde in § 22 VwVfG eingeräumten Ermessensspielraum bezüglich der Einleitung eines Verwaltungsverfahrens, dass ihr ein ebensolcher bezüglich der Beendigung zustehe und sie diesen im Falle des Wegfalls der Beteiligtenfähigkeit unter Rücksicht auf die Nachfolgefähigkeit der verfahrensgegenständlichen Rechtsposition auszuüben habe[171]. Er geht daher davon aus, dass die Behörde das Verfahren einzustellen habe, wenn höchstpersönliche Rechte des Beteiligten den Verfahrensgegenstand bildeten. In den sonstigen Fällen komme eine analoge Anwendung der §§ 239 ff. ZPO in Betracht.

Diese Ansicht vermengt indes in unzulässiger Weise materiellrechtliche mit verfahrensrechtlichen Erwägungen. Richtig ist allenfalls, dass sich die Übergangsfähigkeit einer öffentlich-rechtlichen Rechtsposition nicht generell bejahen lässt, sondern aufgrund von Kriterien, die noch im einzelnen herauszuarbeiten sein werden, bestimmt werden muss.

Hiernach entscheidet sich dann, ob es in materiellrechtlicher Hinsicht einen Rechtsnachfolger bezüglich des im Verwaltungsverfahren thematisierten Rechtsverhältnisses gibt.

Doch selbst, wenn dies der Fall sein sollte, ist damit noch nicht die Frage beantwortet, ob das Verwaltungsverfahren mit diesem Rechtsnachfolger auch weitergeführt wird. Grundsätzlich kommen nämlich vier Verfahrenssituationen in Betracht:

aaa) Es gibt keinen Rechtsnachfolger und das Verfahren wird durch den Wegfall der Beteiligtenfähigkeit (von selbst) beendet.

In diesem Fall stellen sich keine Probleme.

bbb) Es gibt keinen Rechtsnachfolger und das Verfahren wird durch den Wegfall der Beteiligtenfähigkeit nicht (von selbst) beendet.

---

[168] Das Argument Obermayers (VwVfG, § 13 Rz. 97), die Verweisung des § 79 VwVfG gelte kraft der grundgesetzlichen Kompetenzordnung nur für bundesrechtliche Verwaltungsakte und habe daher auf die überwiegend dem Landesrecht unterfallenden spezialgesetzlichen Materien keinen Einfluss, ist zwar richtig, doch finden sich entsprechende Vorschriften auch in den Landesverwaltungsgesetzen (so z. B. § 79 VwVfG NW), so dass im Folgenden zwischen den Verwaltungsverfahrensgesetzen des Bundes und der Länder nicht weiter differenziert wird.

[169] Meyer / Borgs, VwVfG, § 14 Rz. 21

[170] NVwZ 1992, S. 426

[171] Spannowsky, NVwZ 1992, S. 426

In *diesem* Fall hätte die Behörde das Verfahren einzustellen oder für beendet zu erklären[172], da ein wesentlicher Faktor des Verfahrens (der Betroffene) ersatzlos weggefallen ist. Einen Ermessensspielraum hätte sie insoweit – entgegen der Ansicht Spannowskys – nicht.

ccc) Es existiert ein Rechtsnachfolger und das Verfahren wird durch den Wegfall der Beteiligtenfähigkeit (von selbst) beendet.

In diesem Fall ist von der Behörde ein neues Verwaltungsverfahren bezüglich des Rechtsnachfolgers einzuleiten.

ddd) Es existiert ein Rechtsnachfolger und das Verfahren wird durch den Wegfall der Beteiligtenfähigkeit nicht (von selbst) beendet.

Nur diese Variante beträfe die eigentliche Fragestellung nach der Rechtsposition eines Rechtsnachfolgers im Verwaltungsverfahren. Nur in diesem Falle stellen sich die Probleme, ob und inwieweit der Rechtsnachfolger an den Stand des Verfahrens gebunden sei, sich Verfahrenshandlungen seines Rechtsvorgängers zurechnen lassen müsse, die Behörde von ihrem Ermessensspielraum bezüglich einer Verfahrenseinstellung Gebrauch machen könne / müsse etc.

Die Ansicht Spannowskys vermag daher keine Antwort auf die Frage zu liefern, ob das öffentliche Recht einen Fortgang des Verwaltungsverfahrens auch bei Wegfall des beteiligten Rechtssubjektes zulasse oder nicht.

Man könnte argumentieren, dass es widersprüchlich wäre, wenn im Verwaltungsprozess eine solche Fortsetzung mit einem potentiellen Rechtsnachfolger möglich wäre, nicht aber im vorgelagerten Verwaltungsverfahren[173]. Hiergegen lässt sich indes einwenden, dass das prozessuale Verfahren in weitaus stärkerem Maße formalisiert ist als das vorangegangene Verwaltungsverfahren, was sich bereits aufgrund der Einbindung einer dritten Stelle (des Gerichts) und möglicher weiterer Beteiligter sowie aus dem Umstand rechtfertigt, dass die Bindungswirkung der verfahrensabschließenden Entscheidung im Verwaltungsprozess erheblich weiter reicht als diejenige im Verwaltungsverfahren, z. B. gemäß § 121 VwGO[174].

Ein wesentlich schwerwiegenderes Argument zur Rechtfertigung der unterschiedlichen Behandlung dieser Frage in Verwaltungsprozess und Verwaltungsverfahren dürfte sein, dass das Prozessrecht die Fortsetzung des Verfahrens mit dem Rechtsnachfolger ausdrücklich (wenn auch nur mittels einer Verweisung auf die ZPO) anordnet und eine solche Anordnung, auch nur in Form einer Verweisung, im Verwaltungsverfahrensrecht eben fehlt.

Doch ist diese Prämisse nur teilweise richtig. Die Parallelität von Verwaltungsverfahren und Verwaltungsprozess wird, wie vorstehend erwähnt, (zumindest) für das Rechtsbehelfsverfahren von § 79 VwVfG hergestellt, welcher die Regelungen der

---

172 Möglicherweise hat Spannowsky diese Konstellation im Auge, wenn er eine Einstellungspflicht aus der fehlenden Übergangsfähigkeit der Rechtsposition herleiten will.

173 Vgl. die entsprechende Argumentation Stadies zur Rechtskrafterstreckung in DVBl. 1990, S. 501 (508)

174 Dietlein, Nachfolge im öffentlichen Recht, S. 274, a. A. aber Stadie, DVBl. 1990, S. 501 (S. 507), der genau diese Vorschrift analog auch auf bestandskräftige Verwaltungsakte anwenden will und darüber hinaus hieraus gar eine Rechtsnachfolge in öffentlichrechtliche Pflichtenpositionen erst begründen will; hiergegen überzeugend Dietlein aaO.

VwGO für entsprechend anwendbar erklärt. Es gilt daher, dass § 173 VwGO und damit die Regelungen der §§ 239 ff. ZPO über Aussetzung und Aufnahme durch den Rechtsnachfolger gemäß dieser doppelten Verweisung jedenfalls im Rechtsbehelfsverfahren des VwVfG anwendbar sind und damit – begrifflich zwangsläufig – auch dort eine Rechtsnachfolge in die Verfahrensposition stattfindet.

Beim Rechtsbehelfsverfahren handelt es sich – jedenfalls im Bereich der staatlichen Eingriffe – um die Verfahrensart mit der intensivsten Beteiligungsform des Bürgers. Erst in diesem Stadium dürfte regelmäßig das Problem der verfahrensrechtlichen Rechtsnachfolge überhaupt eine entscheidende Rolle spielen.

Hat der Rechtsvorgänger keinen Rechtsbehelf eingelegt, wird das Verfahren in der Regel durch eingetretene Bestandskraft des Verwaltungsaktes seine Beendigung gefunden haben. Ob der Rechtsnachfolger diese Regelungswirkung des Veraltungsaktes gegen sich geltend lassen muss, ist keine Frage der Anwendbarkeit der §§ 239 ff. oder 265 ff. ZPO, sondern eine solche der Reichweite der Bestandskraft des Verwaltungsaktes. Es stellt sich hier damit allenfalls die Frage, ob die dazu für rechtskräftige Urteile in der ZPO wie auch in der VwGO enthaltenen Regelungen der § 325 ZPO bzw. § 121 VwGO kraft der Verweisung des § 79 VwGO ebenfalls im Rechtsbehelfsverfahren anwendbar seien[175]. Dies wird weiter unten im Rahmen der einzelnen Pflichtenstellungen zu untersuchen sein. Gleiches gilt für den Fall, dass ein Rechtsbehelf eingelegt und bestandskräftig abschlägig entschieden worden ist.

Hat der Verwaltungsakt noch keine Bestandskraft erlangt, so ergibt sich im Umkehrschluss, dass die Rechtsmittelfrist noch läuft. In diesem Falle befindet sich der Betroffene quasi „mitten" im Rechtsmittelverfahren; dies ist gerade der klassische Anwendungsbereich der §§ 239 ff. ZPO, die ihn in diesem Verfahrensstadium mit Sonderrechten zu seinem Schutze ausstatten[176], so dass z. B. die laufenden Fristen erst bei Aufnahme des Verfahrens durch ihn weiterlaufen. In diesem Fall ist daher vom Verfahrensrecht eine Rechtsnachfolge auch für den Fall des Verwaltungsverfahrens vorgesehen.

Erst recht gilt dies naturgemäß, wenn der Rechtsnachfolger bereits seinerseits einen Rechtsbehelf eingelegt hat.

Die (zumindest auf dem Gebiet des Eingriffsrechts) geringe Anzahl bzw. Relevanz der denkbaren Ausnahmefälle[177] lassen es angezeigt erscheinen, den sich aus der Verweisung in § 79 VwVfG nach dem Vorstehenden ergebenden Grundsatz, dass eine Rechtsnachfolge auch im (einfachen) Verwaltungsverfahren stattfindet, auf das gesamte Verwaltungsverfahren zu erstrecken.

Damit ist indes nur die Frage beantwortet, ob ein potentieller Rechtsnachfolger auch in die verfahrensrechtliche Stellung des Rechtsvorgängers einrücke, nicht aber, ob es in Anbetracht der im jeweiligen Verwaltungsverfahren in Rede stehenden Rechtsverhältnisse überhaupt zu einer Rechtsnachfolge komme.

---

[175] Ablehnend hierzu Obermayer, VwVfG, § 13 Rz. 97

[176] Spannowsky, NVwZ 1992, S. 426 (S. 427), Greger in: Zöller, ZPO, § 239 Rz. 1 führt auch den Schutz der Gegenseite ins Feld, „sich auf diese Veränderung einzustellen"

[177] Z. B: Der Rechtsvorgänger stirbt vor oder unmittelbar nach der Anhörung, aber vor Erlass des Verwaltungsaktes

cc) Wegfall der Sachlegitimation im Verwaltungsprozess

Zunächst könnte auch hier argumentiert werden, aufgrund der Verweisung in § 173 VwGO und der Tatsache, dass die VwGO selbst keine Vorschrift über den Wechsel bezüglich der Sachlegitimation enthalte, fänden auch die Vorschriften der §§ 265, 266 ZPO im Verwaltungsprozess uneingeschränkt Anwendung[178].

Doch ist zu beachten, dass § 173 VwGO die Einschränkung enthält, eine solche entsprechende Anwendung finde lediglich statt, wenn die grundsätzlichen Unterschiede der beiden Verfahrensarten dies nicht ausschließen. Hier sind gleich mehrere Aspekte beachtlich, die infolge dieser Einschränkung zu einer Nichtanwendbarkeit der zivilprozessualen Regelungen führen könnten:

aaa) Amtsermittlungsgrundsatz

Einer der wesentlichen Unterschiede zwischen Verwaltungs- und Zivilprozess ergibt sich aus § 85 VwGO, der die Amtsermittlungspflicht des Gerichtes statuiert und zudem klarstellt, dass das Gericht nicht an das Vorbringen und die Anträge der Parteien gebunden ist. Hieraus könnte hergeleitet werden, dass die Prozesspartei, die von dem Wechsel der Sachlegitimation auf der Gegenseite „überrascht wird", im Verwaltungsprozess eines geringeren Schutzes bedürfe als im Zivilrechtsstreit, wo es in wesentlich stärkerem Umfang auf die Feinheiten und den Inhalt ihrer bisherigen Prozessführung ankommt[179], um deren Früchte die Partei bei Nichtanwendung des § 265 ZPO gebracht würde[180].

Bei näherer Betrachtung ist dieses Argument jedoch nicht stichhaltig: Zum einen setzt es bereits voraus, dass der Prozess zwischen den bisherigen Parteien aufgrund des Wechsels der Sachlegitimation zwangsläufig beendet wird und ein neuer Prozess geführt werden muss. Bereits hieran könnten Zweifel bestehen, da man dieses Ergebnis auch mittels eines Parteiwechsels erzielen könnte, was der Konstruktion der §§ 239 ff. ZPO eher entsprechen würde und daher den Vorteil einer gewissen Einheitlichkeit mit sich brächte. Weiter kann unter Heranziehung des Amtsermittlungsgrundsatzes auch argumentiert werden, dass in einem Folgeprozess die Interessen der vormaligen Prozesspartei eben durch diese vom Verhalten der Parteien unabhängige Untersuchungspflicht eher berücksichtigt werden als im Zivilprozess, wo es nur (noch) auf die Prozessführung durch den Rechtsnachfolger ankäme.

bbb) § 42 Abs. 2 VwGO

Die wesentliche Funktion der §§ 265, 266 ZPO liegt in der Begründung einer gesetzlichen Prozessstandschaft[181]. Der vormalige Rechtsinhaber wird durch diese Vorschrift ermächtigt, den Prozess im eigenen Namen, aber für Rechnung des Rechtsnachfolgers weiterzuführen[182].

Dies könnte im Widerspruch zu § 42 Abs. 2 VwGO stehen, der verlangt, dass der Kläger eine Verletzung *eigener* Rechte geltend machen muss. Weitgehend aner-

---

[178] So z. B. Kopp / Schenke, VwGO, § 173 Rz. 4; im Ergebnis auch Rau, Jura 2000, S. 45

[179] Spannowsky, NVwZ 1992, S. 430

[180] Jauernig, Zivilprozessrecht, § 87 II S. 353

[181] Greger in: Zöller, ZPO, § 265 Rz. 1

[182] Z. B. mit der Folge, dass (bei Rechtswechsel auf der Klägerseite) der Klageantrag auf Leistung an den neuen Gläubiger umzustellen ist, s. hierzu und zu weiteren Beispielen Greger in: Zöller, ZPO, § 265 Rz. 6

kannt ist, dass hierdurch eine gewillkürte Prozessstandschaft ausgeschlossen wird[183].

Ob dies auch für die gesetzliche Prozessstandschaft zu gelten habe, ist indes fraglich. Zweck des § 42 Abs. 2 VwGO ist vor allem der Ausschluss von Popularklagen[184], also der willkürlichen Geltendmachung fremder Rechte. Soweit eine Prozessstandschaft gesetzlich angeordnet wird, wird dieser Schutzzweck nicht tangiert oder unterlaufen. Im übrigen bestimmt § 42 Abs. 2 VwGO selbst, das Erfordernis, die Verletzung eigener Rechte geltend zu machen, gelte nur dann, sofern gesetzlich nichts anderes bestimmt ist. § 265 ZPO kann daher – über die ihm im Zivilrecht zukommenden Funktion der Ausweitung der Prozessführungsbefugnis hinaus – als gesetzliche Spezialregelung der Klagebefugnis angesehen werden, die von § 42 Abs. 2 VwGO ausdrücklich anerkannt wird[185].

ccc) Gutglaubensschutz

Spannowsky[186] führt an, die Fortführung des Rechtsstreits durch den Rechtsvorgänger benachteilige den Rechtsnachfolger unangemessen, da ein möglicherweise eintretender Prozessverlust des Rechtsvorgängers zu seinen Lasten wirke und der Rechtsnachfolger daher nur dann eine Chance auf eigene Interessenwahrnehmung habe, wenn er von dem Prozess erfahre. Die in § 265 Abs. 3 statuierte Ausnahme, wonach im Falle einer Unkenntnis des Rechtsnachfolgers vom Prozess seine Bindung an die Rechtskraft des Urteils im Falle gutgläubigen Erwerbs der Sache ausgeschlossen sei, helfe dem Rechtsnachfolger nicht, da das öffentliche Recht einen Gutglaubensschutz nicht kenne.

Zutreffend ist hieran, dass das öffentliche Recht es nicht gestattet, einen Gegenstand gutgläubig frei von öffentlichen Lasten zu erwerben[187]. Fraglich ist jedoch, ob z. B. das Bestehen einer Abrissverfügung für ein Gebäude überhaupt eine solche „öffentliche Last" darstellt.[188] Diese Frage kann hier indes offen bleiben, da auch für den Fall ihrer Verneinung ein gutgläubiger „Wegerwerb" der Abrissverfügung tatsächlich nicht möglich sein dürfte.

Dieser Argumentation lässt sich freilich entgegenhalten, das Risiko des Rechtsnachfolgers, einer unzulänglichen Prozessführung des Rechtsvorgängers ausgesetzt zu sein, stelle keine spezifische Eigenart des Verwaltungsprozesses dar, die gemäß § 173 VwGO einer entsprechenden Anwendung der §§ 265, 266 ZPO entgegenstünde[189]. Auch im Zivilprozess ist der Rechtsnachfolger durch die eindeutige gesetzliche Anordnung gehindert, den Prozess auf eigene Verantwortung weiterzuführen[190] oder auch nur als Hauptintervenient beizutreten.

---

[183] VGH Mannheim, NVwZ-RR 1995, S. 639; Kopp / Schenke, VwGO, § 42 Rz. 59f.
[184] Kopp / Schenke, VwGO, § 42 Rz. 60
[185] Kopp / Schenke, VwGO, § 42 Rz. 61
[186] NVwZ 1992, S. 430
[187] Schenke, GewArch. 1976, S. 5
[188] eine entsprechende Parallele zieht BayVGH BayVBl. 1983, S. 22; hiergegen schon Drews/Wacke, Allgemeines Polizeirecht, S. 210 unter Berufung auf BVerwG DÖV 1960, 545
[189] Siehe hierzu Obermayer (Fn. 170)
[190] Es sei denn, der Gegner im Prozess (§ 265 Abs. 2 S. 1) und auch der Rechtsvorgänger (Hartmann in: Baumbach / Lauterbach, ZPO, § 265 Rz. 23) stimmen dem zu

Dies bedeutet, dass dem Rechtsnachfolger seine Kenntnis vom Rechtsstreit gegebenenfalls in der Praxis überhaupt nichts nützt, er vielmehr trotzdem von der Art und Weise der Prozessführung seines Rechtsvorgängers abhängig ist[191].

Noch entscheidender dürfte sein, dass die daraus gezogene Folgerung, ein vom Vorgänger schlecht geführter Prozess wirke sich daher nachteilig für den Rechtsnachfolger aus, nicht nur aus denselben Gründen ebenfalls keine Spezialität des Verwaltungsprozesses ist, sondern sich vielmehr aus der Anordnung der Rechtskrafterstreckung in § 325 ZPO ergibt, einer Vorschrift, die in § 121 VwGO ihre ausdrückliche Parallele hat. Dem öffentlichen Recht ist daher der Gedanke, dass ein möglicherweise durch schlechte Prozessführung erzieltes Urteil auch für und gegen den Rechtsnachfolger wirkt, keinesfalls fremd. Ein entscheidender Unterschied zwischen der Situation, dass das entsprechende Verfahren bereits abgeschlossen ist und derjenigen, dass es zum Zeitpunkt der Veräußerung noch läuft, ist insoweit nicht ersichtlich.

Auch das Argument des fehlenden Gutglaubensschutzes im öffentlichen Recht[192] ist letztendlich nicht stichhaltig. Die Regelung des § 265 Abs. 3 ZPO, die nur in Verbindung mit § 325 ZPO einen Sinn ergibt[193], dient gerade nicht dem Schutz des gutgläubigen Rechtsnachfolgers, sondern dem Schutz seines Prozessgegners[194]. Sofern nämlich aufgrund des in § 325 Abs. 2 ZPO statuierten Gutglaubensschutzes des Erwerbers eine Rechtskrafterstreckung auf diesen nicht stattfindet, wäre für den Gegner im Prozess eine Fortsetzung desselben mit dem Rechtsvorgänger sinnlos. Aus diesem Grund gibt ihm § 265 Abs. 3 ZPO die Möglichkeit an die Hand, den Prozess rasch auf der Sachlegitimationsebene zu beenden.

Der Umstand, dass das öffentliche Recht keinen Gutglaubensschutz kennt, führt also entgegen der Ansicht von Spannowsky nicht dazu, dass eventuelle durch § 265 Abs. 3 ZPO geschützte Rechte des Rechtsnachfolgers verkürzt würden, sondern lediglich dazu, dass der in § 265 Abs. 3 ZPO statuierte Schutz des Prozessgegners (regelmäßig also der Behörde) überflüssig wird, weil für diese Schutzvorschrift praktisch kein Anwendungsbereich verbleibt. Die von Spannowsky herangezogene grundrechtliche Argumentation[195] verfängt somit nicht, da die öffentlichen Hand sich im Verhältnis zum Bürger nicht auf Grundrechtsschutz berufen kann.

Nach alledem bleibt festzuhalten, dass die §§ 265, 266 ZPO nicht auf spezielle Fallgestaltungen des Zivilrechts zugeschnitten und daher einer entsprechenden Anwendung im Verwaltungsprozess zugänglich sind[196].

Auch im Verwaltungsrecht gilt daher der Grundsatz, dass der Wechsel einer Rechtsposition auf den Fortgang des bislang über diese Position geführten Rechtsstreits

---

[191] Obermayer, VwVfG, § 13 Rz. 93 spricht von einer „unangemessenen Verkürzung" der Rechte des Rechtsnachfolgers

[192] VGH Mannheim, NJW 1979, S. 1565

[193] Hartmann in: Baumbach / Lauterbach, ZPO, § 265 Rz. 27

[194] Hartmann aaO; Greger in: Zöller, ZPO, § 265 Rz. 9

[195] NVwZ 1992, S. 430

[196] Anders aber Obermayer, VwVfG, § 13 Rz. 92: Die Vorschriften der §§ 265, 266 ZPO setzten „ein Verhältnis der (direkten) Gegnerschaft zwischen zwei Beteiligten voraus, das im Verwaltungsverfahren grundsätzlich nicht gegeben" sei, der dann aber dasselbe Ergebnis aus Gerechtigkeitserwägungen heraus mittels eines „eigenständigen verwaltungsrechtlichen Instituts der Beteiligtenänderung" ... „in Anlehnung an die entsprechenden zivilprozessualen ... Vorbilder" herbeiführen will. In Rz. 103 sieht er dann allerdings offenbar keine Einwände gegen eine entsprechende Anwendung der Vorschriften.

keinen Einfluss hat und der Vorgänger diesen Prozess zunächst weiterzuführen hat[197].

dd) Wegfall der Sachlegitimation im Verwaltungsverfahren

Fraglich ist, ob mit der vorstehenden Argumentation auch eine Anwendung der §§ 265, 266 ZPO im Verwaltungsverfahren begründet werden kann. Da die Sachlage bezüglich der formalen Herleitung über die §§ 79 VwVfG, 173 VwGO die gleiche ist, ließe sich auch hier eine Unanwendbarkeit nur mit der Eigenart des Verwaltungsverfahrens begründen.

Da die Geltung der §§ 265, 266 ZPO, wie vorstehend ausgeführt, nur vor dem Hintergrund des „Zusammenspiels“ mit § 325 ZPO bzw. § 121 VwGO, nach welchen der Rechtsnachfolger an das dem Rechtsvorgänger gegenüber ergangene Urteil gebunden ist, einen Sinn ergibt, käme eine entsprechende Anwendung dieser Vorschriften im Verwaltungsverfahren nur dann in Betracht, wenn sich die Regelungen der §§ 325 ZPO bzw. 121 VwGO auch im Verwaltungsverfahren anwenden ließen mit der Folge, dass ein Rechtsnachfolger auch an einen dem Rechtsvorgänger gegenüber bestandskräftig gewordenen Verwaltungsakt gebunden wäre.

Wollte man dies nicht annehmen, so wäre die Fortsetzung des Verwaltungsverfahrens mit dem Rechtsvorgänger eine Farce, denn zum einen würde die sich aus der behördlichen Verfügung ergebende Pflicht ihm gegenüber möglicherweise gar keine Wirkung mehr entfalten und zum anderen würde der Behörde die Bestandskraft des Verwaltungsaktes in Bezug auf den vormalig Verpflichteten nichts nützen, da es ihr maßgeblich auf eine Durchsetzung gegenüber dem Rechtsnachfolger ankommen dürfte.

Da die Frage, ob dies der Eigenart des Verwaltungsverfahrens gerecht werde, indes nicht sinnvoll zu beantworten ist, bevor zumindest geklärt ist, ob die polizeirechtliche Pflicht beim Rechtsvorgänger verbleibt oder aber auf den Rechtsnachfolger übergeht, muss die Beantwortung dieser Frage an späterer Stelle erfolgen[198]. Festzuhalten ist indes bereits, dass einiges dafür spricht, das Verwaltungsverfahren könne gegenüber dem Rechtsnachfolger (weiter-) betrieben werden.

Dass dies alles nicht den Teil des Verfahrens betrifft, welcher sich mit der zwangsweisen Durchsetzung der Pflichtenposition beschäftigt, ergibt sich bereits daraus, dass auch die §§ 265, 266 ZPO lediglich das Erkenntnisverfahren betreffen und keine Aussagen über die Richtung von Zwangsvollstreckungsmaßnahmen enthalten.

---

[197] So im Ergebnis auch BVerwG NJW 1985, S. 281; OVG Münster, NJW 1981, S. 598
[198] Unten unter V 4 a bb

IV. Herleitung einer Rechtsnachfolge im öffentlichen Recht

Bereits oben ist festgestellt worden, dass auch dem kodifizierten öffentlichen Recht der Begriff der Rechtsnachfolge geläufig ist, was sich unter anderem aus dessen Verwendung in einer Vielzahl spezialgesetzlicher Regelungen herleiten lässt. Ebenfalls ist festgestellt worden, dass diese Normen eine Rechtsnachfolge (bzw. die Existenz eines Rechtsnachfolgers) nicht generell und autark anordnen, sondern dies als Tatbestand voraussetzen, indem sie bestimmen, dass gewisse Rechtspositionen „auf den Rechtsnachfolger" übergehen.

Es wird somit ein allgemeiner Begriff der Rechtsnachfolge auch auf dem Gebiet des öffentlichen Rechts vorausgesetzt. Woraus sich eine solche Rechtsnachfolge indes ergeben soll, wird nach wie vor nicht einheitlich beurteilt; es handelt sich hierbei vielmehr um eine der umstrittensten Fragen des öffentlichen Rechts[199].

Der Übersichtlichkeit halber soll in der folgenden Untersuchung die aus dem Zivilrecht geläufige Differenzierung zwischen Gesamt- und Einzelrechtsnachfolge beibehalten werden. Ob diese Unterscheidung den im öffentlichen Recht geltenden Grundsätzen gerecht wird, soll später untersucht werden.

1. Gesamtrechtsnachfolge

Wie bereits oben ausführlich dargelegt, bilden im Zivilrecht die §§ 1922 ff. BGB den „Urtypus" der Gesamtrechtsnachfolge[200]. Verbreitet wird vertreten, dass diese Vorschriften auch im öffentlichen Recht Anwendung fänden.

a) Zunächst käme eine direkte Anwendung dieser Vorschriften auch im öffentlichen Recht in Betracht.

Für eine direkte Anwendung dieser Normen wird, soweit sie überhaupt begründet wird[201], angeführt, diese gälten nicht nur im Zivilrecht, sondern bildeten eine Art „übergreifendes Gemeinrecht"[202], hätten einen „Doppelcharakter"[203] oder stellten einen „allgemeinen Rechtsgedanken" dar[204]. Diese Aussage ist indes kein Argument, sondern eine petitio principii: Übergreifendes Allgemeinrecht würden die zivilrechtlichen Vorschriften nur dann darstellen, wenn sie auch im öffentlichen Recht Geltung beanspruchten; dies ist aber gerade erst zu begründen.

Eine andere Frage ist es, ob z. B. *dem Prinzip* der Rechtsnachfolge von Todes wegen der Charakter eines allgemeinen Rechtsgedankens oder eines Instituts zukommt, welches als übergreifendes Allgemeinrecht bezeichnet werden könnte. Wie

[199] Zacharias, JA 2001, S. 720; Heitmann, Rechtsnachfolge, S. 1; Rimann, DVBl. 1962, S. 553; Ihmels, DVBl. 1972, S. 481; v. Mutius, GewArch. Bd. 62, S. 83
[200] Stadie, DVBl. 1990, S. 501
[201] Für Habermehl (Polizei- und Ordnungsrecht, S. 103 Rz. 223) scheinen hier überhaupt keine Bedenken zu bestehen.
[202] Bettermann, NJW 1977, S. 515; Stadie, DVBl. 1990, S. 502
[203] Rau, Jura 2000, S. 37: dezidiert gegen diese Auffassung Wallerath, JuS 1971, S. 464
[204] BSGE Bd. 57, 213; Papier, DVBl. 1996, S. 126; Oldiges, JA 1978, S. 542; Muckel, Klausurenkurs im besonderen Verwaltungsrecht, S. 153 Fall 18b, der mit dieser Begründung allerdings lediglich eine analoge Anwendung der §§ 1922 ff. BGB befürwortet.

bereits ausgeführt, stellt sich das Problem, was mit den Rechtspositionen eines Rechtssubjekts bei dessen Fortfall zu geschehen habe, gleichermaßen in allen Rechtsbereichen. Wenn sich an diesen Tatbestand denkgesetzlich nur die Rechtsfolge knüpfen ließe, dass die Rechtspositionen des weggefallenen Rechtssubjektes auf dessen Erben übergehen, so könnten die §§ 1922 ff. BGB tatsächlich als Ausprägung eines („übergesetzlichen") allgemeinen Rechtsgedankens angesehen werden.

In die gleiche Richtung zielt die Argumentation, der Tod eines Menschen sei ein rein tatsächlicher Umstand, der weder dem Zivil- noch dem öffentlichen Recht zugeordnet werden könne[205], und die sich daraus ergebenden Fragen stellten sich gleichermaßen in beiden Rechtskreisen.

Doch ist diese Argumentation letztlich nicht stichhaltig. So ist bereits die Annahme verfehlt, der Übergang der Rechtspositionen auf einen Erben stelle die einzig mögliche Folge des Wegfalls eines Rechtssubjektes dar. Genauso denkbar wäre es, dass die Rechtspositionen erlöschten, was ja z. B. bei den sogenannten höchstpersönlichen Rechten fast durchgängig angenommen wird.

Weiter würde auch die Annahme eines solchen „allgemeinen Rechtsgedankens" nichts an der Situation ändern, dass dieser im öffentlichen Recht eben nicht kodifiziert ist. Die Quelle des Rechts würde in diesem Fall eben nicht die zivilrechtliche Regelung darstellen, sondern dieses „übergeordnete Gemeinrecht"[206], welches als Rechtsgrundlage insbesondere für den Fall des möglichen Übergangs belastender Rechtspositionen auf einen Grundrechtsträger zumindest als etwas zu unbestimmt angesehen werden muss[207]. Überspitzt ausgedrückt: Wäre ein wie auch immer geartetes „Allgemeinrecht" als Rechtsquelle für den Eintritt einer Rechtsnachfolge von Todes wegen anzusehen, bedürfte es diesbezüglich keiner weiteren gesetzlichen Kodifikationen bzw. würde diesen nur eine rein deklaratorische Funktion zukommen. Dies kann indes schon vor dem Hintergrund der teilweise doch recht diffizilen Ausgestaltungen der Rechtsnachfolge insbesondere im Zivilrecht nicht angenommen werden. Auch die Tatsache, dass bezüglich der Frage, ob bestimmte Rechtspositionen Gegenstand einer Rechtsnachfolge sein könnten oder nicht, über viele Einzelheiten nicht nur im öffentlichen, sondern auch im Zivilrecht umfangreiche Diskussionen geführt werden, spricht gegen die Annahme eines „allgemeinen Rechtsgedankens" des Inhalts, dass eine Gesamtrechtsnachfolge von Todes wegen auf einen Erben grundsätzlich vollumfänglich stattfände.

Das weiter für eine unmittelbare Geltung der §§ 1922 ff. BGB auch in Bezug auf öffentlich-rechtliche Rechtspositionen herangezogene Argument, es sei nicht einsehbar, wieso öffentlich-rechtliche vermögenswerte Rechte des Erblassers nicht auch den Nachlassgläubigern zur Verfügung stehen sollten[208], mag in der Sache selbst interessengerecht erscheinen, muss aber für die Begründung einer generellen und übergreifenden Anwendung der Erbfolgeregelungen des Zivilrechts im öffentlichen

---

[205] Riedl, Rechts- und Pflichtennachfolge, S. 61; Heitmann, Rechtsnachfolge, S. 52

[206] Welches eben nur im Zivilrecht bereits eine Kodifizierung erhalten hätte; gegen diesen Gedanken auch Peine, DVBl. 1980, S. 945 Fn. 59: „Wenn ein ungeschriebener Rechtssatz den Nachfolgetatbestand bildet, so bedarf es nicht mehr eines materiellen Gesetzes"

[207] So im Ergebnis auch Dietlein, Nachfolge im öffentlichen Recht, S. 271 und Rumpf, VerwArch. 1987 (Bd. 78), S. 283

[208] Stadie, DVBl. 1990, S. 502

Recht aufgrund seines rein teleologischen und dazu noch einzelfallbezogenen Charakters ausscheiden, ebenso wie die umgekehrte Argumentation, es sei wichtig, der Behörde das Vermögen des ursprünglich in Anspruch genommenen Störers als Haftungsmasse zu erhalten[209].

Gleiches gilt für den Versuch, den unmittelbaren Geltungsbereich der §§ 1922 ff. BGB im öffentlichen Recht auf vermögensrechtliche Ansprüche zu beschränken[210]. Unabhängig von der Tatsache, dass bereits nicht eindeutig zu klären ist, wie der Begriff „vermögensrechtlich" im öffentlichen Recht zu definieren sein sollte[211] und den sich daraus ergebenden Anwendungsproblemen, ist es dogmatisch nicht zu begründen, den §§ 1922 ff. BGB lediglich einen solchen Teilanwendungsbereich zuzuordnen. Weder legen die öffentlich-rechtlichen Vorschriften solches nahe, noch spricht der in § 1922 BGB verwendete Begriff des „Vermögens" für eine solche Annahme, da dieser Formulierung, wie oben unter III 1 c aa aaa dargelegt, auch im Zivilrecht eine solche Ausschlussfunktion nicht zukommt.

Ebenfalls kein tragfähiges Argument für eine direkte Anwendung der zivilrechtlichen Normen über die Gesamtrechtsnachfolge auch auf Positionen des öffentlichen Rechts stellt die Behauptung dar, bei Außerachtlassung der öffentlichrechtlichen Rechtsverhältnisse sei die von den §§ 1922 BGB ff. angeordnete Universalsukzession eben nicht mehr „universal"[212]. Hier wird zunächst schon mit einem Begriff argumentiert, der gar nicht der Gesetzessprache angehört. Weder der Begriff der „Universalsukzession" noch der „Gesamtrechtsnachfolge" findet sich in Gesetzestexten; sie haben sich lediglich als Oberbegriff für verschiedene Tatbestände in Lehre und Praxis eingebürgert[213]. Selbst wenn das Zivilrecht den Begriff der Universalsukzession verwendete, würde die Annahme, es müsse damit notwendigerweise auch Positionen des öffentlichen Rechts einschließen, dem Zivilrecht eine „höhere" oder „grundlegendere" Stellung einräumen als dem öffentlichen Recht[214]. Dies wäre indes schon wegen der grundsätzlichen Gleichrangigkeit der beiden Rechtsgebiete abzulehnen[215]; der Begriff „Universalsukzession" könnte auch in diesem Falle lediglich „universell" für den Bereich des Zivilrechts Geltung beanspruchen.

Weiter wird gegen eine direkte Anwendung der zivilrechtlichen Bestimmungen über die Erbfolge vorgebracht, eine solche setze voraus, dass diesen Normen des BGB auch öffentlich-rechtlicher Charakter zukomme[216]. Die Frage, ob dem so sei, hänge vom Willen des Gesetzgebers ab. Ein solcher Wille sei nicht festzustellen[217], da der Gesetzgeber zum Zeitpunkt des Erlasses der erbrechtlichen Vorschriften des Zivilrechts davon ausgegangen sei, dass öffentlich-rechtliche Positionen grundsätzlich

---

[209] Oldiges, JA 1978, S. 542

[210] So aber Fleiner, Institutionen des deutschen Verwaltungsrechts, S. 154); ebenso Lisken / Denninger, Handbuch des Polizeirechts, S. 250 Rz. 114

[211] Fleiner, Institutionen des deutschen Verwaltungsrechts, S 154f. will hierzu nur Geldforderungen zählen, eine Ansicht, die sich schon im Hinblick auf die im Zivilrecht anerkannte Dogmatik nicht halten lässt.

[212] Bettermann, Die Auswirkungen der Gebietsrechtsreform auf die Verträge der Kommunen mit Energieversorgungsunternehmen, 1977, S. 54

[213] Stadie, DVBl. 1990, S. 503

[214] Eine Konsequenz, die Bettermann (an anderer Stelle) selbst ausdrücklich ablehnt: „"Das Privatrecht ist nicht das gemeine Recht, das öffentliche Recht nicht das sich daraus absondernde Spezialrecht der öffentlichen Gewalt" – NJW 1977, S. 516

[215] Dietlein, Nachfolge im öffentlichen Recht, S. 270

[216] Peine, DVBl. 1980, S. 946; Rau, Jura 2000, S. 37

[217] Wallerath, JuS 1971, S. 464

nicht übertragbar seien[218]. Im übrigen seien das Zivilrecht und das öffentliche Recht ohnehin zu wesensverschieden, als dass sich Regelungen des einen Gebietes auf das andere übertragen ließen[219].

Nach alledem vermag die – sicherlich zutreffende – Erkenntnis, dass der Wegfall eines Rechtssubjektes eine außerhalb des kodifizierten Rechts stattfindende und somit keine ausschließlich dem privaten oder dem öffentlichen Recht zuzuordnenden Sachverhalt darstellt, für sich genommen noch keinen Automatismus in Bezug auf die Anwendbarkeit zivilrechtlicher Normen im öffentlichen Recht zu begründen, da es nicht undenkbar erscheint, dass ein solcher neutraler Sachverhalt in einem Rechtsgebiet eine Ausgestaltung mit bestimmten Rechtsfolgen erfährt und in einem anderen Rechtsgebiet nicht. Es mag daher sein, dass sich die Fragen in beiden Rechtskreisen stellen, nur ist es eben auch möglich, dass sie dort jeweils unterschiedlich beantwortet werden.

b) Die Lehre vom „dinglichen" Verwaltungsakt

In die Reihe der Verfechter einer unmittelbaren Geltung der zivilrechtlichen Normen über die Rechtsnachfolge auf dem Gebiete des öffentlichen Rechts dürfte auch der Großteil der Rechtsprechung und die ihr beipflichtenden Literaturstimmen[220] mit ihrer Lehre vom „dinglichen Verwaltungsakt" einzuordnen sein. Zwar wird dort nur vereinzelt ausgesprochen, dass sich der Übergang der öffentlich-rechtlichen Positionen unmittelbar nach den zivilrechtlichen Vorschriften richte[221], doch ist dies der Rechtskonstruktion dieser Auffassung systemimmanent:

Dieser Ansicht nach wird die betreffende öffentlich-rechtliche Rechtsposition gerade nicht durch die Zuordnung zu einer bestimmten Person gekennzeichnet, sondern zu einer Sache[222], welche ihr das „dingliche Gepräge" verleihe[223]. Eine Abrissverfügung beispielsweise regele in erster Linie, dass das von ihr betroffene Gebäude entfernt werden müsse; wer diese Handlung konkret vornehme, sei demgegenüber zu vernachlässigen[224]. Umgekehrt dürfe auch der Rechtsnachfolger von einer dem Vorgänger erteilten Bauerlaubnis oder einer Erlaubnis nach § 24 GewO Gebrauch machen, „weil der Bau oder die Anlage genehmigt wurden, nicht dagegen, weil der Vorgänger dies tun durfte"[225].

Daraus folgte dann, dass diese öffentlich-rechtliche Position das Schicksal der Sache (also deren Übergang gem. Zivilrecht) teile, dass sie quasi wie eine Last an der Sache hafte[226]. Im Ergebnis bedeutet dies dann ebenfalls eine unmittelbare Anwendung der zivilrechtlichen Vorschriften.

---

[218] Peine DVBl. 1980, S. 946, wohingegen er immerhin zutreffend darauf hinweist, dass der Wille des Gesetzgebers wandelbar ist.
[219] Peine, DVBl. 1980, 946
[220] So z. B. Tettinger, Besonderes Verwaltungsrecht I, § 15 Rz. 517; Schink, GewArch 1996/2, S. 59 f., Wolff / Bachof / Stober, Verwaltungsrecht Band I, § 42 VIII 3 Rz. 56; Götz, Allgemeines Polizei- und Ordnungsrecht, § 9 Rz. 249
[221] BVerwGE 30, S. 124; Ihmels, DVBl. 1972, S. 482
[222] OVG Münster, NVwZ 1987, S. 427, VGH BW, DÖV 2005, S. 786
[223] BVerwG, NJW 1971, S. 1624
[224] OVG Saarl, BRS 1969, Nr. 215 S. 306; Rimann, DVBl. 1962, S. 554
[225] Heitmann, Rechtsnachfolge, S. 31
[226] Lisken / Denninger, Handbuch des Polizeirechts, S. 250 Rz. 113; kritisch hierzu Dietlein, Nachfolge im öffentlichen Recht, S. 337

Teilweise wird daher von den Vertretern dieser Ansicht die direkte Anwendbarkeit der zivilrechtlichen Normen über die Gesamtrechtsnachfolge im öffentlichen Recht ohne nähere Begründung postuliert[227]. Meistens wird dies allerdings durch die Formulierung kaschiert, der jeweilige Verwaltungsakt „wirke auch für und gegen den Rechtsnachfolger"[228] bzw. „gehe auf diesen über"[229], wodurch die Art und Weise der Geltung der zivilrechtlichen Normen offengelassen wird[230]. Teilweise wird indes auch von einer „zumindest entsprechenden" Anwendung ausgegangen[231], teilweise auch nur der „Rechtsgedanke" dieser Vorschriften bemüht[232].

Die Vielzahl der vorgenannten Herleitungen und Begründungen macht deutlich, dass es sich hierbei weniger um ein dogmatisch hergeleitetes als vielmehr ein teleologisch geprägtes und aus Zweckmäßigkeitserwägungen hergeleitetes Modell handelt.

Die Konzeption solch „dinglicher" Rechtspositionen wurde prägend von Walter Jellinek entwickelt[233], der formulierte, eine Pflichtennachfolge kraft Dinglichkeit komme dann in Betracht, „wenn das Pflichtsubjekt irgendwie mit dem Eigentume an einer Sache, insbesondere einem Grundstück, wechselt." Wenngleich auch hiermit noch nicht die unmittelbare Anwendung zivilrechtlicher Normen auf das öffentliche Recht postuliert wird[234], so wird doch eine denkbare Verknüpfung des zivilrechtlichen Eigentumsübergangs mit der Rechtsnachfolge in die auf das Eigentum bezogene Rechtspflicht nahegelegt.

Maßgeblich auf diesen Ausführungen baut die grundlegende Entscheidung des OVG Saarland[235] auf, die in Abkehr von der bisherigen Rechtsprechung[236] die Wirkung einer Baubeseitigungsanordnung gegenüber einem (hier: gewillkürten Einzel-) Rechtsnachfolger bejaht.

Das Gericht stellt ausdrücklich darauf ab, „dass allein das Eigentum an dem Grundstück, auf dem sich die bauordnungswidrige Anlage befindet, für die Heranziehung zur Beseitigung maßgeblich ist und dass dabei die Person des Eigentümers als solche völlig in den Hintergrund tritt, so dass von einem ‚höchstpersönlichen' Charakter der Verpflichtung, die – wie die Androhung der Ersatzvornahme zeigt – auch von einem Dritten vorgenommen werden kann, schwerlich die Rede sein kann"[237].

---

[227] BVerwGE 30, S. 124
[228] Brohm, Öffentliches Baurecht, § 29 Rz. 20; BVerwG NJW 1971, S. 1624; VGH Mannheim, NJW 1979, S. 1565; VGH Mannheim, NVwZ 1992, S. 392; OVG Koblenz, BRS 40, Nr. 234; OVG Rh-Pf., BRS 1984, S. 485
[229] Pape, NJW 1992, S. 2556
[230] Rau (Jura 2000, S. 41) schließt hieraus, das BVerwG hätte auf eine Übergangsnorm völlig verzichtet.
[231] OVG NW, NWVBl. 5/1997, S. 176; VGH Mannheim, NJW 1981, S. 1003; BVerwGE 21, S. 203 ff.
[232] VGH Kassel, NJW 1976, S. 1910
[233] Verwaltungsrecht, 3. Aufl. 1948, S. 194 ff.
[234] Was besonders durch die Verwendung des Wortes „irgendwie" deutlich wird
[235] BRS 1969, Nr. 215, S. 303
[236] So hatte noch das BVerwG in E 10, 285 sogar für den Kostenerstattungsanspruch formuliert: „Aus der Gebundenheit solcher Kosten an die in Betracht kommende polizeiliche Handlung ergibt sich, dass jene im allgemeinen nach denselben rechtlichen Normen beurteilt werden müssen wie diese. Es würde somit, wenn die Polizeikosten nicht nur als persönliche Verpflichtung, sondern als dingliche Last auf dem Grundstück ruhen sollten, hierzu einer ausdrücklichen – von dem allgemeinen Grundsatz abweichenden – Regelung bedürfen. Gegen die dingliche Wirkung des Erstattungsanspruchs spricht weiter, dass durch die Gefahrenbeseitigungsmaßnahme selbst noch keine dingliche Last am Grundstück entstehen kann."
[237] OVG Saarl, BRS 1969, Nr. 215, S. 305

Weiter führt das Gericht aus: „tatsächlich ist die Abbruchverfügung im selben Umfang wie die Baugenehmigung sachbezogen. Beide beziehen sich auf ein konkretes Bauwerk auf einem konkreten Grundstück. Alleinige Rechtsbasis des Beseitigungsrechts der Bauaufsichtsbehörden ist der auf dem Grundstück bestehende baurechtswidrige (polizeiwidrige) Zustand. In der Person des Eigentümers begründete Umstände sind für Existenz und Umfang des Beseitigungsrechts ... ohne Bedeutung".

Diese Entscheidung fand zunächst in der Literatur Zustimmung[238]. Auch das Bundesverwaltungsgericht vollzog bei der nächsten Gelegenheit eine Abkehr von seiner bisherigen Rechtsprechung[239] und stellte fest, dass die „gegen den Eigentümer ... erlassene Anordnung der Beseitigung eines Bauwerkes ... grundsätzlich und insbesondere im Falle der Gesamtrechtsnachfolge gegen den Rechtsnachfolger" wirke[240].

Zur Begründung wurde auch hier ausgeführt, „dass die eine Polizeipflicht konkretisierende baupolizeiliche Verfügung grundstücksbezogen ist und gerade aus dieser Tatsache ihrer ‚Dinglichkeit' ihr besonderes Gepräge erhält". In der Folgezeit wurde dieser Gedanke so weit fortgeführt, dass es noch nicht einmal darauf ankommen solle, ob die ordnungsbehördliche Verfügung auf einer Zustands- oder Verhaltensverantwortlichkeit des ursprünglichen Adressaten basierte[241].

Dieser Ansicht ist entgegengehalten worden, dass die Zuordnung eines Verwaltungsaktes ausschließlich zu einer Sache nicht[242] oder allenfalls in dem engen Rahmen der nunmehr erfolgten Kodifizierung einer Allgemeinverfügung denkbar sei[243].

Richtigerweise ist eine solche „Entpersonalisierung"[244] einer Rechtsposition abzulehnen. Der maßgebliche Charakter einer jeden subjektiven Rechtsposition liegt gerade in ihrer Zuordnung zu einem bestimmten Rechtssubjekt. Unbestritten ist dies z. B. bei schuldrechtlichen Rechtsverhältnissen, die bereits ihrer Natur nach lediglich die Rechtsbeziehungen zwischen zwei Rechtssubjekten regeln.

Doch auch die oft als solche bezeichneten „dinglichen" Rechte des Zivilrechts (klassischerweise das Eigentum) regeln nicht etwa, wie teilweise formuliert wird, die Rechtsbeziehungen eines Rechtssubjekts zu einer Sache[245], sondern lediglich das Recht „an" einer Sache. Dies ist indes nichts anderes als die Bezeichnung für einen ganzen Komplex von Rechtsbeziehungen zu anderen Rechtssubjekten, welche aus der Zuordnung einer Sache zu einer Person im Rahmen des Eigentums resultie-

---

238 Martens, JuS 1970, S. 188 (191); Götz, Allgemeines Polizei- und Ordnungsrecht, § 9 Rz. 249, der dies allerdings auf „grundstücksbezogene" Pflichten einschränken will und eine Verallgemeinerung für die gefahrenabwehrrechtliche Zustandshaftung ablehnt (Rz. 251).

239 Auch wenn es diese Abkehr ausdrücklich leugnete: „Der Senat setzt sich mit seiner Auffassung nur scheinbar in Widerspruch zu ... BVerwGE 10, 285 ... überdies hatte jenes Urteil ... einen Fall zum Gegenstand, der angesichts der Besonderheit der Verhältnisse eine besondere Beurteilung nahelegte".

240 BVerwG NJW 1971, S. 1624

241 VGH München, NJW 1997, S. 962

242 Schoch, JuS 1994, S. 1031; Gusy, Polizeirecht, 6. Aufl, Rz. 364

243 Zacharias, JA 2001, S. 725; Erichsen / Ehlers, Allgemeines Verwaltungsrecht, 12. Aufl. § 11 II 7 Rz. 51

244 Dietlein, Nachfolge im öffentlichen Recht, S. 238

245 „Jus in rem", s. z. B. Ludwig Raiser, Dingliche Anwartschaften, S. 57, v. Turegg, MDR 1952, S. 150

ren[246]. So gewährt das Eigentum aufgrund der Regelung in § 903 BGB das Recht, jeden anderen von der Benutzung der Sache auszuschließen (Abwehrrecht) sowie das Recht, nach Belieben mit der Sache zu verfahren (Gestattung), wobei das Abwehrrecht weitere Ausgestaltungen z. B. in den §§ 1004 BGB (Anspruch auf Unterlassen von Beeinträchtigungen) oder 823 BGB (Schadensersatz bei Beeinträchtigungen) erfährt. All dies sind indes Ansprüche und Rechtsbeziehungen zwischen Rechtssubjekten, deren Gemeinsamkeit lediglich ihr Ursprung ist, welcher darin liegt, dass eines von ihnen als „Eigentümer" einer Sache bezeichnet wird.

Anschaulich verdeutlicht Dietlein[247] dies an einem bereits von Kant in seinen „metaphysischen Anfangsgründen der Rechtslehre" herangezogenen Bild, wonach eine Person, so sie die einzige auf Erden sei, überhaupt keine Eigentums- oder sonstige dingliche Rechte an Sachen innehaben könne, da es an jedem anderen Rechtssubjekt fehlen würde, gegenüber welchem diese Person aus solchen dinglichen Rechten irgendwelche Rechtspositionen herleiten könne.

So erscheint es in der Tat auch nicht möglich, sich einen ausschließlich an eine Sache gerichteten Verwaltungsakt vorzustellen[248]. Eine Abrissverfügung begründet zwar die Rechtslage, dass ein bestimmtes Gebäude beseitigt werden muss, doch ergeht sie in der Praxis eben nicht in dieser passivischen Form.

Sie ergeht vielmehr in Form eines konkreten Gebotes an eine bestimmte Person, eine Handlung (den Abriss) vorzunehmen[249]. Sicherlich ist richtig, dass der primäre Grund für diese Anordnung in dem baurechtswidrigen Zustand der Sache zu suchen ist[250], doch konkret verpflichtet wird durch eine solche Anordnung eine Person und mithin ein Grundrechtsträger.

Nicht zuletzt deshalb sind im Rahmen der Anordnung auch – wie stets im Verwaltungsrecht – die Grundsätze der Ermessensausübung, insbesondere der Grundsatz der Verhältnismäßigkeit, zu beachten[251]. In diesem Rahmen sind insbesondere auch die persönlichen Verhältnisse des (potentiell) Pflichtigen zu beachten[252], so dass die Berücksichtigung personaler Elemente auch bei „primär sachbezogenen" Verwaltungsakten keineswegs die Ausnahme[253], sondern vielmehr die Regel ist[254].

Dass dies durchaus auch praxisrelevant werden kann, illustriert Rumpf an einem Fall, in welchem das Eigentum an einem Gebäude, dessen Abbruch wegen Überdimensionierung angeordnet wird, auf eine Familie übergeht, die eben diese Überdimensio-

---

246 Robert Alexy, Theorie der Grundrechte, S. 172; Ehlers, DVBl. 1986, S. 912; Peine, DVBl. 1980, 941; Brehm JZ 1972, S. 226

247 Dietlein, Nachfolge im öffentlichen Recht, S. 59

248 So auch noch BVerwGE 10, S. 284. „Polizeipflichtig war nicht die Sache (das Grundstück) selbst, von dem Gefahr drohte, sondern diejenige Person, in deren Eigentum oder Gewalt sich die Sache befand."; ebenso Schenke, GewArch. 1976, S. 3; anders für die Baugenehmigung VG Freiburg, NJW 1991, S. 60: sie stelle lediglich eine „Unbedenklichkeitsbescheinigung" dar, „die an das Grundstück gebunden ist"; in diesem Sinne auch Brohm, Öffentliches Baurecht, § 28 Rz. 27: Die Baugenehmigung sei nicht personen- sondern objektbezogen.

249 Nolte / Niestedt, JuS 2000, S. 1174

250 VGH Mannheim, NVwZ 1992, S. 392

251 Gusy, Polizeirecht, 2. Aufl. Rz. 286

252 Dietlein, Nachfolge im öffentlichen Recht, S. 238

253 So aber OVG Münster, NVwZ 1987, S. 427; Bay VGH, BayVBl. 1983, S. 21

254 Schoch, JuS 1994, S. 1031; Wachsmuth (FS Küchenhoff, S. 723) hält dies insbesondere bei baurechtlichen Abrissverfügungen stets für gegeben

nierung benötigt[255]. Ähnlich liegt es, wenn der neue Eigentümer des Bauwerkes, dessen Abriss wegen fehlender Privilegierung angeordnet wurde, die Voraussetzungen eben dieser Privilegierung erfüllt.

So ist auch von den Gerichten, die die Ansicht vertreten, Verwaltungsakte könnten „sachbezogen" sein, teilweise inzident, teilweise offen und unverhohlen, eingeräumt worden, dass die Übernahme und Ausgestaltung dieser Rechtsfigur vor allem im Hinblick auf das gewünschte Ergebnis erfolgt ist. So räumt das BVerwG in seiner Grundsatzentscheidung[256] ausdrücklich ein: „Für die vom Senat vertretene Auffassung und das damit erzielte Ergebnis sprechen nicht zuletzt praktische Erwägungen ... Es kann keinem Zweifel unterliegen, dass es nicht nur für die Praxis der Verwaltungsbehörde ... unbefriedigend sein müsste, wenn rechtmäßige und sogar durch evtl. mehrere Gerichtsinstanzen bestätigte Beseitigungsanordnungen nur deswegen nicht sollten durchgesetzt werden dürfen, weil ein möglicherweise nur vorgeschobener Eigentumswechsel herbeigeführt worden ist." Immerhin sieht das BVerwG noch eine Rechtfertigungsnotwendigkeit für diese teleologische Vorgehensweise, indem es formuliert: „Überlegungen der Praktikabilität sind durchaus zulässige Auslegungskriterien"[257].

Auch bei der Entscheidung des OVG Saarland haben ausweislich der Entscheidungsgründe sowohl Praktikabilitäts- als auch Gerechtigkeitserwägungen eine Rolle gespielt. Der entschiedene Fall zeichnete sich nämlich dadurch aus, dass der ursprüngliche Eigentümer, dem gegenüber die Beseitigungsanordnung erfolgt war, das Grundstück kurz vor dem aus seiner Sicht negativen Ausgang des von ihm geführten Verwaltungsrechtsstreits an seine Lebensgefährtin veräußert hatte, die an den bisherigen Verhandlungen teilgenommen hatte und daher über den Stand der Sache informiert war. In der Folgezeit hatte er sich dann dahingehend geäußert, dass er selbst das Grundstück auch weiterhin zu nutzen gedenke. Dass es sich hierbei um einen versuchten Rechtsmissbrauch handelte, der dem Entstehen einer schutzwürdige Rechtsposition beim Nachfolger schon per se entgegengestanden haben könnte, führt das Gericht indes lediglich am Schluss in einer Hilfserwägung aus[258].

Besonders deutlich wird das Fehlen einer eigenständigen dogmatischen Begründung an einem bereits oben angesprochenen Urteil des VGH Mannheim[259], mit welchem die Rechtsnachfolge in die konkretisierte polizeirechtliche Verantwortlichkeit auf den Erwerber in der Zwangsversteigerung ausgedehnt wird: Der VGH stellt nur noch apodiktisch fest, dass eine Rechtsnachfolge dem materiellen Recht entspreche (wobei zum Beleg ausschließlich Gerichtsentscheidungen zitiert werden) und leitet dann die eigentlichen Urteilsgründe mit der Wendung ein: „Wäre es anders, so liefen die Baurechtsbehörden Gefahr, ihren gesetzlichen Auftrag ... häufig nicht oder nur mit erheblichen zeitlichen Verzögerungen und mit unvertretbarem Verwaltungsaufwand erfüllen zu können"[260].

---

[255] Rumpf, VerwArch Bd. 78 (1987), S. 306; ähnlich Schenke, GewArch. 1976, S. 2
[256] NJW 1971, S. 1625
[257] NJW 1971, S. 1625; hiergegen dezidiert Wachsmuth, FS Küchenhoff, S. 724
[258] OVG Saarl. BRS Nr. 22 (1969) Nr. 215 S. 308
[259] NJW 1979, S. 1565
[260] Auch das OVG Rh-Pf. (BRS 1983, S. 506) begründet die Übergangsfähigkeit mit einem „dringenden praktischen Bedürfnis"

Darauf, dass eine derart ergebnisorientierte Argumentation eine rechtsdogmatische Herleitung nicht zu ersetzen vermag, ist seitdem vielfach hingewiesen worden[261]. Zu dem vom BVerwG herangezogenen Argument, auch Praktikabilitätserwägungen seien anerkannte Auslegungskriterien, bemerkt Peine[262] zutreffend, dies könne nur für den Fall gelten, dass in der Praxis zwischen zwei dogmatisch korrekt hergeleiteten Varianten zu entscheiden sei.

Weiter ist hierzu festzuhalten, dass es in diesem Fall ja gerade nicht um „Auslegung", sondern um die Schaffung eines Rechtsinstitutes geht. Solches dürfte sich indes kaum aus Praktikabilitätsgründen rechtfertigen lassen[263].

Sofern die Vertreter der Lehre von der „Dinglichkeit" - vornehmlich die Gerichte - selbst erkennen, dass bei einer rein sachlichen Zuordnung eines Verwaltungsrechtsverhältnisses infolge der Außerachtlassung der persönlichen Verhältnisse des (neuen) Adressaten eine Rechtswidrigkeit des Verwaltungsaktes im Verhältnis zu diesem eintreten kann, begegnen sie dieser Tatsache mit dem Argument, „Härten" ließen „sich jedoch noch im Vollstreckungsverfahren ausgleichen[264].

Dies stellt indes nicht nur keine Rechtfertigung der Konstruktion des sachbezogenen Verwaltungsaktes dar, es belegt vielmehr deren Unhaltbarkeit: Wenn im Vollstreckungsverfahren „erkannt wird", dass der Verwaltungsakt wegen Verstoßes gegen das Übermaßverbot oder sonstiger fehlender Rechtfertigung in Bezug auf den jetzigen Adressaten rechtswidrig ist, so zeigt dies, dass eine „automatische" Überleitung gerade nicht gerechtfertigt war bzw. nicht hätte stattfinden dürfen (aus Sicht der Gegner der Theorie: auch nicht stattgefunden hat)[265].

Mit anderen Worten: Die Rechtfertigung eines postulierten eigenständigen Rechtsinstitutes mit dem Argument, wenn es dann doch nicht rechtmäßig sein sollte, bräuchte man aus diesem ja nicht zu vollstrecken, kann ohne vertiefte Würdigung als nicht haltbar bezeichnet werden und verkennt insbesondere, dass es vorliegend der Begründung eines Umstandes bedarf, welcher den Übergang einer Rechtspflicht auf einen anderen Bürger *rechtmäßigerweise* ermöglicht (und nicht nur möglicherweise – also korrigierbar – rechtmäßig).

Die Lehre von der Dinglichkeit oder Sachbezogenheit des Verwaltungsaktes ist daher als Begründung einer Rechtsnachfolge gemäß den zivilrechtlichen Normen oder gar als eigenständige Begründung einer Rechtsnachfolge[266] abzulehnen.

---

261 Dietlein, Nachfolge im öffentlichen Recht, S. 339; Schoch, JuS 1994, S. 1031; Rau, Jura 2000, S. 42; Peine, DVBl. 1980, S. 947; Rumpf, VerwArch Bd. 78 / 1987, S. 284; Schenke, GewArch. 1976, S. 4 weist zudem darauf hin, dass es ja nach Ansicht der meisten Vertreter der Dinglichkeit noch eines Verwaltungsaktes bedürfe, mit dem die Rechtsposition auf den Nachfolger übergeleitet werde, so dass der verfahrensökonomische Vorteil gar nicht so evident sei.

262 DVBl. 1980, S. 947

263 So auch Wachsmuth, FS Küchenhoff, S. 724; Nolte / Niestedt, JuS 2000, S. 1173

264 BVerwG NJW 1971, S. 1625; Bay VGH BayVBl. 1981, S. 372; OVG Münster, NVwZ 1987, S. 427; so auch Schink, GewArch. 1996, S. 60; Muckel, Klausurenkurs im besonderen Verwaltungsrecht, S. 157 Fall 18d;

265 Schenke, GewArch 1976, S. 4; Nolte / Niestedt, JuS 2000, S. 1174

266 Hiergegen Erichsen / Ehlers, Allgemeines Verwaltungsrecht, 13. Aufl. § 17 II 5 Rz. 18 mit dem zutreffenden Hinweis, dass dies einen eklatanten Verstoß gegen den Grundsatz des Vorbehalts des Gesetzes darstelle; ebenso Schenke, Polizei- und Ordnungsrecht, § 4 VII Rz. 294;

c) Analoge Anwendung

Wie bereits vorstehend ausgeführt, wird die entsprechende Anwendung der zivilrechtlichen Vorschriften auch von einigen Vertretern der Lehre vom „dinglichen Verwaltungsakt“, insbesondere in einigen Gerichtsentscheidungen, propagiert[267].

Aber auch in der Literatur wird für eine analoge Anwendung der Gesamtrechtsnachfolgetatbestände des Zivilrechts plädiert. Teilweise geschieht dies ohne nähere Begründung[268], teilweise wird angeführt, das öffentliche Recht weise eben im Unterschied zum Zivilrecht Kodifikationslücken auf[269]. Insbesondere die Erbvorschriften des BGB stellten einen „allgemeinen Rechtsgrundsatz“ dar, dessen Rechtsgedanken man auch im öffentlichen Recht anwenden könne[270].

Dem ist zunächst entgegenzuhalten, dass es sich bei der Anwendung der zivilrechtlichen Erbvorschriften im öffentlichen Recht überhaupt nicht um eine Analogie handelt, da nicht etwa - wie bei einer Analogie erforderlich - die Rechtsfolge eines geregelten Sachverhaltes auf einen ungeregelten, vergleichbaren Sachverhalt übertragen wird, sondern eine Rechtsfolgeanordnung für ein und denselben Sachverhalt inhaltlich umfänglich erweitert wird[271].

Weiter kann eingewendet werden, eine durch Analogie zu füllende Regelungslücke sei nicht vorhanden, das Fehlen einer Kodifikation sei vielmehr ein Ausdruck des Willens des Gesetzgebers, dass es eine solche Regelung nicht geben solle[272]. Immerhin ist die Feststellung einer Regelungslücke als Folge unterlassener Kodifikation[273] immer eine teleologische Unterstellung des Rechtsanwenders. Letztlich würde jede unterbliebene Kodifikation damit eine ausfüllungsbedürftige Regelungslücke darstellen. Vom Gesetzgeber wäre jedoch Unmögliches gefordert, wenn jeder denkbare Sachverhalt positiv oder eben im Falle des gewünschten Gegenteils negativ (um keine Lücke entstehen zu lassen) geregelt sein müsste. Die Feststellung, ob eine ausfüllungsbedürftige Regelungslücke vorliege, ist somit stets mit einer immanenten Unsicherheit behaftet. Gleiches gilt für den daraus herzuleitenden Schluss, welche Vorschriften zur Füllung dieser Lücke geeignet seien. Die Annahme einer „absichtlichen Regelungslücke“ (mit der inhaltlichen Aussage, es solle keine allgemeine Rechtsnachfolge im öffentlichen Recht geben) ist indes durch die vielfältigen Bezugnahmen des öffentlichen Rechts auf eine Rechtsnachfolge schwerlich haltbar.

Von den Verfechtern der Analogie wird weiter angeführt, die Lücke liege nicht in der (fehlenden) Kodifikation des öffentlichen Rechts selbst, sondern in der fehlenden ausdrücklichen Erstreckung der §§ 1922 ff. BGB auf öffentlich-rechtliche Ansprüche;

---

[267] Ebenso BVerwG E 21, 203

[268] Erichsen / Ehlers, Allgemeines Verwaltungsrecht, 12. Aufl. § 11 II 6 Rz. 51; Schoch, JuS 1994, S. 1030; Scholler / Schloer, Grundzüge des Polizei- und Ordnungsrechts, § 10 III. S. 269; Obermayer, VwVfG, § 13 Rz. 80, der in Fn. 154 allerdings darauf hinweist, hierbei sei der Vorbehalt des Gesetzes zu beachten, wobei an dieser Stelle nicht klar wird, welche Folgerung hieraus im Einzelnen gezogen werden soll

[269] Wallerath, JuS 1971, S. 464

[270] Muckel, Klausurenkurs im besonderen Verwaltungsrecht, S. 153 Fall 18b; Schink, GewArch 1966/2, S. 60; Papier, DVBl. 1996, S. 126; Gallwas / Mößle, Bayerisches Polizei- und Sicherheitsrecht, S. 143 Rz. 527 f.

[271] Dietlein, Nachfolge im öffentlichen Recht, S. 267

[272] Peine, DVBl. 1980, S. 946; Wolff / Bachof / Stober, Verwaltungsrecht Bd. 1, § 42 VIII 3 Rz. 59; Stober, NJW 1977, S. 124

[273] Heitmann, Rechtsnachfolge, S. 62

diese sei keineswegs beabsichtigt gewesen, sondern bei Erlass dieser Vorschriften habe sich diese Frage für den Gesetzgeber angesichts der einhelligen Meinung, dass öffentlichrechtliche Positionen höchstpersönlich und daher nicht übergangsfähig seien, nicht gestellt[274].

Eine deutlich stichhaltigere Argumentation ist dementgegen diejenige, eine analoge Anwendung verbiete sich schon unter dem Aspekt der Gesetzgebungskompetenzen. Bei den zivilrechtlichen Vorschriften handele es sich um Bundesrecht, die meisten einschlägigen verwaltungsrechtlichen Normen, auf die die Gesamtrechtsnachfolgeregelungen ggf. anzuwenden seien, seien indes der Kompetenz des Landesgesetzgebers unterstellt. Die bürgerlichrechtlichen Vorschriften könnten demnach dort schon deswegen keine Geltung beanspruchen[275].

Das Problem einer solchen Analogie dürfte indes – jedenfalls auf dem dieser Arbeit zugrunde liegenden Gebiet der Eingriffsverwaltung – schwerpunktmäßig auf einer anderen Ebene liegen. Es ist nämlich zu prüfen, inwieweit eine solche analoge Anwendung mit dem Grundsatz des Vorbehalts des Gesetzes in Einklang zu bringen ist.

Zunächst sind daher Konzeption und Tragweite dieses Grundsatzes zu bestimmen.

aa) Der Gesetzesvorbehalt

Der Grundsatz vom Vorbehalt des Gesetzes wurde ebenso wie der Grundsatz vom Vorrang des Gesetzes aus dem grundgesetzlich unter anderem in Art. 20 Abs. 3 GG verankerten Prinzip der Gesetzesbindung der Verwaltung entwickelt. Weitere Herleitungstopoi sind das Demokratie- und das Rechtsstaatsprinzip[276] und nicht zuletzt der in einer Vielzahl von Grundrechtsartikeln normierte Schrankenvorbehalt.

Er besagt, dass staatliches Handeln sich zumindest in den für den Bürger wesentlichen Bereichen auf eine Ermächtigung des unmittelbar demokratisch legitimierten Parlaments müsse zurückführen lassen[277]. Dieser Grundsatz wurde bereits im 19. Jahrhundert entwickelt und diente dort zur Wahrung der Interessen der Bürger gegenüber der monarchisch dominierten Exekutive. Die Beteiligung der Volksvertretung sollte sicherstellen, dass staatliche Eingriffe in Freiheit und Eigentum[278] nicht ohne jegliche Kontrolle und willkürlich, sondern auf der Basis eines Gesetzes erfolgten, an dessen Entstehung der Bürger - zumindest mittelbar – auch selbst beteiligt war. Der Zeck dieses Gesetzesvorbehalts lag damit in einer Schutzfunktion des Bürgers gegenüber der Exekutive begründet.

Dieses Prinzip hat sich im Bereich der Eingriffsverwaltung bis heute erhalten[279]. Auch wenn der Verwaltung heute eine wesentlich stärkere demokratische Legitimation zukommt als zu Zeiten der konstitutionellen Monarchie[280] und damit die demokratische Komponente des Gesetzesvorbehaltes in ihrer Bedeutung erheblich zurückgedrängt

[274] Riedl, Rechts- und Pflichtennachfolge, S. 67
[275] Dietlein, Nachfolge im öffentlichen Recht, S. 272
[276] Maurer, Allgemeines Verwaltungsrecht, S. 116 § 6 Rz. 4
[277] Maurer, Allgemeines Verwaltungsrecht, S. 117 § 6 Rz. 5
[278] Nur diese Bereiche erschienen damals hinreichend relevant
[279] Die vielfältigen Streitigkeiten und Diskussionen über die Geltung des Gesetzesvorbehaltes im Rahmen der Leistungsverwaltung können im Hinblick auf die Thematik der vorliegenden Arbeit unberücksichtigt bleiben.
[280] Ossenbühl, FS für F.-W. Bosch, 1976, S. 751

worden ist[281], so bleibt doch das Parlament das am ehesten unmittelbar auf den Volkswillen zurückzuführende Staatsorgan[282]. Eingriffe in Freiheits-, Eigentums- und sonstige Rechte des Bürgers müssen sich daher nach auch heute herrschender Auffassung am Prinzip des rechtsstaatlichen Gesetzesvorbehaltes messen und somit auf ein parlamentarisches Handeln[283] zurückführen lassen, so dass das Verwaltungshandeln für den Bürger voraussehbar und berechenbar bleibt[284].

Die deutlichste Ausprägung hat der Grundsatz des Gesetzesvorbehaltes in der Normierung einzelner Grundrechte erfahren, in denen ausdrücklich bestimmt ist, dass diese „durch Gesetz oder aufgrund eines Gesetzes" beschränkt werden können[285]. Teilweise ist dieser Vorbehalt noch dadurch verstärkt, dass der Zweck oder die Mittel der gesetzlichen Regelungen vorgegeben sind (sogenannter qualifizierter Gesetzesvorbehalt)[286]. Bei manchen Grundrechten ist überhaupt kein Schrankenvorbehalt normiert, so dass diese – abgesehen von Schutzbereichsbestimmungen durch den Gesetzgeber[287] und durch entgegenstehende andere Verfassungsnormen[288] – nicht beschränkbar sind.

bb) Analogie trotz Gesetzesvorbehalt?

Fraglich ist somit, ob der Vorbehalt des Gesetzes einer Rechtfertigung möglicher Grundrechtseingriffe durch im Wege der Analogie anzuwendende Vorschriften entgegensteht.

Die Problematik ergibt sich daraus, dass heute von einem erheblich umfassenderen Begriff des Grundrechtseingriffs ausgegangen wird als zu der Zeit, in welcher das Institut des Gesetzesvorbehalts entwickelt worden ist. Als Eingriff wird mittlerweile jede Beeinträchtigung des Grundrechtes eines Bürgers verstanden, die diesen mit einem Nachteil belastet. Also solche kommen sowohl zielgerichtete als auch nur „begleitende", mittelbare und unmittelbare, sogar nur faktische Einwirkungen in Betracht[289].

Wollte man den strikten Gesetzesvorbehalt auf sämtliche dieser möglichen Eingriffstatbestände erstrecken[290], würde man indes dem Gesetzgeber Unmögliches abverlangen[291], da die Vielzahl der denkbaren mittelbaren, faktischen oder nicht-finalen Grundrechtsbeeinträchtigungen eine „legislatorische Vorhersage" aller solcher Fälle nicht machbar erscheinen lässt[292].

---

[281] Dietlein, Nachfolge im öffentlichen Recht (S. 176) formuliert, das „Feindbild" des demokratischen Gesetzesvorbehalts, die demokratisch nicht legitimierte Exekutive, sei „unwiederbringlich verloren"
[282] BVerfGE 40, S. 237 (S. 249)
[283] Welches sowohl in einem formellen Gesetz als auch in der Ermächtigung an die Verwaltung zum Erlass von Rechtsverordnungen liegen kann, siehe hierzu Isensee in: Isensee / Kirchhof, Staatsrecht, Band V, § 111 Rz. 70.
[284] Maurer, Allgemeines Verwaltungsrecht, S. 118 § 6 Rz. 6
[285] Z. B. Art. 2 Abs. 2 GG, Art. 8 Abs. 2 GG, Art. 10 Abs. 2 GG, Art. 12 Abs. 1 S. 2 GG,
[286] Art. 6 Abs. 3 GG, Art. 11 Abs. 2 GG, Art. 12 a Abs. 3 GG, Art. 13 Abs. 7 GG, Art. 14 Abs. 3 GG, Art. 16 Abs. 1 GG, Art. 16 a Abs. 3 GG, Art. 17 a Abs. 2 GG,
[287] Pieroth / Schlink, Staatsrecht II (Grundrechte), S. 62 § 6 Rz. 260
[288] BVerfGE 28, S. 243
[289] Pieroth / Schlink, Staatsrecht II (Grundrechte), S. 59 § 6 Rz. 240; BVerfGE 9, S. 83 (S. 88); Dietlein, Nachfolge im öffentlichen Recht, S. 167;
[290] In diese Richtung in der Tat M. Sachs in: Stern, Das Staatsrecht der Bundesrepublik Deutschland, Bd III / 2, 1994, § 80 I 5 a
[291] Dietlein, Nachfolge im öffentlichen Recht, S. 170
[292] Sachs, in: Stern, Das Staatsrecht der Bundesrepublik Deutschland, Bd III / 1, 1998, § 72 III 4

Fraglich ist daher, ob man es bei dieser Erkenntnis belassen und damit akzeptieren muss, dass es staatliche Grundrechtseingriffe (zumindest im nicht-finalen oder faktischen Bereich) gibt, die ohne ausdrückliche Gestattung erfolgen können oder aber ob sich diese dadurch rechtfertigen lassen, dass man die Anforderungen an ein dem Grundsatz des Vorbehaltes genügendes Gesetz dahingehend reduziert, als Rechtserkenntnisquelle kämen auch ungeschriebene Rechtsgrundlagen wie Gewohnheits- oder Richterrecht, insbesondere auch die Schaffung von Analogien zu formellen Gesetzen, in Betracht. Immerhin ließe sich auf diesem Wege die Grundrechtsbeschränkung zumindest mittelbar auf den Willen des Gesetzgebers zurückführen, sie entspräche somit zumindest den Wertungen des Gesetzes[293].

Doch ist diese Aussage keineswegs zwingend: Die „Rechtsfortbildung" durch Auslegung, Schlüsse etc. durch den Anwender erfolgt naturgemäß durch den „subjektiven Filter" eben dieses Anwenders und unterliegt seinem persönlichen Logikempfinden, seiner persönlichen Beurteilung etc. Auf diese Weise ist gerade nicht gewährleistet, dass das Ergebnis dieses intellektuellen Prozesses mit dem übereinstimmt, was der Gesetzgeber als Ziel seiner ausdrücklich normierten Regelung angesehen hat. Wäre dies anders, könnte z. B. über die Rechtfertigung der analogen Anwendung eines Gesetzes auf einen anderen Tatbestand nie ernsthaft Streit entstehen. Dass indes über eine Vielzahl solcher Fälle heftige Diskussionen geführt werden, belegt, dass die Antwort auf die Frage, ob der Gesetzgeber ein Problem im Sinne eines Analogieschlusses parallel geregelt hätte oder aber (das jeweils „klassische" Gegenargument) die Lücke gerade den Wunsch des Gesetzgebers nach Nichtgeltung der kodifizierten Vorschrift zum Ausdruck bringe, nie verlässlich konstatiert werden kann.

Die Auffassung, nach welcher auch durch Analogie gewonnene Rechtssätze die Grundlage staatlichen Eingriffshandelns sein könnten, birgt daher das Risiko, dass sie dem dem Gesetzesvorbehalt zugrunde liegenden Prinzip, belastendes Verwaltungshandeln solle für den Bürger vorausschaubar und berechenbar sein, zuwiderlaufen würde, insbesondere da nicht klar wäre, ob sie Geltung nur für nichtfinale oder faktische oder für sämtliche Grundrechtseingriffe beanspruchen würde. Daher hat auch das Bundesverfassungsgericht entschieden, dass es gegen den Grundsatz des Vorbehaltes des Gesetzes verstieße, „die gesetzliche Ermächtigungsgrundlage für einen belastenden Verwaltungsakt ... im Wege der analogen Anwendung einer Norm ... zu gewinnen"[294].

Dies erscheint nach dem Vorgesagten – zumindest und jedenfalls für zielgerichtete Grundrechtseingriffe – zwingend[295].

cc) Anwendbarkeit des Grundsatzes vom Vorbehalt des Gesetzes auf den vorliegend zu untersuchenden Themenkreis

Aus dem Vorstehenden ergibt sich, dass – zumindest finale – Eingriffsbefugnisse der öffentlichen Hand in grundrechtlich geschützte Positionen der Bürger einer ausdrück-

[293] Sachs, in: Stern, Das Staatsrecht der Bundesrepublik Deutschland, Bd. III / 2, 1994, § 80 IV 3 b
[294] BVerfG NJW 1996, S. 3146 (Leitsatz der Redaktion)
[295] Im Ergebnis wohl auch Maurer, Allgemeines Verwaltungsrecht, S. 57 § 3 Rz. 30

lichen gesetzlichen Normierung bedürfen[296] und nicht im Wege des Analogieschlusses von den Gerichten oder gar der Verwaltung geschaffen werden dürfen[297].

Es stellt sich nunmehr die Frage, ob es sich bei der analogen Anwendung zivilrechtlicher oder sonstiger Nachfolgevorschriften im öffentlichen Recht überhaupt um die Begründung solcher Eingriffsbefugnisse handelt. So wird z. B. im Bauordnungsrecht der belastende Verwaltungsakt (die Abrissverfügung) aufgrund einer dem Vorbehalt des Gesetzes genügenden Norm erlassen. Die analoge Anwendung von Rechtsnachfolgevorschriften führt gerade nicht zu der neuen, „originären" Begründung der insofern belasteten Rechtsposition des Bürgers, sondern soll diese lediglich auf ein anderes Rechtssubjekt transferieren.

Es könnte daher argumentiert werden, der jeweilige Nachfolgetatbestand schaffe keine eigene Eingriffsbefugnis der öffentlichen Hand, sondern ändere lediglich deren personale Zuordnung[298]. Da – und soweit – das erstmalige Entstehen der Pflicht auf Seiten des Grundrechtsträgers auf einer bestehenden und gültigen Ermächtigungsgrundlage fuße, sei dem Gesetzesvorbehalt Genüge getan, die nachträgliche Änderung des personalen Geltungsbereiches unterfalle dementgegen nicht diesen strengen Anforderungen[299].

Dem ist entgegenzuhalten, dass die gedankliche Abkopplung der „Pflicht" von ihrem „Träger", also dem von der Behörde in Anspruch genommenen Grundrechtsträger, kaum sinnvoll erscheint. Dies ist bereits im Rahmen der Diskussion der Lehre vom „dinglichen Verwaltungsakt" ausführlich dargelegt worden. Da eine öffentlich-rechtliche Pflicht (jedenfalls im hier interessierenden Polizeirecht) ein Rechtsverhältnis zwischen der öffentlichen Hand einerseits und dem betroffenen Bürger andererseits darstellt, prägen diese beiden „Pole" des Rechtsverhältnisses dieses in entscheidender Weise. Ohne bereits jetzt eine Aussage darüber treffen zu wollen, ob vor diesem Hintergrund die Überleitung einer Pflichtenposition von einem Grundrechtsträger auf einen anderen überhaupt möglich ist, muss jedenfalls angesichts der Tatsache, dass auch die Grundrechte sich durch einen eindeutigen Individualitätsbezug auszeichnen, die Überleitung einer Pflichtenposition aus der Sicht des „neuen" Pflichtigen als ebenso grundrechtsrelevant eingestuft werden wie die erstmalige Begründung dieser Pflichtenposition beim „vormalig" Pflichtigen[300].

Anders ausgedrückt: Der „neue" Pflichtenadressat war bislang an dem Pflichtenverhältnis in keiner Form beteiligt, seine Grundrechte waren daher von Seiten der öffentlichen Hand „völlig unberührt"[301]. Wenn nunmehr durch eine Überleitungsnorm das Rechtsverhältnis auf ihn übertragen wird, so sind seine grundrechtlichen Positionen ebenso erstmalig betroffen wie diejenigen seines Rechtsvorgängers beim erstmaligen Erlass der belastenden Anordnung[302].

---

[296] Wolff / Bachof / Stober, Verwaltungsrecht Bd. 1, § 42 VIII 3 Rz. 59
[297] Wolff / Bachof / Stober, Verwaltungsrecht Bd. 1, § 42 VIII 3 Rz. 59
[298] Bargou, VBlBW 1981, S. 194
[299] Bargou aaO, der damit ausdrücklich die Zulässigkeit einer Überleitung im Wege der Analogie befürwortet.
[300] Schoch, JuS 1994, S. 1031
[301] Im Ergebnis so auch Pieroth / Schlink / Kniesel, Polizei- und Ordnungsrecht, § 9 Rz. 61
[302] Papier, DVBl. 1996, S. 126, Gallwas / Mößle, Bayerisches Polizei- und Sicherheitsrecht, S. 143 Rz. 526

Vor diesem Hintergrund erscheint es zwingend, die hoheitliche Anordnung eines Pflichtenübergangs denselben Erfordernissen zu unterwerfen wie diejenige, die zum Entstehen der Pflicht geführt hat[303].

Da oben festgestellt worden ist, dass jedenfalls finale Eingriffshandlungen des Staates einer ausdrücklichen gesetzlichen Normierung bedürfen und nicht im Wege des Analogieschlusses gebildet werden können, käme daher eine analoge Anwendung der zivilrechtlichen Vorschriften über eine Gesamtrechtsnachfolge allenfalls dann noch in Betracht, wenn man die durch sie angeordnete Überleitung der Rechtsposition nicht als final, sondern lediglich als „mittelbar" oder gar „faktisch" ansähe. Hierfür ließe sich ins Feld führen, es sei nicht primäres Ziel der eine Gesamtrechtsnachfolge anordnenden Überleitungsvorschriften, hoheitliche Eingriffsbefugnisse auf andere Rechtssubjekte zu erstrecken, diese wollten vielmehr zunächst den Übergang sämtlicher Rechtspositionen zwischen den Beteiligten bewirken. Treffe dann der Übergangstatbestand mehr oder weniger „zufällig" mit dem Bestehen einer öffentlich-rechtlichen Pflicht zusammen, so könne das dadurch begründete Entstehen der Rechtspflicht beim Rechtsnachfolger gleichsam als lediglich koinzidente, zumindest aber nicht-finale Beeinträchtigung angesehen werden.

Eine solche Argumentation ist indes bereits ihrem Ansatz nach verfehlt: Ausgangspunkt der Fragestellung war, inwieweit die analoge Anwendung zivilrechtlicher Überleitungsvorschriften geeignet sei, einen Übergang öffentlich-rechtlicher Rechtspositionen, im vorliegenden Zusammenhang namentlich öffentlich-rechtlicher Pflichten, auf einen Rechtsnachfolger zu bewirken. In diesem Problemkreis ist also der Umstand, dass die Rechtsfolgeanordnung eine Pflichtenstellung des Grundrechtsträgers einbeziehen soll, keinesfalls ein „zufälliger Kollateralschaden", sondern vielmehr ein zwingendes Element der Grundproblematik.

Vor diesem Hintergrund ist im Falle der möglichen Überleitung der Pflichtenposition auf einen Rechtsnachfolger gleich eine doppelte Finalität zu konstatieren: Zum einen begründete der die „ursprüngliche" Pflichtenposition festlegende Akt einen finalen Grundrechtseingriff und zum anderen soll die Anwendung der Übergangsnorm diesen im Rahmen des vorliegend diskutierten Anwendungsbereiches zielgerichtet auf ein anderes Rechtssubjekt überleiten. Mit anderen Worten: Es wäre gerade der Sinn der analogen Anwendung der zivilrechtlichen Überleitungsvorschriften, beim potentiellen Rechtsnachfolger eine öffentlich-rechtliche Pflichtigkeit zu statuieren, welche vormals nicht bestanden hätte.

Vor diesem Hintergrund mag es diskussionswürdig sein, ob die in diesem Sinne zielgerichtete Überleitung einer Grundrechtsbeeinträchtigung, die ihrerseits lediglich mittelbar oder faktisch, mithin jedenfalls nicht final verursacht war, durch eine lediglich analoge Anwendung von Übergangsvorschriften stattfinden könne[304], für den im Rahmen der vorliegenden Arbeit relevanten Fall der gezielten grundrechtsrelevanten gefahrenabwehrrechtlichen Maßnahmen jedenfalls erscheint dies nicht ausreichend[305].

---

303 So auch Zacharias, JA 2001, S. 725

304 Hierzu ausführlich Dietlein, Nachfolge im öffentlichen Recht, S. 197

305 So auch Dietlein, Nachfolge im öffentlichen Recht S. 197, der im Falle der „gemischten" Überleitung final belastender und nicht final belastender Eingriffe eine „partielle" analoge Anwendung der Übergangsvorschriften diskutiert.

Es bleibt somit als Ergebnis festzuhalten, dass eine analoge Anwendung zivilrechtlicher Vorschriften nicht geeignet ist, dem jedenfalls für die vorliegend zu untersuchenden gezielt grundrechtsbeeinträchtigenden gefahrenabwehrrechtlichen Maßnahmen geltenden Gesetzesvorbehalt Genüge zu tun. Dieser verlangt zumindest im Bereich der Eingriffsverwaltung vielmehr eine unmittelbare gesetzliche Regelung[306].

d) Andere Normen als Analogiegrundlage

Vereinzelt wird - regelmäßig soweit die zivilrechtlichen Normen als nicht anwendbar klassifiziert werden - zur Begründung einer Gesamtrechtsnachfolge auf eine analoge Anwendung von Vorschriften aus dem öffentlichen Recht abgestellt, seien es spezialgesetzliche Einzeltatbestände oder auch Verfahrensregelungen.

Unabhängig von den schon oben unter c aufgeworfenen Fragen zur grundsätzlichen Zulässigkeit oder Sinnhaftigkeit einer solchen Analogie begegnet eine solche Herleitung jedenfalls den gleichen Bedenken in Bezug auf den Grundsatz des Gesetzesvorbehalts wie eine analoge Anwendung der zivilrechtlichen Vorschriften. Immerhin ließe sich hier anführen, es handele sich hier bereits dem Grundcharakter nach um spezielle öffentlich-rechtliche Vorschriften, welche explizit den Übergang belastender Positionen von einem Grundrechtsträger auf einen anderen anordneten. Ein solches Argument ist indes nach dem Vorgesagten nicht geeignet, dem Umstand des Fehlens einer ausdrücklichen Übergangsnorm weniger Gewicht beizumessen[307]. Das Verbot der analogen Anwendung gesetzlicher Normen zur Rechtfertigung eines grundrechtsrelevanten Eingriffs ist nicht auf Normen eines bestimmten Herkunftsbereiches beschränkt, sondern gilt aufgrund seines Prinzips durchgängig. Es erschiene widersinnig, wollte man die analoge Anwendung zivilrechtlicher Normen mit dem Argument ablehnen, dies mache Grundrechtseingriffe durch die Exekutive unübersehund unvorhersehbar, ließe aber im gleichen Atemzug die analoge Anwendung anderer öffentlich-rechtlicher Normen, die ihrer Zahl und ihren Anwendungsbereichen nach noch vielfältiger sind, uneingeschränkt zu.

Eine analoge Anwendung anderer öffentlich-rechtlicher Vorschriften, seien sie materiell- oder verfahrensrechtlicher Natur, kommt daher zur Begründung eines Überleitungstatbestandes ebenfalls nicht in Betracht[308].

e) Gewohnheitsrecht

Schließlich findet sich die These, der Übergang verwaltungsrechtlicher Verpflichtungen auf Rechtsnachfolger sei als Gewohnheitsrecht anzusehen[309]. Dies ist indes erst recht nicht mit dem Vorbehalt des Gesetzes in Einklang zu bringen. Gewohnheitsrecht als durch den Rechtsanwender geschaffene Rechtsquelle steht vielmehr im diametralen Gegensatz zu dem vom Gesetzesvorbehalt geforderten Parlamentsgesetz[310].

---

306 Zacharias, JA 2001, S. 726
307 Stober, NJW 1977, S. 124
308 Schenke, Polizei- und Ordnungsrecht, § 4 VII Rz. 295; im Ergebnis ebenso Nolte / Niestedt, JuS 2000, S. 1175
309 Ossenbühl, Zur Haftung des Gesamtrechtsnachfolgers für Altlasten, S. 59
310 So ausdrücklich Ossenbühl, Zur Haftung des Gesamtrechtsnachfolgers für Altlasten, S. 56, der indes wenige Sätze später resigniert: „Für die weiteren Überlegungen ist gleichwohl die verfassungsrechtliche Unbedenklichkeit der richterrechtlichen Fortentwicklung der Rechtsnachfolge in die Polizei-

f) Eigene Stellungnahme

Zuzustimmen ist der Auffassung, dem grundrechtlichen Erfordernis des Gesetzesvorbehaltes könne durch eine (lediglich) analoge Anwendung von Rechtsvorschriften oder gar durch Zugrundelegung eines „allgemeinen Rechtsgedankens" ebenso wenig wie durch die Akzeptanz eines entsprechenden Gewohnheitsrechts Genüge getan werden[311].

Da durch eine angeordnete Rechtsnachfolge in eine den Vorgänger belastende Position der Rechtsnachfolger seinerseits belastet und daher zumindest in seinem Grundrecht aus Art. 2 Abs. 1 GG beeinträchtigt wird[312], ist nach dem vorgenannten Grundsatz die Begründung dieser belastenden Situation und damit die Anordnung des Pflichtenüberganges dem Gesetzesvorbehalt unterstellt.

Erforderlich ist daher ein formelles Gesetz, welches die Rechtsnachfolge regelt. Diesen Anforderungen genügen die §§ 1922, 1947 BGB für den Fall der Gesamtrechtsnachfolge. Sofern diese somit im öffentlichen Recht unmittelbare Anwendung fänden, wäre dem Grundsatz des Vorbehalts des Gesetzes Genüge getan.

Von den Gegnern einer solchen unmittelbaren Anwendung wird, wie dargestellt, meist das Argument angeführt, öffentliches Recht und Zivilrecht seien zwei unterschiedliche Regelungsmaterien, die in Zielsetzung und Inhalt voneinander abwichen und daher streng zu unterscheiden seien[313]. Aus diesem - sicherlich zutreffenden - Ansatz ist allerdings nichts für die Beantwortung der Frage gewonnen, ob auch Regelungen, die in Büchern des Zivilrechts kodifiziert sind, im öffentlichen Recht Geltung beanspruchen können[314].

Der vorgenannte Grundsatz der Wesensverschiedenheit schließt – korrekt angewendet – nur eine *analoge* Anwendung solcher Vorschriften (also: eine „Übertragung" des Geltungsbereiches durch den Rechtsanwender) aus, da eine Analogie nur bei Wesensgleichheit in Betracht kommt.

Vorliegend soll aber gerade die Frage beantwortet werden, ob nicht eine *unmittelbare* Anwendung der entsprechenden Vorschriften des BGB in Betracht komme. Eine solche würde voraussetzen, dass den §§ 1922, 1967 BGB (zumindest auch) öffentlich-rechtlicher Charakter zukäme, weil sie dann als Teil des öffentlichen Rechts naturgemäß für dieses auch Geltung beanspruchen könnten.

Hiergegen spricht auf den ersten Blick der Ort ihrer Kodifizierung: Sie finden sich in einem Gesetzeswerk, welches den Titel „Bürgerliches Gesetzbuch" trägt, also „dem" klassischen Gesetz des Zivilrechts. Allein aus diesem Umstand bereits abzuleiten,

---

pflicht zugrundezulegen. Denn realistischerweise ist davon auszugehen, dass die Verwaltungsgerichte diese Linie nicht mehr verlassen werden..." Dies stellt indes nichts anderes als die Akzeptanz von Gewohnheitsrecht dar, nachdem kurz zuvor festgestellt worden ist, dass ein solches dogmatisch als Rechtsquelle ausscheide (!).

311 Schenke, Polizei- und Ordnungsrecht, § 4 VII Rz. 295; Stober, NJW 1977, S. 124

312 Dietlein, Nachfolge im öffentlichen Recht, S. 197

313 Mayer, Deutsches Verwaltungsrecht, S. 117 hält aus diesem Grunde auch jedwede Analogie für unzulässig

314 Hiergegen Heitmann, Rechtsnachfolge, S. 60, der es als „allgemein anerkannt" bezeichnet, „dass die Rechtssätze des Bürgerlichen Gesetzbuches auf das Privatrecht beschränkt sind."

dass eine Anwendung dieser Vorschriften im öffentlichen Recht keinesfalls in Betracht komme, wäre rein formal und erscheint daher zu oberflächlich[315].

In der Rechtslehre erfolgt daher auch die Abgrenzung zwischen öffentlichem und Privatrecht nicht nach der Betitelung von Gesetzen, sondern nach deren Regelungsinhalt[316], Zuordnungssubjekten bzw. -objekten[317] oder der Interessensrichtung der Rechtssätze[318]. Vor diesem Hintergrund schließt der Umstand, dass sich die genannten Regelungen über die Gesamtrechtsnachfolge in einem zivilrechtlichen Gesetz befinden, eine Klassifizierung dieser Regelungen als (auch) öffentlich-rechtlich nicht aus.

Auch ist weitgehend anerkannt, dass das BGB ohnehin Vorschriften enthält, die – zumindest auch – dem öffentlichen Recht zuzuordnen sind[319], so z. B. § 839 BGB[320] oder die Vorschriften über die Funktion des Nachlassgerichts[321].

Hierdurch ist bisher indes lediglich festgestellt, dass eine solche Einordnung nicht ausgeschlossen ist. Dies vermag eine entsprechende Klassifizierung naturgemäß nicht positiv zu begründen.

Soweit erkennbar, stellen sämtliche Theorien zur Abgrenzung zwischen öffentlichem und Privatrecht auf den – nach welchen Kriterien auch immer zu beurteilenden – Inhalt der jeweiligen Regelungen ab und somit auf den darin zum Ausdruck gebrachten Willen des Gesetzgebers. Mit anderen Worten: Der Gesetzgeber entscheidet selbst, ob er eine Norm als öffentlich-rechtlich oder privatrechtlich erlässt. Gerade aus diesem Grund hat Peine argumentiert, ein solcher Wille des Gesetzgebers habe bei Schaffung der zivilrechtlichen Erbnormen nicht vorliegen können[322]. Doch räumt auch Peine ein, dass der Wille des Gesetzgebers im Laufe der Zeit wandelbar sei[323]. Er stellt daraufhin fest, den §§ 1922 ff. BGB sei nicht zu entnehmen, dass sich ihr Charakter geändert haben sollte. Dem ist sicherlich zuzustimmen. Doch stellen die §§ 1922 ff. BGB nicht die einzige Manifestation des gesetzgeberischen Willens, insbesondere nicht im öffentlichen Recht, dar.

Der Gesetzgeber hat im öffentlichen Recht seinen diesbezüglichen Willen bislang vor allem dadurch geäußert, dass dort die allgemeine Kodifizierung einer Rechtsnachfolge unterblieben ist. Vor diesem Hintergrund soll zunächst einmal der Frage nach dem Grund dieses gesetzgeberischen Unterlassens nachgegangen werden[324]. Als Beispiel sei auch hier die Gesamtrechtsnachfolge durch Erbfall herangezogen.

Das Problem, was mit den Rechten und Pflichten einer natürlichen Person zu geschehen habe, wenn diese stirbt, ist so alt wie die Menschheit selbst. Entsprechende

315 Riedl, Rechts- und Pflichtennachfolge, Die Rechts- und Pflichtennachfolge im öffentlichen Recht, S. 65; Stadie, DVBl. 1990, S. 502
316 Menger, FS Wolff 1973, S. 149 ff.
317 Hierzu Bettermann, NJW 1977, S. 516; BVerwG NJW 1974, S. 1208
318 Bullinger, FS Rittner, 1991, S. 69ff.
319 Riedl, Rechts- und Pflichtennachfolge, S. 65 ; Bettermann, NJW 1977, S. 515
320 Rau, Jura 2000, S. 39; Wallerath, JuS 1971, S. 464; Peine, DVBl. 1980, S. 946
321 Brox, Erbrecht, § 1 Rz. 2 S. 2
322 Peine DVBl. 1980, S. 946
323 Peine DVBl. 1980, S. 946
324 Was bislang, soweit ersichtlich, noch nicht vertiefend erfolgt ist

zivilrechtliche Vorschriften gab es schon in den vorangegangenen Jahrhunderten[325], im BGB sind sie seit dessen Inkrafttreten normiert.

Auf die Frage, warum der Gesetzgeber dennoch von einer ausdrücklichen Kodifizierung für das öffentliche Recht abgesehen habe, kommen drei Antworten in Betracht:

- Der Gesetzgeber hielt bislang eine Kodifizierung nicht für notwendig, weil er entweder der Ansicht war,

  => eine allgemeine Rechtsnachfolge finde im öffentlichen Recht nicht statt,

  oder aber,

  => es gebe bereits eine ausreichende Regelung: Die zivilrechtlichen Normen seien nämlich auch für das öffentliche Recht anwendbar und daher sei eine „eigene", öffentlichrechtliche Kodifizierung nicht notwendig.

- Der Gesetzgeber hat diesen Tatbestandskomplex schlicht übersehen oder aber ist bestrebt, ihn zu regeln, hat es aber noch nicht bewerkstelligen können.

Wollte man dem Gesetzgeber nicht völlige Inkompetenz unterstellen, so muss die dritte Alternative als Antwort ausscheiden. Auch wenn die (allgemeinen) Vorschriften der Verwaltungsverfahrensgesetze noch recht jung sind, kann nicht unterstellt werden, der Gesetzgeber habe die Problematik der Rechtsnachfolge zu diesem Zeitpunkt (noch) nicht gesehen.

Es verbleibt somit die weitere Möglichkeit, dass der Gesetzgeber der Ansicht war, eine Rechtsnachfolge finde im öffentlichen Recht nicht statt. Dies dürfte allerdings durch die oben genannten zahlreichen Normen des öffentlichen Rechts, welche im Tatbestand eine Rechtsnachfolge voraussetzen, widerlegt sein[326]. Wollte der Gesetzgeber in diesen Normen nur auf spezielle – einzelne – zivilrechtliche Rechtsnachfolgetatbestände verweisen, so hätte es nahe gelegen, diese zu benennen.

Dies ist z. B. in § 58 SGB I geschehen, in welchem geregelt ist: „Soweit fällige Ansprüche auf Geldleistungen nicht nach den §§ 56 und 57 einem Sonderrechtsnachfolger[327] zustehen, werden sie nach den Vorschriften des Bürgerlichen Gesetzbuches vererbt." Hier handelt es sich um eine „echte" Bezugnahme auf ein Institut außerhalb des öffentlichen Rechts, man könnte in zivilrechtlicher Terminologie von einer „Rechtsgrundverweisung" sprechen. Diese Vorschrift ist indes singulär. Die eingangs unter III 1 d bb genannten Vorschriften weisen eine solche Spezialität nicht auf. Sie setzen vielmehr ihrem Wortlaut nach ganz allgemein das Institut der Rechtsnachfolge bzw. die Existenz eines Rechtsnachfolgers voraus.

Dies kann sich aber nach dem Vorgesagten nur auf die Rechtsnachfolgetatbestände des Zivilrechts beziehen, da andere nicht existieren[328].

---

[325] Brox, Erbrecht, § 2 Rz. 22

[326] Dietlein, Nachfolge im öffentlichen Recht (S. 273) vertritt dementgegen die Ansicht, diese Vorschriften ließen einen „Verweisungswillen" nicht erkennen.

[327] Der in diesen Vorschriften explizit bestimmt wird

[328] So im Ergebnis auch Rimann, DVBl. 1962, S. 554; dass es sich bei diesen um die maßgeblichen handelt, kann auch nicht ernsthaft bestritten werden, die Überleitung z. B. einer Abrissverfügung wird regelmäßig im Verhältnis zum zivilrechtlichen Nachfolger im Eigentum untersucht; schließlich will die Behörde gegenüber diesem vorgehen und nicht gegenüber einem beliebigen Dritten.

Der Gesetzgeber selbst geht also davon aus, dass die Vorschriften des BGB über die Gesamtrechtsnachfolge im öffentlichen Recht Geltung beanspruchen. Wollte man es besonders plakativ ausdrücken, würde man formulieren: Wenn der Gesetzgeber (das Parlament), dem der Erlass öffentlichrechtlicher Gesetze obliegt, ein bereits von ihm selbst (dem gleichen, wenn auch „früheren" Parlament) geschaffenes Gesetz ausdrücklich oder zumindest konkludent im öffentlichen Recht in Bezug nimmt und damit für anwendbar erklärt, so kommt diesem Gesetz kraft der dem Parlament eigenen Gesetzgebungsbefugnis der Charakter einer öffentlich-rechtlichen Norm zu.

Freilich kann dieser Satz in seiner Plakativität nicht uneingeschränkt gelten; handelt es sich doch in vielen Fällen der Bezugnahme auf die erbrechtlichen Vorschriften durch Landesgesetze eben nicht um „denselben" Gesetzgeber[329]. Dessen ungeachtet spricht auch in diesen Fällen nichts dagegen, dass der (Landes-) Gesetzgeber die bereits existierenden (bundes-) gesetzlichen Regelungen durch die vorerwähnte Inbezugnahme als auch auf Landesebene gültige Normen „anerkennt" und damit in das Landesrecht übernimmt[330].

Deshalb stellt sich auch nicht das Problem in der u. a. von Dietlein angesprochenen Form[331], nämlich dass der Bundesgesetzgeber nicht berechtigt gewesen sei, Rechtsnachfolgetatbestände auf den Gebieten, für welche die Gesetzgebungskompetenz den Ländern zustehe, zu erlassen, also quasi in deren Regelungskompetenz einzugreifen; sondern die jeweiligen Landesgesetzgeber haben durch ihre ausdrücklichen Verweisungen die jeweiligen Rechtsinstitute als auch im Rahmen der in ihre Kompetenz fallenden Regelungsmaterie anwendbar anerkannt.

Dies wird im übrigen bezüglich anderer Rechtsinstitute, soweit erkennbar, auch nicht weiter problematisiert: So knüpft z. B. die Zustandsverantwortlichkeit in § 5 PolG NW an die Eigenschaft als „Eigentümer" oder „Inhaber der tatsächlichen Gewalt" an, beides Begriffe, die dem BGB entlehnt sind. Diesbezüglich sind, soweit ersichtlich, noch keine Bedenken dahingehend geäußert worden, dass die Definition von Eigentum oder Besitz im Landesrecht durch Bundesgesetz nicht möglich sei; auch hier wird deutlich, dass eben in umgekehrter Form das Landesrecht die bundesgesetzlichen Regelungen rezipiert und für das öffentliche Recht übernimmt.

Nach dem Vorgesagten sind somit die Regelungen des BGB über die Gesamtrechtsnachfolge auch öffentlich-rechtlicher Natur und sind daher auch in dem der Regelung durch den Landesgesetzgeber obliegenden Gebiet des Polizeirechts auch ohne weiteres (insbesondere ohne das Erfordernis einer Analogie) als Landesrecht anzuwenden[332].

Die Konsequenz hieraus ist, dass auch öffentlich-rechtliche Positionen und Rechtsverhältnisse des Bürgers im Falle seines Todes grundsätzlich auf den Erben übergehen.

---

[329] Diesen „Kompetenzkonflikt" sieht Dietlein, Nachfolge im öffentlichen Recht, S. 271 f., als entscheidendes Hindernis an.
[330] So auch BVerwG NJW 1993, S. 1610 für die Regelungen über die Forderungsabtretung gem. den §§ 398 ff. BGB; BVerwG NJW 1974, S. 1207 für § 12 BGB
[331] Dietlein, Nachfolge im öffentlichen Recht, S. 272
[332] BVerwG NJW 1993, S. 1610: BVerwG NJW 1974, S. 1207

Die Frage, ob dies im jeweiligen Einzelfall auch tatsächlich geschieht, ist damit indes noch nicht beantwortet. So wie im Zivilrecht nicht jedwede Rechtsposition auf den Rechtsnachfolger übergeht, so kann dies auch im öffentlichen Recht nicht der Fall sein. Es ist vielmehr bezüglich jeder in Betracht kommenden Rechtsposition genau zu untersuchen, ob sie auch des Übergangs auf einen Rechtsnachfolger fähig ist. Dies dürfte im öffentlichen Recht wegen des in der Tat stark unterschiedlichen Regelungsgehaltes in weit größerem Umfang ausgeschlossen sein als im Privatrecht. Dies ist indes, wie gesagt, bei jedem Rechtsverhältnis einzeln zu prüfen.

Gegen diese auch vorliegend vertretene Ansicht wurde vorgebracht, sofern die zivilrechtlichen Rechtsnachfolgeanordnungen auch im öffentlichen Recht grundsätzlich anwendbar seien, handele es sich bei den unter III 1 d bb aufgeführten spezialgesetzlichen öffentlich-rechtlichen Übergangstatbeständen um überflüssige Kodifizierungen[333], ja um „legislatorischen Zufall“[334].

Dem lässt sich nicht mit dem Argument entgegentreten, die entsprechenden spezialgesetzlichen Vorschriften seien lediglich deklaratorischer Natur[335], denn ein Anlass für solch deklaratorische Einzelregelungen ist nicht erkennbar.

Richtig dürfte vielmehr sein, dass die entsprechenden Normen eben nicht als eigenständige Übergangs*tatbestände* fungieren sollen[336], sondern dass der Gesetzgeber mit diesen Vorschriften die (seinem Willen nach gegebene oder fehlende) Übergangs*fähigkeit* der betreffenden Rechtspositionen klarstellen und nicht der (ansonsten vorzunehmenden) Beurteilung durch den Rechtsanwender überlassen wollte.

So soll z. B. § 78 BauONW klarstellen, dass bezüglich der Baugenehmigung nicht mehr geprüft zu werden braucht, ob deren Übergang im Rahmen der Rechtsnachfolge gem. den §§ 1922, 1967 BGB, die von der Vorschrift vorausgesetzt wird, aufgrund des Charakters der Baugenehmigung gegebenenfalls ausgeschlossen sei. Vielmehr hat der Gesetzgeber diese Wertung in positiver Weise bereits vorweggenommen.

2. Einzelrechtsnachfolge

Als Grundtatbestand der zivilrechtlichen Einzelrechtsnachfolge wird von der überwiegenden Anzahl der Autoren, die diese in Bezug nehmen wollen, das in § 398 BGB statuierte Recht, eine Forderung auf einen anderen zu übertragen (abzutreten), angesehen.

Bei der entsprechenden Heranziehung dieser zivilrechtlichen Norm über die Einzelrechtsnachfolge müssten in rein rechtsdogmatischer Hinsicht die gleichen Erwägungen ausschlaggebend sein wie bei der Gesamtrechtsnachfolge.

So wird in der Tat vertreten, auch die §§ 398 ff. BGB stellten „übergreifendes Gemeinrecht“ dar[337], teilweise wird auch hier eine direkte[338] oder zumindest analoge Anwendung dieser Vorschriften zumindest auf Rechte befürwortet[339].

---

[333] Dietlein, Nachfolge im öffentlichen Recht, S. 270
[334] Peine, DVBl. 1980, S. 947
[335] Stadie, DVBl. 1990, S. 503; hiergegen Wolff / Bachof / Stober, Verwaltungsrecht Bd. 1, § 42 VIII 3 Rz. 58
[336] So aber Papier, DVBl. 1996, S. 126
[337] Stadie, DVBl. 1990, S. 506

Im Ergebnis kommen indes nahezu sämtliche Autoren zu der Aussage, eine Singularsukzession in öffentlich-rechtliche Pflichten komme nicht in Betracht[340], da diese nicht disponibel[341] seien, mit anderen Worten, die Position als Verantwortlicher sei nicht dem Willen des Betroffenen unterworfen[342].

Anders sehen dies indes die Vertreter der Lehre vom „dinglichen Verwaltungsakt", welche einen Übergang der öffentlich-rechtlichen Position quasi als „Annex" des zivilrechtlichen Eigentumsübergangs ansehen[343] und jedenfalls im Falle der Einzelrechtsnachfolge größtenteils auf die Benennung eines Übergangstatbestandes verzichten[344]. Teilweise wird auch hier eine Analogie zu den §§ 398 ff. BGB angesprochen[345], teilweise wird – stattdessen oder zusätzlich – eine Analogie zu den spezialgesetzlichen Übergangsanordnungen, z. B. des Landesbaurechts, gezogen[346], teilweise wird vertreten, diese wären rein deklaratorischer Natur[347].

Die Diskussion über die mögliche Einzelrechtsnachfolge scheint von einer im Vergleich zu derjenigen über die Universalsukzession wesentlich verstärkten Uneinheitlichkeit in Bezug auf die verwendeten Termini ebenso geprägt zu sein wie von einer Tendenz, verschiedenartige Fallgestaltungen nicht hinreichend voneinander abzugrenzen, so z. B. das (echte) Institut der Einzelrechtsnachfolge einerseits und den im Zivilrecht vormals möglichen autonomen Übergang eines Gesamtrechtsstatuts im Falle der Vermögensübertragung gem. § 419 BGB a. F. andererseits, welcher vielmehr einen Fall der – gewillkürten – Gesamtrechtsnachfolge darstellt, vergleichbar mit der Vermögensnachfolge bei der Umwandlung juristischer Personen.

Möglicherweise hängt dies damit zusammen, dass sich hier – anders als im Fall der Universalsukzession – verstärkt das Problem stellt, die einzelnen übergehenden Rechtsverhältnisse (Rechte und damit möglicherweise „verbundene" Pflichten) auseinander zu halten.

Vor allem gilt es hier zu berücksichtigen, dass – wie oben unter d cc dargelegt worden ist, streng zu unterscheiden ist zwischen einer gewillkürten Einzelrechtsnachfolge und einer solchen aufgrund gesetzlicher Anordnung, welche einen – wie auch immer gearteten – Willensbetätigungsakt lediglich begleitet, beziehungsweise diesem folgt.

Insbesondere vor dem Hintergrund dieser Unterscheidung ist vorab zu differenzieren, welche normqualitativen Anforderungen an einen Rechtssatz zu stellen sind, der einen solchen Übergang ermöglichen will.

---

338 Rimann, DVBl. 1962, S. 554
339 Erichsen / Ehlers, Allgemeines Verwaltungsrecht, 12. Aufl, § 11 II 7 Rz. 51
340 Peine, DVBl. 1980, S. 946; Rau, Jura 2000, S. 39 ; Papier, DVBl. 1996, S. 126 ; Habermehl, Polizei- und Ordnungsrecht, S. 103 Rz. 224 stellt schlicht fest, es fehle an einem gesetzlichen Übertragungstatbestand.
341 Stadie, DVBl. 1990, S. 506; Schlabach / Simon, NVwZ 1992, S. 144; Peine, JuS 1997, S. 986
342 Papier, NVwZ 1986, S. 262; Schink, GewArch. 1996, S. 60
343 So bezeichnet es Stadie, DVBl. 1990, S. 507; in diesem Sinne z. B. VG Freiburg, NJW 1991, S. 60
344 Götz, Allgemeines Polizei- und Ordnungsrecht, § 9 Rz. 249; VGH Mannheim, NJW 1979, S. 1565; OVG Münster, NVwZ 1987, S. 427
345 VGH Mannheim, NJW 1981, S. 1003
346 OVG Saarlouis, BRS 22 Nr. 215; BVerwG, NJW 1971, S. 1624
347 Götz, Allgemeines Polizei- und Ordnungsrecht, § 9 Rz. 249

a) Imperative Einzelrechtsnachfolge

Sofern der Übergang einer einzelnen, rechtlich belastenden Position von einem Rechtssubjekt auf ein anderes gesetzlich angeordnet wird, ergeben sich in grundrechtsrelevanter Hinsicht keine Unterschiede zu den vorstehend erörterten Fragestellungen bei der Gesamtrechtsnachfolge.

Insbesondere handelt es sich dann auch in diesem Fall um die gezielte Erstreckung bzw. Überleitung eines Grundrechtseingriffs von einem Grundrechtsträger auf einen anderen, welcher nach den Vorausführungen schon aufgrund seiner einfachen, jedenfalls aber aufgrund seiner „doppelten Finalität" nach dem Grundsatz des Vorbehalts des Gesetzes einer ausdrücklichen parlamentarisch legitimierten Eingriffsermächtigung bedarf[348]. Allgemeine Rechtsgedanken kommen auch hier ebenso wenig in Frage wie Gewohnheitsrecht oder Analogien. Insofern kann auf die obigen Erörterungen verwiesen werden. Weiter ist hier zu berücksichtigen, dass das Zivilrecht, wie oben bereits erwähnt, eine gesetzlich angeordnete Einzelpflichtnachfolge, deren analoge Anwendung diskutabel wäre, ohnehin nicht kennt.

Zu beachten ist hier indes, dass eine zunehmende Anzahl von Sondervorschriften des materiellen öffentlichen Rechts existiert, welche eine solche Einzelrechtsnachfolge anordnen[349].

Diese Normen erfüllen als Parlamentsgesetze den erforderlichen Gesetzesvorbehalt. Wie bereits oben dargelegt, verwenden sie den zivilrechtlichen Begriff des Rechtsnachfolgers und leiten daraus für die jeweils von ihnen betroffene Materie des öffentlichen Rechts Rechtsfolgen ab. Die Begründung, die vorstehend unter IV 1 f für die dadurch erlangte Geltung des zivilrechtlichen Gesamtrechtsnachfolgebegriffs im öffentlichen Recht herausgearbeitet wurde, gilt genauso für den Begriff der Einzelrechtsnachfolge, insbesondere, da das Gesetz ohnehin nicht – wie gezeigt, auch nicht im Zivilrecht – zwischen diesen beiden Formen der Rechtsnachfolge unterscheidet. Ein Unterschied zum Fall der Gesamtrechtsnachfolge ist lediglich darin zu erblicken, dass sich bei der Einzelrechtsnachfolge die Problematik nicht stellt, ob das öffentliche Recht diese zivilrechtliche Figur für seinen Geltungsbereich quasi „rezipiert" oder aber lediglich als Tatbestandsmerkmal verwendet, da auch in dem erstgenannten Fall die Einzelrechtsnachfolge (begriffsimmanent) auf den einzelnen Fall beschränkt wäre und ihr keine darüber hinausgehende, möglicherweise auch andere Konstellationen betreffende Rechtswirkung zukäme.

Infolgedessen ordnen die entsprechenden Vorschriften die unmittelbare Nachfolge des neuen zivilrechtlichen Eigentümers in die jeweilige von ihnen bestimmte öffentlich-rechtliche Position an, also z. B. in die sich aus der Abrissverfügung ergebende Pflicht, in die von § 7 Abs. 2 AbgrG NW statuierte Rechtsposition etc. Es handelt sich hierbei somit um eine zulässige Einzelrechtsnachfolge kraft ausdrücklicher gesetzlicher Anordnung, welche als Tatbestand die zivilrechtliche Rechtsnachfolge aufweist.

---

[348] Der VGH Kassel (NJW 1976, S. 1910) lehnt daher auch einen Übergang der aus einer Beseitigungsanordnung resultierenden Pflicht auf den Einzelrechtsnachfolger wegen des Fehlens einer solchen Norm ab.
[349] Siehe oben unter III 1 d bb

b) Gewillkürte Einzelrechtsnachfolge

Fraglich ist, ob der Grundsatz des Gesetzesvorbehalts in seiner oben dargelegten, strengen Form auch im Falle der gewillkürten Einzelrechtsnachfolge gilt, die per definitionem auf einer autonomen Entscheidung des jeweils betroffenen Grundrechtsträgers basiert, so dass gefragt werden kann, ob vor diesem Hintergrund das Schutzinstrumentarium des Gesetzesvorbehaltes überhaupt von Bedeutung sei[350].

Man könnte hier argumentieren, da der Gesetzesvorbehalt nach den obigen Ausführungen vor allem dazu diene, das Verhalten der Exekutive für den Bürger überschaubar und vorhersehbar zu machen und in diesem Sinne primär den Bürger vor nicht parlamentarisch gerechtfertigten Grundrechtseingriffen des Staates zu schützen, bedürfe der Bürger im Falle einer privatautonomen Entscheidung dieses Schutzes nicht, da er insoweit auf die Geltung der Grundrechte freiverantwortlich verzichtet habe[351].

Nun ließe sich fragen, inwieweit Grundrechte überhaupt verzichtbar seien. Dieser Überlegung bedarf es jedenfalls für diejenigen Grundrechte nicht, die bereits dem Tatbestand nach ein Handeln des Staates ohne oder gegen den Willen des Betroffenen voraussetzen[352], da ein entsprechendes Einverständnis des Grundrechtsträgers hier bereits einen Eingriff in den Schutzbereich des Grundrechts ausschließt[353].

Bei den Grundrechten ohne eine solche Einschränkung, so z. B. bei dem im vorliegend behandelten Problemkreis des Polizeirechts meistens einschlägigen „Auffanggrundrecht" des Art. 2 Abs. 1 GG (allgemeine Handlungsfreiheit), ist indes deren Verzichtbarkeit streitig. Die klassische Funktion der Grundrechte als Abwehrrechte gegen den Staat lässt es zunächst nicht einsichtig erscheinen, warum der Bürger nicht auf diesen ihm gebotenen Schutz verzichten können sollte. Demgegenüber wird häufig argumentiert, die Grundrechte enthielten eine über den Individualschutz hinausgehende objektive Werteordnung, die nicht der Disposition des Bürgers unterliege[354].

Diese Ansicht geht auf eine grundlegende Entscheidung des Bundesverfassungsgerichtes zurück[355], welche in der Folgezeit indes nicht unwidersprochen blieb[356] und in weiteren Entscheidungen dann wieder dahingehend eingeschränkt wurde, dass das BVerfG sich dagegen aussprach, „die Funktion der Grundrechte als objektiver Prinzipien ... von dem eigentlichen Kern <zu> lösen und zu einem Gefüge objektiver Normen <zu> verselbständigen, in denen der ursprüngliche und bleibende Sinn der Grundrechte zurücktritt"[357]. Dessen ungeachtet wird die Annahme einer solchen „ob-

[350] Zacharias, JA 2001, S. 726
[351] Kluth / Neuhäuser, NVwZ 1996, S. 741; Isensee in: Isensee / Kirchhof, Handbuch des Staatrechts Band V, § 111 Rz. 60, verneint für diesen Fall jedenfalls einen Eingriff; Malorny, JA 1974, S. 475
[352] So z. B. Art. 4 Abs. 3 GG („gegen sein Gewissen"), Art. 6 Abs. 3 GG („gegen den Willen"), Art. 7 Abs. 3 S. 3 GG („gegen seinen Willen"); s. hierzu auch Dietlein, Nachfolge im öffentlichen Recht, S. 199
[353] Dietlein, Nachfolge im öffentlichen Recht, aaO; Pieroth / Schlink, Staatsrecht II (Grundrechte), § 5 Rz. 134
[354] Malorny, JA 1974, S. 475 differenziert hier zwischen dem Verzicht auf Grundrechte, der aufgrund dieser Charakterisierung als allgemeine Werteordnung dem einzelnen Subjekt nicht möglich sei und dem Verzicht auf die Ausübung eines Grundrechtes im Einzelfall, der als Ausfluss der allgemeinen Handlungsfreiheit gerade grundgesetzlich verbürgt sei.
[355] BVerfGE 7, S. 198
[356] Isensee in: Isensee / Kirchof, Handbuch des Staatsrecht Band V, § 109 Rz. 50ff. m. w. N.
[357] BVerfGE 50, S. 290 (S. 337)

jektiven Werteordnung der Grundrechte" in direkter oder abgewandelter Form[358] bis heute vertreten.

Dieser Ansicht liegt sicherlich ein zutreffender Kern zugrunde, doch ist sie einerseits zumindest unvollständig und sagt andererseits wenig über die Rechtfertigung einer Versagung des Grundrechtsverzichtes aus. Zum einen ist auch das Grundgesetz im Idealfall trotz seines insofern hohen Ranges nichts anderes als eine Kodifikation des durch das Parlament geäußerten Willens des Volkes und somit der einzelnen Bürger in ihrer konkret gewählten Form des Zusammenlebens, der Demokratie. Wesensmerkmal einer Demokratie ist nicht nur die Gültigkeit von Mehrheitsentscheidungen, sondern auch die Existenz von Minderheiten. Vor diesem Hintergrund erscheint die Befürchtung einer „Bedrohung" der objektiven (also von der Mehrheit getragenen) Werteordnung des Grundgesetzes in dem Fall, dass einzelne Grundrechtsträger für sich auf die Schutzwirkung bestimmter Grundrechte verzichten, nicht nachvollziehbar. Sollte die Zahl der solches praktizierenden Rechtssubjekte tatsächlich einen für das objektive Rechtsempfinden der Verfassung „bedrohlichen" Umfang annehmen, so würde sich ohnehin die Frage nach der verbleibenden Rechtfertigung einer solchen, dann offensichtlich am Volkswillen vorbeigehenden Werteordnung stellen.

Zum anderen ist zu berücksichtigen, dass zwei der „höchstrangigen" Grundrechte in Art. 1 und 2 GG normiert sind, nämlich die Menschenwürde und die allgemeine Handlungsfreiheit. Nach vorliegender Auffassung sind diese Begriffe, wenn auch nicht als synonym, so doch zumindest als dahingehend eng verwandt anzusehen, dass sich der Grundcharakter und mithin die Würde des Menschen gerade aus seiner Fähigkeit zu freiverantwortlicher Handlung herleitet und sich dadurch von anderen Erscheinungsformen abgrenzt[359]. Dies umschließt konsequenterweise auch die freie Entscheidung über seine Rechtsverhältnisse zu anderen und zum Staat und somit auch die Freiheit, eigenverantwortlich darüber zu entscheiden, ob er den Schutz spezieller Grundrechte für sich in Anspruch nehmen möchte oder nicht[360].

Demzufolge ist für den Bereich freiverantwortlichen Handelns des Grundrechtsträgers anzunehmen, dass dieser des Schutzes vor staatlichen Eingriffen durch das Institut des Gesetzesvorbehaltes jedenfalls insoweit nicht bedarf, als der Verzicht auf ebendiesen Schutz in seiner Willensbetätigung impliziert ist[361].

Doch ist zu berücksichtigen, dass auch in den Fällen einer autonomen Pflichtenübernahme durch den Bürger Beeinträchtigungen grundrechtlich geschützter Positionen denkbar sind.

Zunächst ergibt sich dies schon aus dem schlichten Umstand, dass durch die Willensbetätigung des Bürgers gegebenenfalls rechtliche Fakten geschaffen werden. Im Falle eines Sinneswandels des hiervon Betroffenen und dem daraus resultierenden Wunsch einer Veränderung der Lage mag eine solche aufgrund der Verbindlichkeit der getroffenen Regeln nunmehr ausgeschlossen sein, zumindest die allgemeine

---

[358] Alexy, Theorie der Grundrechte, S. 1985 spricht von „Prinzipien"
[359] So auch Malorny, JA 1974, S. 478 jedenfalls für den Fall des „Grundrechtsausübungsverzichts" im Einzelfall; ausführlich hierzu Luhmann, Grundrechte als Institution, 1965, S. 53 ff.
[360] Zu der Sonderproblematik in Fällen, in denen dies einzelnen Individuen aufgrund ihres intellektuellen Status nicht möglich ist, siehe Pieroth / Schlink, Staatsrecht II (Grundrechte), S. 81 § 7 Rz. 356
[361] Im Ergebnis für „*einzelne* Eingriffe in Freiheit und Eigentum" ebenso Maurer, Allgemeines Verwaltungsrecht, S. 388 § 14 Rz. 34

Handlungsfähigkeit wäre damit beschränkt[362]. Wenn sich der Bürger z. B. der Behörde gegenüber verpflichten würde, eine Gefahr im Sinne des Polizeirechts zu beseitigen, obwohl er aufgrund keiner gesetzlichen Norm dazu angehalten wäre, so wäre er an diese Verpflichtung gebunden, auch wenn er es sich anschließend „anders überlegen" würde. Nun lässt sich hiergegen einwenden, dass dies auch im Falle der Geltung des Gesetzesvorbehalts nicht anders wäre, auch dieser schützt nicht vor dem späteren Wunsch nach einer Änderung der Sach- und Rechtslage. Weiter ist die Schaffung solcher Bindungen gerade der Ausdruck der Privatautonomie; die klassische Kodifikation der Privatautonomie, das Zivilrecht, besteht zu großen Teilen aus nichts anderem als der Beschreibung der Bindungswirkung solch freiwilligen Verhaltens des Rechtssubjekts.

Vor allem aber können Grundrechtsbeeinträchtigungen trotz Grundrechtsverzichts deshalb nicht gänzlich ausgeschlossen werden, weil der Begriff der Freiwilligkeit keinesfalls so klar zu definieren ist, dass sich hieraus allgemeingültige Aussagen und Folgerungen herleiten ließen. Streng genommen sind völlig „freiwillige" Entscheidungen eines Menschen schlechthin nicht denkbar, da irgendwelche externen Determinanten regelmäßig für die Willensbildung eine Rolle spielen dürften. Ohne dieses Thema vorliegend vertiefen zu wollen, sind doch Fallgestaltungen denkbar, in welchen der Bürger vom Staat vor die Alternative gestellt wird, eine bestimmte Regelung vertraglich herbeizuführen oder sie quasi „als Verwaltungsakt über sich ergehen zu lassen". So könnte die Behörde dem Bürger „anbieten", den Abriss eines Gebäudes vertraglich zu regeln, und ihm gleichzeitig deutlich machen, dass, sollte er sich hierauf nicht einlassen, eine entsprechende Verfügung ergehen werde. Wählt der Bürger dann die vertragliche Variante, erscheint es kaum sachgerecht, dies unter Berufung auf die rechtlich „autonome" Gestaltungsvariante mittels der Versagung jeglichen Grundrechtsschutzes zu sanktionieren.

Das Risiko einer solchen Gestaltung liegt grundsätzlich darin begründet, dass der Staat gegenüber dem Bürger mit Autorität ausgestattet ist und regelmäßig neben der Form des vertraglichen Handelns auch diejenige einer imperativen Anordnung zur Verfügung hat. Der Bürger ist daher im öffentlichen Recht nicht „so autonom" oder „so frei", wie es seiner Situation entspricht, die den zivilrechtlichen Konstellationen des Privatrechts zugrunde liegt.[363]

Teilweise wird daraus hergeleitet, dass zumindest im öffentlichen Recht jedes, auch das privatautonome Verhalten des Bürgers, sofern es vom Staat auch nur „herbeigeführt" werde[364], auch dann einer ausdrücklichen gesetzlichen Grundlage bedürfe, wenn dieser Vorgang mit Zustimmung des Bürgers geschehe[365].

Es erscheint daher angebracht, zu differenzieren zwischen „echten" autonomen Rechtshandlungen des Bürgers, welche ohne Einwirkung seitens des Staates zu-

---

[362] Kluth / Neuhäuser (NVwZ 1996, S. 741) sprechen selbst davon, dass die mit der Erklärung übernommene Verpflichtung der Dispositionsbefugnis des Verpflichteten entzogen werden muss, führen dann aber kurz darauf aus, da der Betroffene hierin eingewilligt habe, sei seine „grundrechtlich geschützte Sphäre in keiner Phase tangiert"

[363] Im übrigen werden auch im Zivilrecht unterschiedliche „Machtverhältnisse" vom Gesetzgeber regelmäßig mit Schutzgesetzen zugunsten des „Schwächeren" sanktioniert, so z. B. der Kontrahierungszwang marktbeherrschender Unternehmen oder ganz allgemein die Regelungen des Kartellrechts.

[364] Erichsen / Martens, Allgemeines Verwaltungsrecht, § 26 Rz. 10

[365] Gusy, DVBl. 1983, S. 1222 (S. 1228)

stande kommen und solchen, bei denen eine solche Einflussnahme zumindest nicht auszuschließen ist. Zur ersteren Gruppe können fraglos die zwischen Privatrechtssubjekten abgeschlossenen Verträge gezählt werden, da hier das Risiko, dass diese unter dem „Damoklesschwert" eines ansonsten drohenden Verwaltungshandelns imperativer Natur zustande gekommen wären, zu vernachlässigen sein dürfte. Weiter unter diese Gruppe fallen dürften öffentlich-rechtliche Verträge des Bürgers mit dem Staat, welche auf eine Initiative des Bürgers hin zustande kommen, für die kein zwingendes oder auch nur naheliegendes Handlungsbedürfnis seitens des Staates existierte. Fälle, in denen das Handeln des Bürgers ersichtlich von der Motivation bestimmt war, einem ansonsten „drohenden" Verwaltungshandeln zu entgehen, dürften demnach nicht unter die Kategorie „freiwillig" oder „privatautonom" fallen.

Schon hier ist ersichtlich, dass eine solche Kategorisierung in abstrakter Form schwierig ist und die Übertragung auf den konkreten Fall, also eine Beurteilung, welcher Art und gegebenenfalls gar welchen Grades die Freiwilligkeit beim betroffenen Bürger tatsächlich gewesen sei, jedenfalls eine gründliche Prüfung jedes Einzelfalls nötig macht. Um sachwidrige Auswirkungen einer solchen Kategorisierung zu vermeiden, empfiehlt sich daher die Annahme eines Regel- / Ausnahmeverhältnisses.

Hier sind das vom Grundgesetz gerade durch den Gesetzesvorbehalt konstatierte Schutzbedürfnis des Bürgers und die ebenfalls grundgesetzlich normierte Privatautonomie in Form der generellen Handlungsfreiheit gegeneinander abzuwägen.

Hierbei ist zu beachten, dass bereits die Konstruktion einer „autonom herbeigeführten Pflichtennachfolge" eine Ambivalenz in sich birgt[366]: Wenn man sich vor Augen führt, dass eine uneingeschränkte Anwendung des Gesetzesvorbehaltes auch auf freiverantwortlich herbeigeführte Pflichtennachfolgen im Ergebnis zwar möglicherweise eine Ausweitung der Schutzfunktion des Gesetzesvorbehalts für den Bürger mit sich brächte, in jedem Falle aber eine erhebliche Einschränkung seiner Handlungsfreiheit bedeutete (ohne gesetzliche Grundlage wäre dem Bürger dann eine derartige Gestaltung seiner Rechtsverhältnisse schlicht untersagt), so kann dieses Regel- / Ausnahmeverhältnis nur zugunsten der Freiheit und zu Lasten der Beschränkung (die ja in diesem Fall eben nicht nur eine Beschränkung des Staates, sondern auch des Bürgers ist) angenommen werden[367].

Es bleibt damit festzuhalten, dass in den Fällen einer freiwilligen Pflichtübernahme das Prinzip des Gesetzesvorbehalts zumindest nicht in seiner vollen, vorstehend für den Fall der imperativen Pflichtenüberleitung angenommenen Schärfe eingreift[368].

Hiervon unberührt bleibt allerdings der Umstand, dass es Aufgabe des Gesetzgebers ist, die Formen, in denen eine solche Pflichtenübernahme stattfinden kann, durch entsprechende Normierung näher zu bestimmen und die Modalitäten eines solchen Übergangs zu regeln. Das entspricht einem Prinzip der geltenden Rechtsordnung, welches schon daran abzulesen ist, das der Gesetzgeber auch auf dem Gebiet des Zivilrechts, also des klassischen Betätigungsfeldes privatautonomer Entscheidungen

---

[366] Dietlein, Nachfolge im öffentlichen Recht, S. 204
[367] so auch Dietlein, Nachfolge im öffentlichen Recht, S. 204
[368] Zacharias, JA 2001, S. 726 hält die Anwendung des Grundsatzes des Gesetzesvorbehaltes in den Fällen autonomer Pflichtenübernahme für gänzlich überflüssig, schränkt dies aber für die Übernahme „komplexer Rechtsverhältnisse", die sowohl Rechte als auch Pflichten enthalten, dahingehend ein, dass es hier einer „wertenden Gesamtschau" bedürfe.

des Bürgers, diesen Entscheidungen nicht per se Gültigkeit lässt, sondern sie, wie oben unter III 1 b bb ausführlich dargelegt, in bestimmte, gesetzlich anerkannte Handlungsformen „kanalisiert", so z. B. durch die Enumeration bestimmter Vertragstypen im Schuldrecht, oder, wie bereits oben unter III 1 b bb angesprochen, durch den „numerus clausus" der Sachenrechte.

Es ist daher die privatautonome Übertragung öffentlichrechtlicher Einzelpositionen zwar ohne eine entsprechende ausdrückliche Ermächtigungsnorm zugunsten des Staates, nicht aber ohne eine Norm möglich, die eine solche Befugnis überhaupt anerkennt.

Eine solche Norm muss nach dem vorliegend durchgängig vertretenen strikten Prinzip der Trennung der Rechtsgebiete „Zivilrecht" und „öffentliches Recht" dem öffentlichen Recht angehören (womit freilich parallel zu den vorstehenden Ausführungen zur Gesamtrechtsnachfolge nicht ausgeschlossen ist, dass eine solche Norm außerhalb der „klassischen" öffentlichrechtlichen Kodifikationen zu finden ist).

Nach der Erkenntnis, dass an eine solche Norm nicht die gleichen strengen Anforderungen zu stellen sind, wie es im Rahmen des Geltungsbereichs des Vorbehalts des Gesetzes erforderlich wäre, kann zur Findung einer solchen Übergangsanordnung auch auf die anderen Rechtserkenntnisquellen zurückgegriffen werden; namentlich kommt auch eine Analogie zu anderen gesetzlichen Bestimmungen in Betracht.

aa) Analoge Anwendung der Spezialnormen

Als solche analog anzuwendenden Bestimmungen kommen hier zunächst die vorstehend unter III 1 e bb erwähnten, in den öffentlich-rechtlichen Sondermaterien ausdrücklich geregelten Übergangsnormen in Betracht[369], so z. B. die Überleitungsvorschriften bezüglich der Baugenehmigung, die auch auf die Abrissverfügung angewendet werden könnten, wie dies insbesondere von der weit überwiegenden Rechtsprechung mittlerweile angenommen wird[370].

Hintergrund dieser Argumentation ist, dass in den meisten Bauordnungen der Länder Überleitungsvorschriften des Inhalts vorhanden sind, die Geltung der Baugenehmigung erstrecke sich nicht nur auf den Genehmigungsempfänger, sondern auch auf seinen Rechtsnachfolger[371]. Dies solle in entsprechender Anwendung auch für die Baubeseitigungsanordnung gelten[372].

Dem ist zunächst entgegenzuhalten, dass die erstgenannte Regelung einen gebundenen, begünstigenden Verwaltungsakt betrifft[373], während es sich z. B. bei einer Abrissverfügung um einen in das Ermessen der Behörde gestellten, belastenden Verwaltungsakt handelt. Daher kommt eine Analogie aus gleich zwei Gründen nicht in Frage: Zum einen sind die Ausgangslagen nicht vergleichbar[374] und zum anderen

---

[369] Erichsen / Ehlers, Allgemeines Verwaltungsrecht, 12. Aufl., § 11 II 6 Rz. 51 halten dies zumindest für möglich; diese Ansicht wird in der 13. Aufl. (§ 17 II 5 Rz. 18) nicht mehr vertreten.
[370] OVG Saarlouis, BRS 22 Nr. 215 S. 305 ; Bad.-Württ. VGH, BRS 32 Nr. 180, S. 337; VGH Rh-Pf., BRS 1983, S. 506
[371] Z. B. § 58 Abs. 2 LBO BW, Art. 60 Abs. 2 S. 3 BayBO, § 75 Abs. 2 BO NW, § 70 Abs. 2 SächsBO
[372] Ortloff, JuS 1981, S. 577; VGH BW BRS 1977, S. 337
[373] Schoch, JuS 1994, S. 1031
[374] Schoch, Jus 1994, S. 1031; das OVG Hamburg (BauR 1997, S. 104) nimmt eine solche Wesensverschiedenheit zur Baugenehmigung immerhin bei Nutzungsregelungen an und lehnt daher insoweit

kann ein Rechtssatz aus der Leistungsverwaltung nicht für die Eingriffsverwaltung analog herangezogen werden[375]; dies würde – auch im Sinne der Vorausführungen – jedenfalls einen eklatanten Verstoß gegen den Gesetzesvorbehalt darstellen[376].

Hiergegen wird eingewendet, die Bauordnungen ließen regelmäßig die Baugenehmigung „für und *gegen*" einen Rechtsnachfolger wirken[377]. Die naheliegende Frage, inwiefern ein begünstigender Verwaltungsakt auch *gegen* einen Rechtsnachfolger wirken könne, wird von den Vertretern dieser Auffassung regelmäßig dahingehend beantwortet, dass eine Baugenehmigung auch belastende Auflagen enthalten könne[378]. Damit sei klargestellt, dass eine Rechtsnachfolge nicht nur in Rechte, sondern auch in Pflichten ausdrücklich vom Gesetzgeber anerkannt werde[379]. Weiter wird argumentiert, eine Baugenehmigung könne als belastende Auflage auch die Verpflichtung zum Abbruch eines bereits vorhandenen Gebäudes enthalten. Da der Rechtsnachfolger dieses („legal" bauenden) Bauherren durch die ausdrückliche Normierung an diese Auflage gebunden sei, sei nicht einsichtig, wieso der Rechtsnachfolger eines Bauherrn, der ohne Genehmigung und daher illegal gebaut habe, eine dem ursprünglichen Bauherrn gegenüber erlassene Abrissverfügung nicht gegen sich gelten lassen müsse[380].

Hiergegen lässt sich indes anführen, dass die Genehmigung zur Errichtung eines Bauwerkes unter der Auflage, bei Gebrauchmachen von dieser Genehmigung müsse ein anderes Gebäude entfernt werden, wesentliche Unterschiede zu der schlichten Anordnung aufweist, ein bereits vorhandenes Bauwerk abzureißen[381]. Zunächst ist eine Baugenehmigung unter Auflage regelmäßig eine präventive Maßnahme, welche einen zukünftigen, erst drohenden Rechtsverstoß verhindern will, wohingegen die (unbedingte) Abrissverfügung eine repressive Anordnung zur Beseitigung eines bereits eingetretenen Verstoßes darstellt. Vor allem aber steht es im ersteren Fall im Belieben des Genehmigungsempfängers, von dieser Genehmigung Gebrauch zu machen und damit auch die belastende Auflage zu akzeptieren oder aber eben nicht[382], während der Adressat einer Beseitigungsanordnung ohne eigene Wahlmöglichkeit und lediglich aufgrund des von der Behörde imperativ erlassenen Verwaltungsaktes einem Eingriff in seine Rechtsgüter ausgesetzt ist[383].

Zu berücksichtigen ist hier zudem, dass vorliegend nicht lediglich, wie in den von den Gerichten entschiedenen Fällen, eine analoge Ausweitung der Vorschriften über die Baugenehmigung auf die Abrissverfügung zu begründen ist, sondern die Herleitung einer allgemeinen, öffentlich-rechtlichen Rechtsnachfolgeanordnung in Frage steht. Die von den Gerichten herangezogene Argumentation, bei der Baugenehmigung

---

eine Analogie ab, bei der Beseitigungsanordnung sieht es demgegenüber die unterschiedliche Ausgangslage nicht.

375 Dietlein, Nachfolge im öffentlichen Recht, S. 268; Stober, NJW 1977, S. 123; Schenke, GewArch. 1976, S. 5

376 So für den Fall der Einzelrechtsnachfolge auch HessVGH, NJW 1976, S. 1910

377 VGH BW, BRS 1977, S. 337; Ortloff, JuS 1981, S. 577

378 OVG Saarland, BRS 22, Nr. 215 S. 306; Ortloff, JuS 1981, S. 577

379 OVG Saarland, BRS 22, Nr. 215, S. 306

380 VGH BW, BRS 1977, Nr. 180, S. 337

381 So auch VGH Kassel, NJW 1976, S. 1910

382 Schenke, GewArch. 1976, S. 5

383 Der VGH BW BRS 1977, Nr. 180, S. 337, erkennt diese Unterschiede auch, erklärt sie dann aber mit dem Argument für unbeachtlich, es handele sich in beiden Fällen um eine vertretbare Handlung, die auch von einem Dritten erfüllt werden könnte. Inwieweit dies eine Entkräftung der vorstehenden Argumentation sein soll, erschließt sich allerdings nicht.

handele es sich um den „zentralen Verwaltungsakt des Baurechts“, so dass nicht begründbar wäre, warum die darin enthaltenen Rechtsgedanken nicht auch für die „weniger bedeutenden Verwaltungsakte“ gelten sollten, vermag wegen der vorstehend dargelegten Wesensverschiedenheit der beiden Rechtsinstitute schon für das Gebiet des Baurechts selbst nicht zu überzeugen[384].

Die Heranziehung solcher Spezialvorschriften im Wege einer Analogie zur Schaffung eines allgemeinen Grundsatzes der Rechtsnachfolge im öffentlichen Recht scheidet demnach erst recht aus[385]; ein Analogieschluss ist vielmehr nur in entgegengesetzter Richtung möglich.

bb) Analoge Anwendung verfahrensrechtlicher Vorschriften

Vielfach wird vertreten, aus einer entsprechenden Anwendung der verfahrensrechtlichen Bestimmungen des § 121 VwGO einerseits und/oder des § 325 ZPO andererseits lasse sich eine Einzelrechtsnachfolge in öffentlich-rechtliche Positionen herleiten[386].

Beide Vorschriften ordnen eine Rechtskrafterstreckung von Urteilen auf den jeweiligen Rechtsnachfolger einer Prozesspartei an.

So wird argumentiert, es sei nicht einsichtig, dass ein Bürger zwar an ein rechtskräftiges verwaltungsrechtliches Urteil, welches gegenüber seinem Rechtsvorgänger ergangen ist, gebunden sei, nicht aber an einen Verwaltungsakt, der möglicherweise schon deshalb rechtskräftig geworden sei, weil der Bürger diesen als rechtmäßig hingenommen habe[387].

Auch diese Ansicht geht indes in doppelter Hinsicht fehl: Erstens setzen die genannten verfahrensrechtlichen Vorschriften eine Rechtsnachfolge voraus und begründen diese nicht selbständig[388].

Dies ergibt sich bereits aus ihrem Wortlaut. In § 325 ZPO ist es besonders deutlich formuliert: „Das rechtskräftige Urteil wirkt für und gegen die Parteien und die Personen, die nach dem Eintritt der Rechtshängigkeit Rechtsnachfolger der Parteien geworden sind.“ Hier lässt die sprachliche Fassung des Gesetzes keinen Zweifel daran aufkommen, dass die Vorschrift nicht selbst eine Rechtsnachfolge anordnen will, sondern auf einen außerhalb der Norm liegenden Rechtsnachfolgetatbestand verweist. Im Ergebnis gilt dies ebenso für § 121 VwGO, auch wenn dessen Formulierung nicht dieselbe Deutlichkeit aufweist.

Diese Vorschriften könnten daher lediglich etwas über die Bindung des Bürgers an ein bestimmtes Verfahrensstadium, aber nichts über den Übergang einer materiellen Pflicht aussagen, eine solche ist daher auch im Wege einer analogen Anwendung nicht begründbar. Anders ausgedrückt: Die prozessuale Bindung an eine bestehende Entscheidung stellt keine Änderung der materiellen Rechtslage dar[389].

---

[384] So dezidiert auch Stober, NJW 1977, S. 124
[385] Peine, DVBl. 1980, S. 946
[386] Schnapp / Henckenötter, NWVBl. 1997, S. 482
[387] Stadie, DVBl. 1990, S. 508
[388] Schenke, Polizei- und Ordnungsrecht, § 4 VII Rz. 295; Dietlein, Nachfolge im öffentlichen Recht, S. 275
[389] Bargou, VBl. BW 1981, S. 193; geradezu den umgekehrten Weg geht das OVG Lüneburg (NJW 1980, S. 78), wenn es ausführt, dass wegen der personengebundenen Elemente im Ermessensbe-

Zweitens ist der vorgestellte Erst - recht - Schluss keinesfalls zwingend: Ein verwaltungsgerichtliches Urteil weist einen erheblich stärkeren Grad an Objektivität und – zumindest regelmäßig – Verlässlichkeit der Rechtsanwendung auf als ein behördlicher Verwaltungsakt. Daher kann es durchaus gerechtfertigt sein, einem Urteil eine stärkere Bindungswirkung zuzusprechen[390]. Auch wegen dieser unterschiedlichen Voraussetzungen verbietet sich daher eine Analogie[391].

cc) Analoge Anwendung zivilrechtlicher Normen

Schließlich kommt auch hier die analoge Anwendung von Übergangstatbeständen aus dem Zivilrecht in Betracht. Schwerpunktmäßig wird in der hierzu geführten Diskussion § 398 BGB herangezogen, wobei zu konstatieren ist, dass im Rahmen der entsprechenden Auseinandersetzung regelmäßig nicht hinlänglich nach den eigentlichen Objekten der Einzelrechtsnachfolge, nämlich den aufgrund der jeweiligen Anordnung tatsächlich übergehenden Rechten und Pflichten, differenziert wird.

Die verbreitet vertretene Auffassung, die Übertragung öffentlich-rechtlicher *Berechtigungen* sei analog § 398 BGB möglich, sofern diese übergangsfähig seien[392], insbesondere, da in diesem Falle der Gesetzesvorbehalt aufgrund der fehlenden Belastung des Grundrechtsträgers nicht[393] oder nicht in voller Schärfe[394] eingreife, braucht im Rahmen der vorliegenden Arbeit nicht diskutiert zu werden, da es vorliegend ausschließlich um die mögliche Rechtsnachfolge in belastende Rechtspositionen des Bürgers geht.

Die verbreitete, vorstehend angesprochene mangelhafte Differenzierung zwischen den Objekten der Rechtsnachfolge manifestiert sich häufig in Aussagen des Inhaltes, dass die jeweilige öffentlich-rechtliche Pflicht nicht der Disposition der Parteien unterliege. Darum geht es jedoch in den meisten Fällen nicht. Der Umstand, dass zumindest bei der autonomen Einzelrechtsnachfolge im Zivilrecht das Objekt der Nachfolge (das Recht) grundsätzlich der Disposition der Parteien unterliegt, mag zu einer solchen begrifflichen Verwirrung verleiten.

In den meisten im Rahmen dieser Problematik diskutierten Fällen stellt sich indes nicht die (häufig aber als maßgeblich angesehene) Frage, ob die öffentlich-rechtliche Pflicht wirksam von einer Person auf eine andere übertragen werden könne, sondern ob die öffentlich-rechtliche Position bei der Einzelrechtsnachfolge an einem (meist zivilrechtlichen) Objekt mit übergehe, diese also „begleite".

Diese Frage zu stellen, bedeutet aber nicht die Diskussion einer (direkten oder analogen) Anwendung der zivilrechtlichen Vorschriften über eine autonome Einzel-

---

reich der Abbruchverfügung eine Bindung des Rechtsnachfolgers an eine bezüglich dieser Verfügung ergangene Gerichtsentscheidung gem. § 121 VwGO ausscheidet, damit „aber noch nichts über die [materiellrechtliche] Wirkung der Beseitigungsanordnung gegenüber dem Rechtsnachfolger gesagt ist"

390 Dietlein, Nachfolge im öffentlichen Recht, S. 275; Schenke, GewArch. 1976, S. 3

391 Im Ergebnis ebenso Schenke, Polizei- und Ordnungsrecht, § 4 VII Rz. 295; so auch Gallwas / Mößle, Bayerisches Polizei- und Sicherheitsrecht, S. 146 Rz. 536 f., die nach dieser Feststellung dann aber annehmen, gegen den zivilrechtlichen Rechtsnachfolger reiche eine für sofort vollziehbar erklärte Duldungsanordnung statt eines vollständig neuen Verwaltungsaktes aus. Dies erscheint nicht nachvollziehbar.

392 VGH Mannheim, NJW 1981, S. 1003; BFH NJW 1993, S. 2264

393 Erichsen / Ehlers, Allgemeines Verwaltungsrecht, 12. Aufl., § 11 II 7 Rz. 51

394 Rumpf, VerwArch. Bd. 78 (1987) S. 285; Dietlein, Nachfolge im öffentlichen Recht, S. 210; Riedl, Rechts- und Pflichtennachfolge, S. 379

rechtsnachfolge auf das öffentlichen Recht, da sich der Parteiwille in der Regel nicht auf den Übergang dieser jeweiligen öffentlich-rechtlichen Positionen dezidiert erstrecken dürfte.

Deutlich wird dies z. B. bei den standardmäßig diskutierten Fällen aus dem Baurecht: Hier wird regelmäßiger Inhalt der Übertragungsverträge zwischen den Parteien sein, dass – entsprechend ihrem Willen – das Eigentum am Objekt (Grundstück bzw. damit verbundenes Gebäude) auf den Erwerber übergehe. Der Übergang einer belastenden öffentlich-rechtlichen Position (z. B. einer Abrissverfügung) wird kaum je finaler Inhalt des geschlossenen Vertrages sein[395]. In der Diskussion um diese Frage wird dies meistens vernachlässigt. Eigentlicher (wenn auch explizit so gut wie nie geäußerter) Inhalt der diesbezüglichen Fragestellung ist, ob einem solchen autonomen (rein zivilrechtlichen) Rechtserwerb ein Übergang der Abrissverfügung „folge". Dies dürfte in praktisch allen Fällen einer als solcher diskutierten „autonomen Pflichtennachfolge" das Problem sein.

Eine solche Folge kann indes wiederum nur aufgrund einer ausdrücklichen dahingehenden gesetzlichen Regelung eintreten, so dass sich die Frage stellt, ob es sich bei einer solcher Regelung lediglich um eine die näheren Modalitäten des Übertragungsvorgangs regelnde „Begleiterscheinung" handele, zu deren Schaffung der Gesetzgeber nach den obigen Ausführungen nicht nur befugt, sondern sogar berufen ist, oder aber ob dieser Norm nicht vielmehr – ähnlich der Anordnung der Erbfolge – die Qualität einer imperativen Begründung einer belastenden Position für den Bürger zukomme, die dann nach den oben getroffenen Feststellungen wieder dem Vorbehalt des Gesetzes unterfiele, was insbesondere das Verbot einer analogen Herleitung zur Folge hätte.

Kein Problem dürfte diese Distinktion für die Vertreter der „Dinglichkeit" des jeweils belastenden Verwaltungsaktes darstellen, da die belastende Position nach ihrer Auffassung ohnehin lediglich ein Teil des übertragenen Rechtes, also untrennbar mit ihm verbunden ist oder in der bildhaftigsten Formulierung quasi als „öffentliche Last" an dem übertragenen Recht haftet[396] und daher zwangsläufig, insbesondere ohne eine eigene dies anordnende Norm, auf den Erwerber übergeht[397]. Da dieser infolgedessen von vorneherein nur ein derart „belastetes" Recht erwirbt[398], stellt sich die Frage nach der Legitimation eines Grundrechtseingriffs für die Vertreter dieser Auffassung konsequenterweise überhaupt nicht („wo nichts ist, kann auch nichts weggenommen werden").

Für alle anderen stellt sich indes auch hier die Problematik, dass ohne Existenz einer anzuerkennenden Übergangsnorm der – zivilrechtliche – Rechtsnachfolger (zumindest zunächst) z. B. ein „unbelastetes" Eigentum erwirbt, in dessen rechtlichen Gehalt dann durch die Anordnung eines Übergangs der das Eigentum belastenden Rechtsposition wieder eingegriffen wird.

---

[395] Muckel, Klausurenkurs zum besonderen Verwaltungsrecht, S. 156 Fall 18d; siehe aber VGH Mannheim, NJW 1981, S. 1004: Die öffentlich-rechtliche Position werde „zumindest konkludent" übertragen.
[396] Bay VGH BayVBl. 1983, S. 22; hiergegen schon Drews / Wacke, Allgemeines Polizeirecht, S. 210
[397] VGH Mannheim, NJW 1981, S. 1003; Wolff / Bachof / Stober, Verwaltungsrecht Bd. 1, § 42 VIII 3 Rz. 59 kritisieren folgerichtig, dass mit einer solchen Begründung nicht auf das Vorliegen eines Übergangstatbestandes verzichtet werden darf; ebenso Erichsen / Ehlers, Allgemeines Verwaltungsrecht, 13. Aufl. § 17 II 5 Rz. 18
[398] Bay VGH, BayVBl. 1981, S. 372; Bay VGH, BayVBl. 1983, S. 21; VGH Rh-Pf., BRS 1983, S. 507

In diesem Zusammenhang kann daher nicht davon gesprochen werden, der Grundrechtsträger habe auf den Grundrechtsschutz durch autonome Entscheidung verzichtet, denn der Grundrechtsträger möchte grundsätzlich ja nur die „unbelastete" Rechtsposition, nicht aber die damit gegebenenfalls verbundenen öffentlich-rechtlichen Pflichten erwerben. Das vom Grundrechtsträger getätigte Rechtsgeschäft zielt beispielsweise auf den Erwerb des Eigentums (am Haus, am Automobil), nicht aber auf den Eintritt in die belastende öffentlich-rechtliche Pflichtenposition[399]. Eine andere Frage ist, ob bei Kenntnis des Bestehens einer solchen Pflicht der Erwerber diese Pflicht gegebenenfalls als unvermeidbar mit dem Erwerb des Rechts verbunden hinnimmt. Unabhängig davon, dass eine solche Annahme ohnehin in den Fällen fraglich wäre, wo eine Pflichtenkonkretisierung durch einen hoheitlichen Akt noch nicht erfolgt ist, zielt eine solche Überlegung rechtsdogmatisch zunächst allenfalls auf die Begründung eines entsprechenden ungeschriebenen Rechtssatzes, einer Rechtsquelle, die zur Begründung einer belastenden Pflichtennachfolge bereits oben als ebenfalls untauglich eingestuft worden ist[400].

Vor diesem Hintergrund ist für die Fälle, in denen der Übergang der rechtlichen Belastung als Folge einer vom Bürger privatautonom vorgenommenen Verfügung (regelmäßig eines Rechtserwerbs) eintritt, stets zu fordern, dass auch die diesen Übergang anordnende Norm die Kriterien des Gesetzesvorbehalts erfüllt, es sich also um die ausdrückliche Anordnung einer Einzelpflichtnachfolge auf dem Gebiet des öffentlichen Rechts handelt. Die analoge Herleitung einer solchen Norm aus dem Zivilrecht scheidet daher ebenfalls aus.

Die vorstehende Argumentation erfasst naturgemäß nicht diejenigen Fälle, in welchen der Übergang der belastenden öffentlich-rechtlichen Position finaler und gewollter Inhalt des privatautonom getätigten Rechtsgeschäfts zwischen den Privatrechtssubjekten ist. In diesem („echten") Fall einer gewillkürten Einzelrechtsnachfolge greifen die oben unter b herausgearbeiteten Grundsätze. Hier bedarf es gegenüber dem Bürger, der bewusst und absichtlich eine belastende Position übernimmt und damit, wenn er auch nicht auf seinen Grundrechtsschutz verzichtet, diesen zumindest einschränkt, keiner strikten Anwendung des Gesetzesvorbehalts. Folglich kann hier eine analoge Anwendung der zivilrechtlichen Vorschriften in Betracht gezogen werden.

Sofern als eine solche Vorschrift überwiegend § 398 BGB herangezogen wird, ist hier noch einmal hervorzuheben, dass nicht die Frage zu untersuchen ist, ob mit einer zivilrechtlichen Rechtsübertragung eine öffentlich-rechtliche Pflichtenposition „gemeinsam" übergehen solle.

Hierauf könnten die §§ 398 ff. BGB schon deshalb keine Antwort geben, da sie für diesen Fall nicht konzipiert sind: Nirgendwo wird dort angeordnet, dass zugleich mit dem übertragenen Recht auch irgendwelche Belastungen übergehen sollten[401]. Dies

399 Im Ergebnis ebenso Muckel, Klausurenkurs im besonderen Verwaltungsrecht, S. 156 Fall 18d

400 Eine andere Frage ist, ob eine solche Kenntnis im Rahmen gegebenenfalls analog anzuwendender Vorschriften, die eine Überleitung anordnen oder ermöglichen, eine Rolle spielt. Hierauf wird weiter unten einzugehen sein.

401 Hierauf weist Muckel, Klausurenkurs im besonderen Verwaltungsrecht, S. 156 Fall 18d auch für die §§ 925, 873 BGB hin; allenfalls könnte § 404 BGB in diese Richtung interpretiert werden, wonach der Schuldner seine dem alten Gläubiger gegenüber bestehenden Einwendungen auch dem neuen Gläubiger entgegenhalten kann. Den „automatischen" Übergang der mit einer Baugenehmigung „verbundenen Pflichten" nimmt aber VGH Mannheim, NJW 1981, S. 1003, an, da die Bauordnung eine „Aufspaltung" nicht zulasse.

ergibt sich auch bereits logischerweise daraus, dass § 398 BGB eben nur die Abtretung einer Forderung, also eines einseitig berechtigenden Rechtsverhältnisses regelt[402].

Sofern demnach vertreten wird, eine Übertragung von öffentlich-rechtlichen Pflichtenpositionen nach § 398 BGB (direkt oder analog) sei ausgeschlossen, da öffentlich-rechtliche Pflichtenpositionen nicht der Dispositionsbefugnis des Betroffenen unterlägen[403], ist dies zwar *im Ergebnis* zutreffend, nur bedarf es nicht der gegebenen Begründung: Auch im Zivilrecht werden nach § 398 BGB keine Pflichtenpositionen übertragen[404].

Es ist somit eine Übergangsnorm für den Fall zu finden, dass ein Grundrechtsträger final und singulär aufgrund eines Rechtsgeschäftes in die Pflichtenstellung eines anderen einrückt.

Nähme man als Beispiel für eine solche – echte – Einzelrechts- (besser auch hier: Einzelpflichten-) nachfolge einen Übertragungsvertrag an, so könnte sich dieser beispielsweise darauf beziehen, dass jemand die durch eine Zwangsgeldfestsetzung begründete Pflichtenposition eines anderen übernähme oder die Pflicht, einen bestimmten störenden Gegenstand von einer bestimmten Stelle zu entfernen oder zu beseitigen oder Zahlschuldner eines festgesetzten Erschließungsbeitrages zu werden oder aber Pflichtiger einer Ausweisung zu werden etc.

Unabhängig von der noch zu erörternden Problematik, dass einige dieser denkbaren Rechtsnachfolgen schon an der fehlenden Übergangsfähigkeit der hier übernommenen Pflichten scheitern müssten, stellt sich zunächst auch hier die Frage nach einer einschlägigen Übergangsnorm.

Das Institut der Pflichtenübertragung ist im BGB, wie oben unter 1 d bb ccc dargestellt, dasjenige der Schuldübernahme gem. den §§ 414, 415 BGB. Eine solche kann indes auch dort nicht privatautonom zwischen altem und neuem Schuldner erfolgen, sondern setzt einen Vertrag mit dem Gläubiger, also dem aus dem Anspruch Berechtigten, voraus[405]. Hier wird schon per Gesetz von der fehlenden „Dispositionsbefugnis" des Schuldners über seine Pflichtenstellung ausgegangen[406]. Als Begründung wird regelmäßig angeführt, die Bonität eines Schuldners stelle ein wesentliches Merkmal dar, welches für den Gläubiger so entscheidend sei, dass ihm dieser Schuldner nicht ohne seinen Willen entzogen werden dürfe[407]. Auch wenn dieses Merkmal der Bonität im Bereich der öffentlich-rechtlichen (speziell polizeirechtlichen Pflichten) sicherlich nur eine untergeordnete Rolle spielen wird, so weist auch diese

---

[402] Eine andere Frage ist es, welchen Vorbehalten ein Wechsel des Hoheitsträgers auf der „Anspruchseite" der Polizeipflicht zu unterwerfen wäre, der sich dann gegebenenfalls tatsächlich nach den §§ 398 ff. BGB, eventuell in analoger Anwendung, beurteilen ließe. Diese unter anderem von Zacharias (JA 2001, S. 726) aufgeworfene Frage soll hier indes mangels erkennbarer Praxisrelevanz nicht weiter vertieft werden.

[403] Papier, DVBl. 1996, S. 126; Peine, JuS 1997, S. 986 ; Rau, Jura 2000, S. 38 ; Oldiges, JA 1978, S. 541

[404] So im Ergebnis auch Ossenbühl, Zur Haftung des Gesamtrechtsnachfolgers für Altlasten, S. 35 dort Fn. 86

[405] Ein entsprechender Hinweis findet sich bereits bei Ossenbühl, NJW 1968, S. 1992 (S. 1994), der damit das gegen die Möglichkeit einer Einzelrechtsnachfolge regelmäßig ins Feld geführte Argument von der fehlenden „Disponibilität" öffentlich-rechtlicher Pflichten als im Rahmen der Diskussion um den Begriff der „Höchstpersönlichkeit" fehlplaziert einordnet.

[406] Auch Ihmels, DVBl. 1972, S. 482, weist auf diese Parallele hin

[407] Grüneberg in: Palandt, BGB, vor § 414 Rz. 1

Argumentation auf den Umstand hin, dass es im konkreten Rechtsverhältnis entscheidend auf persönliche Eigenschaften des Pflichtigen ankommen kann, ein Gedanke, dem im öffentlichen Recht gerade vor dem Hintergrund der ursprünglich überwiegend angenommenen Höchstpersönlichkeit öffentlich-rechtlicher Verpflichtungen eine erhebliche Bedeutung beizumessen ist.

Es ist daher zu prüfen, ob eine autonome Pflichtennachfolge unter analoger Heranziehung der §§ 414, 415 BGB begründet werden kann[408].

Hierbei ist zu berücksichtigen, dass die §§ 414 und 415 BGB hierfür zwei verschiedene Möglichkeiten bereitstellen.

aaa) Schuldübernahme gem. § 414 BGB

Die analoge Anwendung des Instituts der Schuldübernahme erfordert es zunächst, dass die tatbestandlichen Voraussetzungen dieses Instituts – insbesondere die Begrifflichkeiten – unter Beachtung der besonderen Gegebenheiten des öffentlichen Rechts gewertet und gegebenenfalls angepasst werden.

Die im Zivilrecht gängigen Bezeichnungen „Gläubiger“ und „Schuldner“ sind daher im Rahmen der analogen Anwendung zu modifizieren. Als „Gläubiger“ ist hierbei regelmäßig derjenige anzusehen, der von der anderen Partei ein Tun oder Unterlassen verlangen kann. Im Falle der vorliegend zu untersuchenden polizeirechtlichen Pflichten kommt daher der öffentlichen Hand diese Gläubigerstellung zu. Schuldner ist demgegenüber der aus dem Rechtsverhältnis Verpflichtete und somit im vorliegenden Fall der polizeipflichtige Bürger. Diese Diktion soll im Folgenden beibehalten werden.

§ 414 BGB setzt in diesem Sinne zunächst einen Vertrag zwischen der Behörde und dem Dritten voraus, der in die Stellung des Pflichtigen einrücken will. Es handelt sich hierbei um einen öffentlichrechtlichen Vertrag gem. den §§ 54 ff. VwVfG, da eine Partei des Vertrages ein Hoheitsträger ist[409].

In diesem Vertrag müsste sich der Dritte gegenüber der Behörde verpflichten, die öffentlich-rechtliche Pflicht des bisherigen Pflichtigen als eigene zu übernehmen[410].

Einer Mitwirkung des bisherigen Pflichtigen bedarf es jedenfalls im Zivilrecht nicht[411]. Ob diese Konstruktion allerdings auf dem Gebiet des öffentlichen Rechts entsprechende Anwendung finden kann, erscheint äußerst fraglich.

Als Beispiel mag auch hier die baurechtliche Abrissverfügung dienen. Könnte diese Pflichtigkeit durch einen Vertrag zwischen Behörde und einem Dritten dem ursprünglichen „Schuldner“ (insbesondere dem zustandsverantwortlichen Eigentümer des Bauwerkes) quasi „entzogen“ werden, so könnte die Behörde auf diese Weise dafür

---

408 Muckel, Klausurenkurs im besonderen Verwaltungsrecht, S. 158 halten dies zumindest für „erwägenswert“

409 § 54 S. 2 VwVfG bestimmt zwar, dass die Behörde die Handlungsform des Vertrages wählen kann, anstatt einen entsprechenden Verwaltungsakt zu erlassen, einen solchen „überleitenden“ Verwaltungsakt dürfte die Behörde wegen des Gesetzesvorbehalts mangels Zustimmung des Bürgers hier gerade nicht erlassen, doch ist durch das Wort „insbesondere“ klar gestellt, dass Satz 2 nicht verbieten will, auch Verträge mit weiterreichendem Inhalt zu schließen.

410 Im Gegensatz zum bloßen Schuldbeitritt, bei welchem auch der bisherige „Schuldner“ pflichtig bliebe, siehe zur Abgrenzung Grüneberg in: Palandt, BGB, vor § 414 Rz. 2

411 Grüneberg in: Palandt, BGB, § 414 Rz. 1

Sorge tragen, dass ein Bürger, der dieser Verpflichtung nicht Folge leisten und statt dessen gegen die entsprechende Verfügung Rechtsschutzmaßnahmen ergreifen will, dieser Möglichkeit dadurch verlustig geht, dass die Behörde durch Vertrag einen Dritten an seine Stelle einrücken lässt, der solche Rechtsschutzinteressen nicht hegt und der Abrissverfügung ohne weiteres nachkommen würde[412]. In einem solchen Falle hilft auch die Bestimmung des § 417 BGB nicht weiter, nach welcher der neue Schuldner dem Gläubiger die Einwendungen, die dem alten Schuldner zustanden, entgegenhalten kann (insbesondere also Einwendungen gegen die Rechtmäßigkeit der Abrissverfügung), da dies nur eine Befugnis des neuen Schuldners darstellt, von der er nach seiner Wahl Gebrauch machen kann oder nicht.

Da auf diese Weise grundrechtlich geschützte Rechtsgüter des bisherigen Pflichtigen beeinträchtigt werden können[413], ohne dass dieser dem in irgendeiner Form zugestimmt hätte, scheidet eine solche Gestaltung der Rechtsverhältnisse aus[414].

Ob hieraus ein generelles Verbot der analogen Anwendung des § 414 BGB herzuleiten oder aber lediglich zu verlangen ist, dass der bisherige Schuldner an der Übertragung der Pflichtigkeit zu beteiligen sei, kann dahingestellt bleiben, da sich die Schuldübernahme unter Beteiligung des bisherigen Schuldners ohnehin nach § 415 BGB richtet.

§ 414 BGB findet demnach auf dem Gebiet des öffentlichen Rechts keine Anwendung.

bbb) Schuldübernahme gem. § 415 BGB

Eine Schuldübernahme gem. § 415 BGB geschieht unter Mitwirkung sämtlicher Beteiligter. Das gesetzliche Bild sieht vor, dass ein Schuldübernahmevertrag zwischen dem alten und dem neuen Schuldner geschlossen wird, der zu seiner Wirksamkeit der Zustimmung des Gläubigers bedarf. Dem hat die zivilrechtliche Dogmatik den Fall gleichgestellt, dass der Vertrag zwischen Gläubiger und bisherigem Schuldner geschlossen wird und der Übernehmer seine Zustimmung erklärt[415]. Ebenfalls möglich ist aufgrund der gem. § 311 BGB bestehenden Vertragsfreiheit ein direkter Vertragsschluss zwischen allen drei Beteiligten.

Gemeinsames Erfordernis in allen drei Varianten ist die Beteiligung oder Zustimmung der als „Gläubiger“ anzusehenden Behörde, also derjenigen Behörde, welche die Erfüllung der jeweiligen Pflicht vom Pflichtigen verlangen kann. Fraglich ist daher, in welcher Form diese Beteiligung oder Zustimmung erfolgen kann oder muss.

---

[412] Die gleiche Problematik bestünde im Falle der Anordnung, ein störendes Kfz von seinem Standort zu entfernen, ein krankes Tier einschläfern zu lassen etc.

[413] Riedl, Rechts- und Pflichtennachfolge (Die Rechts- und Pflichtennachfolge im Verwaltungsrecht, S. 109) sieht bereits in dem durch § 414 begründeten „Wegerwerb“ der Pflicht einen Eingriff in die „Übertragungsbefugnis“ und daher in die durch Art. 2 I geschützte allgemeine Handlungsfreiheit des Schuldners, will allerdings als Folge nicht die analoge Anwendbarkeit des § 414 BGB ausschließen, sondern lediglich entgegen der zivilrechtlichen Dogmatik § 333 auf diese Fälle anwenden, wonach der durch die Verfügung „Begünstigte“ den Rechtserwerb (hier also: den Pflichtverlust) durch empfangsbedürftige Willenserklärung zurückweisen kann, im Ergebnis ebenso Otto, Die Nachfolge in öffentlichrechtliche Positionen des Bürgers, S. 52.

[414] Dies ergäbe sich im übrigen auch bereits aus einer Anwendung des § 58 VwVfG, wonach Verträge, die in Rechte eines Dritten eingreifen, erst mit dessen Zustimmung wirksam werden.

[415] Grüneberg in: Palandt, BGB, § 415 Rz. 1

Im Falle der direkten Beteiligung der Behörde am Vertrag ist dies unproblematisch. Es handelt sich auch in diesem Fall um einen öffentlich-rechtlichen Vertrag i. S. d. § 54 ff. VwVfG. Die Behörde wird daher im zweiten Fall einen Vertrag des Inhalts mit dem jeweiligen Träger der öffentlich-rechtlichen Pflicht schließen, dass die Pflichtigkeit zukünftig einem anderen Rechtssubjekt zugeordnet sein solle. Da der ursprüngliche Pflichtenträger hier freiverantwortlich handelt und auch der neue Pflichtige diesem Vertrag zustimmen muss, ergeben sich in diesem Falle ebensowenig rechtsdogmatische Bedenken wie in der dritten Variante, wo sämtliche Beteiligten an dem Vertragsschluss beteiligt sind[416]. Die praktische Relevanz einer solchen Konstruktion dürfte indes nicht allzu hoch sein.

Anders dürfte dies in dem Falle liegen, in welchem der Vertrag zwischen bisherigem Pflichtigen und dem potentiellen Rechtsnachfolger geschlossen wird und die Behörde dem zustimmen muss.

Solange der Übergang der Pflichtigkeit finaler Inhalt des zwischen den Parteien geschlossenen Vertrages ist und die Zustimmung der Behörde ausdrücklich erfolgt, bestehen auch hier keine konstruktiven Bedenken[417].

Fraglich ist indes, ob diese Konstruktion auch in den praktisch am häufigsten vorkommenden Fällen Anwendung finden kann, wo Gegenstand der vertraglichen Einigung zwischen den Parteien beispielsweise der Übergang einer zivilrechtlichen Eigentumsposition ist und die Behörde durch Inanspruchnahme des zivilrechtlichen Rechtsnachfolgers erkennen lässt, dass sie einen Übergang der damit verbundenen Polizeipflicht auf den neuen Eigentümer annimmt, worin eine – zumindest konkludente – Genehmigung des Überganges gesehen werden könnte[418].

In diesem Fall bedürfte es weder eines Übergangs der öffentlich-rechtlichen Pflichtenposition nach allgemeinen Vorschriften noch der Konstruktion einer wie auch immer gearteten Dinglichkeit der Pflicht; diese würde vielmehr aufgrund des entsprechenden Parteiwillens in Verbindung mit den zivilrechtlichen Vorschriften der Schuldübernahme auf den Nachfolger übergehen.

Hiergegen ließe sich einwenden, solange der – regelmäßig zivilrechtliche – Vertrag zwischen „altem“ und „neuem“ Pflichtigen sich auf den Übergang der zivilrechtlichen Position beschränke, komme eine analoge Anwendung der Schuldübernahmevor-

---

[416] Otto (Die Nachfolge in öffentlichrechtliche Positionen des Bürgers S. 49 f.) problematisiert hier, welche Auswirkungen es haben mag, wenn die jeweils betroffene öffentlich-rechtliche Pflicht nicht übergehen könne, da sie nicht übergangsfähig sei. Dieses Problem steht (anders als nach Ansicht Ottos, der hier eine Rechtswidrigkeit des Vertrages annehmen will) der Wirksamkeit des Vertrages aber nicht entgegen. Diese Problematik lässt sich mit einer analogen Anwendung der Unmöglichkeitsregeln des zivilen Schuldrechts hinlänglich lösen. Otto, der hier eine Rechtswidrigkeit des Vertrages annehmen will, differenziert nicht hinreichend zwischen Verpflichtungs- und Verfügungsgeschäft.

[417] Bezeichnend ist noch, dass die von der Lehre der Höchstpersönlichkeit sämtlicher öffentlichrechtlicher Pflichtenstellungen als „Ausnahmevorschriften“ bezeichneten § 20 Abs. 2 S. 2 PVG und § 6 pr. Wegereinigungsgesetz (s. hierzu oben II 1) exakt diesem Muster folgen, indem sie eine individualvertragliche Übertragung bestimmter öffentlichrechtlicher Pflichten unter ausdrücklicher Nennung des Zustimmungserfordernisses der Behörde für wirksam erachten.

[418] Die Annahme einer solchen konkludenten Erklärung basiert auf der im Zivilrecht gängigen Auffassung, dass die Zustimmungserklärung formfrei ist (s. hierzu Grüneberg in: Palandt, BGB, § 415 Rz. 5), eine Annahme, der auf dem Gebiet des öffentlichen Rechts ebenfalls kein entscheidendes Argument entgegenstehen dürfte (anders offenbar Otto, Die Nachfolge in öffentlichrechtliche Positionen des Bürgers, S. 49 ff., der ausschließlich die Möglichkeit der Zustimmung mittels Verwaltungsaktes in Betracht zieht)

schriften deshalb nicht in Betracht, weil sich der jeweilige Parteiwille – wie oben dargelegt – auf die mit dem Pflichtenübergang einhergehenden Grundrechtsbeeinträchtigung erstrecken müsse und somit ein Pflichtenübergang kraft Analogie gegen den Vorbehalt des Gesetzes verstoßen würde.

Dies verkennt indes den Ansatzpunkt der Analogie: Sofern den Parteien die Übernahme einer Verbindlichkeit nicht einmal bewusst ist, kann auch im Wege einer Analogie nicht von einer Schuldübernahme gesprochen werden. Wesen einer solchen ist gerade das Bewusstsein der Parteien von einer zu übernehmenden Schuld.

Anders mag es liegen, wenn den Parteien des Vertrages die bestehende öffentlich-rechtliche Pflicht bekannt ist. Sofern hier eingewendet werden mag, es sei auch in diesem Falle denkbar, dass sich der Parteiwille lediglich auf den Übergang der zivilrechtlichen Position erstrecke und ein Übergang der diesbezüglichen öffentlich-rechtlichen Pflicht von den Parteien trotz Kenntnis von dieser Pflicht nicht gewollt sei, kann diesem Argument mit dem im Zivilrecht ebenso wie im öffentlichen Rechts gültigen Verbot des Rechtsmissbrauchs oder des „venire contra factum proprium“ begegnet werden. Auch im Zivilrecht ist es – wie u. a. die §§ 404, 417 zeigen – nicht möglich, nur die Vorteile einer Rechtsposition zu übernehmen, die damit verbundenen Nachteile aber absichtlich außen vor zu lassen.

In diesen Fällen kann daher von einem Übergang auch der belastenden öffentlich-rechtlichen Position ausgegangen werden, welcher allerdings zu seiner Wirksamkeit noch der Zustimmung der Behörde bedarf. Eine solche Zustimmung wird regelmäßig in der Inanspruchnahme des zivilrechtlichen Rechtsnachfolgers durch die Behörde zu sehen sein, diese Zustimmung bewirkt parallel zu den im Zivilrecht anerkannten Regeln[419] einen rückwirkenden Übergang der öffentlich-rechtlichen Verpflichtung vom ehemals Pflichtigen auf den nunmehr in Anspruch genommenen Rechtsträger.

c) Zusammenfassung

Eine Pflichtennachfolge kommt nach alledem im öffentlichen Recht in folgenden Konstellationen in Betracht:

- Sofern im Zivilrecht eine Gesamtrechtsnachfolge stattfindet, wird diese auch in bestimmten Bereichen des öffentlichen Rechts anerkannt und damit rezipiert. In diesen Bereichen findet daher auch im öffentlichen Recht eine Gesamtrechtsnachfolge statt, es gehen daher sämtliche Rechts- und Pflichtenpositionen von dem Rechtsvorgänger auf den Rechtsnachfolger über.
- Die zivilrechtlich gewillkürte Einzelrechtsnachfolge wird vom öffentlichen Recht ebenfalls anerkannt. Eine solche wird in zahlreichen Einzelvorschriften als Tatbestand vorausgesetzt. Hierbei ist zu beachten, dass, sofern diese Vorschriften an das Vorliegen dieses Tatbestandsmerkmals eine Überleitung von Rechtspositionen anknüpfen, es sich im öffentlichen Recht ebenfalls um eine gesetzlich angeordnete und nicht etwa um eine gewillkürte Einzelrechtsnachfolge handelt.
- Eine gewillkürte Einzelpflichtnachfolge ist im öffentlichen Recht lediglich unter analoger Anwendung von § 415 BGB möglich, der zum einen eine Kenntnis

[419] Grüneberg in: Palandt, BGB, § 415 Rz. 8

der beteiligten Parteien von der bestehenden Rechtspflicht und zum anderen eine entsprechende Genehmigung der Behörde voraussetzt, welche – da formfrei – auch in konkludentem Verhalten, nämlich in der Inanspruchnahme des intendierten Rechtsnachfolgers gesehen werden kann.

3. Zur Übergangsfähigkeit

Eine wirkliche Rechtsnachfolge kann indes, wie eingangs dargelegt, nur dann erfolgen, wenn die betreffende Rechtsposition auch ihrer materiellrechtlichen Natur nach von einem Rechtssubjekt zu einem anderen wechseln kann und somit übergangsfähig ist.

Schon bevor Otto[420] den Begriff der „Nachfolgefähigkeit" entwickelte, war die Frage, ob eine öffentlich-rechtliche Pflicht überhaupt – unabhängig vom Vorliegen eines Übergangstatbestandes – auf einen Nachfolger übergehen könne, ein Schwerpunkt der Argumentation in der Diskussion über die Rechtsnachfolge im öffentlichen Recht.

Häufig wurden diese beiden Themenkomplexe nicht hinreichend auseinandergehalten, so dass sich Argumentationen des Inhalts fanden, eine Anwendung der zivilrechtlichen Normen über die Gesamtrechtsnachfolge käme im öffentlichen Recht nicht in Betracht, da öffentlich-rechtliche Rechtspositionen häufig an die Person des Betroffenen gebunden und daher eines Übergangs auf einen Nachfolger nicht fähig seien[421].

Eine solche Argumentation berücksichtigt nicht hinreichend, dass es sich bei der Frage, ob generell eine Nachfolge in Betracht komme und derjenigen, ob eine konkrete Rechtsposition hiervon betroffen sei oder nicht, um zwei streng voneinander zu trennende Fragestellungen handelt[422]. Bei der letztgenannten Problematik geht es ausschließlich um die Entscheidung, ob bei Vorliegen der stets erforderlichen Tatbestandsvoraussetzungen für die Rechtsnachfolge[423] eine solche in Ansehung der jeweils in Frage stehenden Rechtsposition auch tatsächlich eintritt oder aber ob die Art (der Charakter / die Natur) des Rechts einen solchen Übergang nicht zulässt.

Unabhängig von der Frage, in welchem Kontext die jeweilige Argumentation erfolgte, wurde in der Vergangenheit eine Vielzahl von Versuchen unternommen, die Nachfolgefähigkeit öffentlich-rechtlicher Rechtspositionen abstrakt zu definieren und/oder zu kategorisieren. Hierbei finden sich Ansätze, die eine positive Definition der Fälle versuchen, in denen eine Übergangsfähigkeit bejaht werden kann[424] ebenso wie Versuche einer Negativdefinition in Form der Beschreibung von Merkmalen, welche einer Übergangsfähigkeit grundsätzlich entgegenstehen sollen[425]. Im Rahmen der vorliegenden Arbeit interessieren hierbei nur diejenigen Ansätze, welche sich mit dem speziellen Problem der Übergangsfähigkeit von öffentlich-rechtlichen Pflichtenstel-

---

[420] Die Nachfolge in öffentlich-rechtliche Positionen des Bürgers, S. 64

[421] So z. B. für die Handlungsverantwortlichkeit Lisken / Denninger, Handbuch des Polizeirechts, S. 250 Rz. 114

[422] Tettinger, Besonderes Verwaltungsrecht 1, § 15 Rz. 515

[423] Also die Gesamtrechtsnachfolge z. B. bei Tod einer Person oder aber die Willens- und Tatbestandselemente bei der gewillkürten Rechtsnachfolge

[424] So die Lehre vom „dinglichen" Verwaltungsakt oder diejenige von der Vertretbarkeit

[425] So z. B. die Lehre von der Höchstpersönlichkeit

lungen befassen. Verschiedene Ansichten hierzu wurden bereits oben unter II dargestellt. Diese und weitere in Literatur und Rechtsprechung anzutreffende Ansichten sollen im Folgenden näher untersucht werden.

a) Die „Höchstpersönlichkeit"

Die „klassische" Distinktion zwischen übergangsfähigen und nicht übergangsfähigen Rechtspositionen verwendet den aus dem Zivilrecht entlehnten Begriff der „Höchstpersönlichkeit"[426]. Eine höchstpersönliche Rechtsposition soll demnach vom Übergang auf ein anderes Rechtssubjekt ausgeschlossen sein[427].

Bemerkenswert ist hier zunächst, dass es sich bei dieser Begriffsverwendung um eine Negativdefinition handelt, also um die Bestimmung des Falles, wann eine Position *nicht* auf den Nachfolger übergehen kann, was systematisch eigentlich einen Grundsatz umgekehrten Inhalts voraussetzt. Im Hinblick auf die Situation des Zivilrechts ist diese Gewichtung auch nachvollziehbar, da dort das Grundprinzip der Übertragbarkeit sämtlicher Rechtspositionen gilt und dem Begriff der Höchstpersönlichkeit daher die Ausschlussfunktion für bestimmte, näher zu bestimmende Rechtspositionen zukommt.

Gerade die Vertreter der Lehre von der Höchstpersönlichkeit öffentlich-rechtlicher Rechtspositionen wollten dieses Regel-Ausnahme-Verhältnis indes grundsätzlich in umgekehrter Richtung verstanden wissen: Öffentlich-rechtliche Pflichten seien demnach grundsätzlich höchstpersönlich und daher eines Übergangs auf ein anderes Subjekt nicht fähig[428].

Beachtlich ist zunächst, dass die Behauptung, eine Rechtsstellung sei „höchstpersönlich", zunächst nichts anderes darstellt als eine Umschreibung der Ansicht, diese Rechtsstellung sei eben grundsätzlich unübertragbar.

Diesem Ansatz wurde denn auch entgegengehalten, dass er jeglicher inhaltlicher Begründung entbehre[429]. Der Vorwurf ging dahingehend, es werde das Dogma der Höchstpersönlichkeit lediglich unreflektiert postuliert[430] und damit eine petitio principii begangen[431].

Sofern das Kriterium der Höchstpersönlichkeit daher ohne Beifügung einer weiteren Begründung angewandt wurde, ist dies sicherlich zutreffend. Doch finden sich bei näherem Hinsehen unter dem „Deckmantel" des Begriffs der Höchstpersönlichkeit eine Reihe weitergehender Argumentationen, die verschiedene Begründungsansätze für die (fehlende) Übergangsfähigkeit öffentlich-rechtlicher Pflichten enthalten[432]:

aa) So wird Bezug genommen auf die vormals in § 20 Abs. 2 PVG und (immer noch) in § 18 Abs. 2 OBG NW enthaltene Regelung, wonach die Behörde den Inhaber der tatsächlichen Gewalt auf einen entsprechenden Antrag hin unter mehreren Zustandsverantwortlichen als alleinverantwortlich ansehen kann bzw. muss. Aus dieser vom Gesetz vorgesehenen Möglichkeit der Übertragung der Polizeipflicht auf ein

---

[426] Drews / Wacke, Allgemeines Polizeirecht, S. 209; Finkelnburg, JuS 1965, S. 498
[427] Erichsen / Ehlers, Allgemeines Verwaltungsrecht, 13. Aufl. § 17 II 5 Rz. 17 Fn. 98
[428] Hurst, DVBl. 1963, S. 804
[429] Ossenbühl, NJW 1968, S. 1993
[430] Ossenbühl, NJW 1968, S. 1993; v. Mutius, VerwArch. Bd. 62, S. 85
[431] Schenke, GewArch. 1976, S. 3
[432] So auch Schenke, GewArch. 1976, S. 8 Fn. 58

anderes Subjekt folge im Umkehrschluss, dass Polizeipflichten grundsätzlich eben unübertragbar seien[433], da es ansonsten einer dahingehenden gesetzlichen Regelung nicht bedurft hätte.

Diese Argumentation überzeugt schon deshalb nicht, weil ein Umkehrschluss immer eine teleologische Begründung darstellt. Nicht jede gesetzliche Regelung stellt eine Ausnahmeregelung dar oder belegt, dass ein dem von ihr geregelten ähnlich gelagerter Sachverhalt grundsätzlich entgegen der von ihr angeordneten Rechtsfolge zu entscheiden sei.

Entscheidend ist indes, dass es sich bei den eingangs genannten Regelungen überhaupt nicht um Anordnungen einer Rechtsnachfolge handelt. Eigentümer und Inhaber der tatsächlichen Gewalt sind sowohl nach OBG als auch nach PolG und PVG nebeneinander verantwortliche Störer, denen allenfalls eine bestimmte Rangordnung bezüglich der Möglichkeit ihrer Inanspruchnahme vom Gesetz zugestanden wird. Auf diese Rangordnung nimmt die geschilderte Regelung Bezug und bestimmt, welcher von beiden Störern (nunmehr) vorrangig in Anspruch zu nehmen ist. Dabei handelt es sich somit nicht um die Aufhebung oder Neubegründung einer gefahrenabwehrrechtlichen Pflicht, sondern lediglich um eine Steuerung behördlichen Auswahlermessens[434].

bb) Gleiches gilt für das argumentum e contrario aus den damaligen §§ 30 StGB und 68 Abs. 4 OWiG[435], wonach eine gegen den Erblasser gerichtete Zwangsgeldforderung in den Nachlass vollstreckt werden konnte[436]. Die hieran geknüpfte Folgerung, dass dies aufgrund ausdrücklicher gesetzlicher Anordnung gelte, für die zugrunde liegende Polizeipflicht aber eben mangels einer solchen Regelung nicht, stellt unabhängig von der bereits angesprochenen Schwäche des argumentum e contrario an sich einen logischen Widerspruch dar: Eine Polizeipflicht, die nicht übergehen kann, kann auch von dem (ja gar nicht vorhandenen) Rechtsnachfolger erzwungen werden[437].

Gleichwohl ließ sich aus diesen Regelungen auch weder der Schluss ziehen, Zwangsgeldforderungen gingen regelmäßig auf einen Rechtsnachfolger über, noch gar, dass dies für die zugrunde liegenden Polizeipflichten gälte. Ossenbühl[438] hat zu Recht darauf hingewiesen, dass diese Vorschriften singulärer Natur seien und ihnen ein ausschließlich fiskalisch motivierter Charakter unterstellt werden könne, so dass sie in die neueren Versionen der Gesetze auch nicht übernommen worden sind. Für die derzeitige Diskussion fehlt den Vorschriften daher jegliche Argumentationskraft, umgekehrt ließen sich allenfalls aus ihrer Entfernung aus dem geltenden Recht Rückschlüsse auf den gesetzgeberischen Willen ziehen.

cc) Schließlich lässt sich auch aus einer Bezugnahme auf § 399 BGB nicht herleiten, höchstpersönliche Pflichten seien nicht übertragbar. Zum einen bezieht sich § 399 BGB, wie vorstehend ausgeführt, gar nicht auf eine Pflichtennachfolge und somit

[433] Drews / Wacke, Allgemeines Polizeirecht, S. 210.; Hurst, DVBl. 1963, S. 805
[434] Ossenbühl, NJW 1968, S. 1993
[435] S. aber die nunmehr entgegengesetzten Regelungen der §§ 459 c III StPO u. 101 OWiG, die die Vollstreckung einer Geldstrafe / -buße in den Nachlass ausdrücklich ausschließen
[436] Hurst DVBl. 63, S. 806
[437] Ossenbühl, NJW 1968, S. 1993
[438] Ossenbühl, NJW 1968, S. 1993

auf einen Schuldnerwechsel, sondern auf einen Gläubigerwechsel in Form der Forderungsabtretung. Nun könnte überlegt werden, dass, wenn schon der aus einer Forderung Berechtigte kraft Gesetzes gehindert sei, diese abzutreten, dies erst recht für den aus dieser Forderung Verpflichteten gelten müsse. Doch ließe dies außer Acht, dass sich zum einen die Einschränkung des § 399 BGB ausdrücklich nur auf den Gläubiger bezieht („wenn die Leistung *an einen anderen* ... nicht ohne Veränderung ihres Inhalts erfolgen kann“[439]) und es zum anderen dem Gesetzgeber freigestanden hätte, eine entsprechende Regelung auch in das Institut der Schuldübernahme einzufügen[440].

Schließlich dürfte maßgeblich sein, dass auch § 399 BGB keine Aussage des Inhalts entnommen werden kann, Polizeipflichten seien höchstpersönlich. Die Vorschrift enthält (allenfalls) eine Definition dessen, was als höchstpersönliche Pflicht angesehen werden kann, nämlich eine Forderung, deren Leistung an einen anderen als den ursprünglichen Gläubiger[441] nicht ohne Veränderung ihres Inhalts erfolgen könnte, woraus für die Frage, wann dies der Fall ist, noch nichts gewonnen ist[442].

Die zunächst hieraus zu ziehende Konsequenz ist, dass eine Polizeipflicht nicht schon aus sich selbst heraus als höchstpersönlich gelten kann, vielmehr ist bei jeder Pflichtenstellung im Einzelnen zu prüfen, ob sie höchstpersönlicher Natur sei und deshalb eine Übergangsfähigkeit ausscheide.

Die richtige Formulierung heißt somit nicht: Eine Polizeipflicht ist nicht übergangsfähig, *weil* sie höchstpersönlich ist, sondern sie ist (lediglich) dann nicht übergangsfähig, *wenn* sie höchstpersönlich ist[443].

b) Die „Vertretbarkeit“

Bereits Ossenbühl[444] hat dafür plädiert, Polizeipflichten, die eine vertretbare Handlung zum Gegenstand haben, bezüglich ihrer Übergangsfähigkeit anders zu behandeln als solche, die sich auf unvertretbare Handlungen beziehen. Der Begriff der Vertretbarkeit entstammt dem Zivilprozessrecht, genauer dem im Zwangsvollstreckungsrecht angesiedelten § 887 ZPO, wo er in der amtlichen Überschrift genannt wird; diese Vorschrift regelt die Vollstreckung von Handlungen im Wege der Ersatzvornahme. Als vertretbare Handlungen gelten demnach solche, die auch von einem Dritten vorgenommen werden können.

Ossenbühl hielt indes die Vertretbarkeit einer Handlung im Rahmen der Polizeipflichtigkeit nicht für geeignet, eine Übergangsfähigkeit der Handlungspflicht auf den Rechtsnachfolger zu begründen, sondern wollte lediglich die als Folge der

---

[439] Hervorhebung nicht im Original

[440] Wofür nach Grüneberg in: Palandt, BGB, vor § 414 Rz. 1 aufgrund der dort vorgesehenen Mitwirkung des Gläubigers kein Bedürfnis bestanden hat.

[441] Im Falle der analogen Anwendung auf eine Verpflichtung müsste hier formuliert werden: „durch einen anderen als den ursprünglichen Schuldner“

[442] In der Zivilrechtsdogmatik werden daher auch unter § 399 BGB *unter anderem* höchstpersönliche Rechtsverhältnisse subsumiert, s. hierzu Grüneberg in: Palandt, BGB, § 399 Rz. 6 m. w. N.

[443] Riedl, Rechts- und Pflichtennachfolge, S. 256; Schnapp / Henckenötter, NWVBl. 1997, S. 482; im Ergebnis auch Pape, NJW 1992, S. 2665; Wallerath, JuS 1971, S. 464; v. Mutius, VerwArch Bd. 62, S. 85

[444] NJW 1968, S. 1992; anders dann aber in: Zur Haftung des Gesamtrechtsnachfolgers für Altlasten, 1995, S. 55ff., wo er dahingehend differenziert, dass es auch personengebundene vertretbare Pflichten gibt.

Ersatzvornahme entstehende Kostenerstattungspflicht des Polizeipflichtigen übergehen lassen[445], dies allerdings im Unterschied zu der bis dahin herrschenden Lehre auch dann, wenn die Rechtsnachfolge sich zu einem Zeitpunkt ereignete, in welchem noch gar keine Ersatzvornahme stattgefunden hatte.

Als Beispiel bildet Ossenbühl den Fall[446], dass von der wohlhabenden Witwe des Öltankfahrers, der durch Unachtsamkeit einen Unfall verursacht und dabei ein Grundstück kontaminiert hat, Ersatz für die Kosten der Beseitigung der Kontamination durch die Behörde verlangt wird, obwohl diese Ersatzvornahme erst nach dem Tode des (verhaltensverantwortlichen) Fahrers durchgeführt worden ist.

Mit dem Argument, die Polizeipflicht, eine vertretbare Handlung vorzunehmen, trage die aus der Nichtbefolgung der Pflicht resultierende Kostentragungspflicht bereits „embryonal" in sich, kam er zu dem Schluss, dass zwar die „eigentliche Handlungspflicht" (zur Beseitigung der Kontamination) höchstpersönlich sei und daher nicht übergehe, aber die in ihr „angelegte" Kostentragungspflicht schon, auch wenn sich diese erst nach dem Rechtsübergang durch Ersatzvornahme als solche manifestiere.

Dem ist entgegenzuhalten, dass eine solche Trennung der Handlungs- von der Kostenerstattungspflicht nicht einleuchtet[447]: Dem Rechtsnachfolger wird dadurch die Möglichkeit genommen, die geschuldete (schließlich vertretbare) Handlung – ggf. kostengünstiger als die Behörde – selbst vorzunehmen; ihm wird die Ersatzvornahme durch die Behörde quasi „aufgezwungen". Mit anderen Worten: Wenn der Rechtsnachfolger im wirtschaftlichen Ergebnis für die gefahrenabwehrrechtliche Maßnahme einzustehen hat, ist nicht ersichtlich, warum er diese nicht auch selbst sollte vornehmen können. Auch lässt sich im Ergebnis nicht vertreten, wieso die Durchsetzung im Wege der Ersatzvornahme, also eine Maßnahme der Verwaltungsvollstreckung, möglich sein sollte, wenn die zu vollstreckende Pflicht bereits weggefallen ist[448].

In Fortentwicklung der von Ossenbühl begründeten Ansicht wird unter Berücksichtigung dieser Einwände daher vertreten, dass bereits die aus der Verantwortlichkeit resultierende Handlungspflicht an sich übergangsfähig sei, sofern die jeweilige Handlung vertretbar sei[449]. Die Verpflichtung zur Vornahme einer Handlung, deren Ausführung im Wege der Ersatzvornahme möglich sei, könne nicht höchstpersönlich sein[450].

Auch der Umstand, dass viele angeordnete Maßnahmen zur Gefahrenbeseitigung (also „konkretisierte" Polizeipflichten) nicht nur vom Pflichtigen, sondern auch von Dritten, so z. B. auch von der Behörde, vorgenommen werden könnten, zeige, dass

---

[445] AaO. S. 1996; ebenso Gallwas / Mößle, Bayerisches Polizei- und Sicherheitsrecht, S. 144 Rz. 528 f.

[446] Der Fall wird vorliegend leicht vereinfacht dargestellt, ohne seinen Kern zu verändern

[447] Papier, NVwZ 1986, S. 262; geradezu umgekehrt Schenke, Polizei- und Ordnungsrecht, § 4 VII Rz. 295; der dafür plädiert, auch die Kostenerstattungspflicht nicht auf den Rechtsnachfolger übergehen zu lassen

[448] Heitmann, Rechtsnachfolge, S. 163, der indes hieraus die Folgerung ableitet, die Polizeipflichten an sich gingen auf den Rechtsnachfolger über, „soweit sie vertretbar sind"

[449] Rumpf, VerwArch Bd. 78 (1987), S. 295; Schink, GewArch 1996/2, S. 60; v. Mutius, GewArch Bd. 62, S. 87

[450] Stadie, DVBl. 1990, S. 504

diese Handlungspflichten nicht höchstpersönlich seien, sondern vielmehr vertretbar[451], also von der Person des ursprünglich Verpflichteten abtrennbar[452].

Gegen diese Ansicht wurde zunächst vorgebracht, es komme nicht auf die Frage an, ob die im Wege der Ersatzvornahme getroffene Maßnahme vertretbar sei oder nicht, diese Feststellung beziehe sich lediglich auf das Vollstreckungsmittel, nicht aber auf die zugrunde liegende Verhaltenspflicht[453]. Hier stellt sich indes die Frage, ob dies nicht nur eine theoretische Unterscheidung ist: Die Ersatzvornahme (sic!) soll ja gerade die geschuldete Pflicht substituieren, woraus sich bereits als Konsequenz ergibt, dass diese zugrunde liegende Handlungspflicht ersetz- und damit vertretbar ist.

Gewichtiger dürfte sein, dass es sich auch bei der Diskussion um die „Vertretbarkeit" wieder (wie auch bei der „Höchstpersönlichkeit") um die Einführung einer reinen Begrifflichkeit handelt, die das Problem der Prüfung der Übergangsfähigkeit lediglich auf eine andere Ebene verlagert. Der Begriff der Vertretbarkeit sagt im Zivilprozessrecht, wie eingangs dargelegt, nichts anderes aus, als dass die in Frage stehende Handlung auch von einem Dritten würde erbracht werden können. Genau diese Frage ist bei der Beurteilung der Übergangsfähigkeit ebenfalls zu beantworten, nämlich, ob die Handlungspflicht ihrem Sinn und Inhalt nach auch von einem anderen, nämlich dem Rechtsnachfolger, würde erbracht werden können.

Hierbei ergeben sich indes Inkongruenzen, die auch die Vertreter der Lehre von der Übergangsfähigkeit vertretbarer Handlungen nicht aufzulösen vermögen. Es sind nämlich Polizeipflichten denkbar, die zwar eine vertretbare Handlung zum Gegenstand haben, deren Erfüllung durch einen Dritten aber dem eigentlichen Inhalt der Pflicht zuwiderlaufen würde. Als Beispiel kann die Verhängung eines Zwangsgeldes dienen[454]: Die damit begründete Geldleistungspflicht kann de facto praktisch von jedem Dritten erfüllt werden, wäre also als der klassische Fall einer vertretbaren Handlung zu qualifizieren. Nach Sinn und Zweck der Maßnahme soll diese aber gerade den Willen des Polizeipflichtigen beugen[455]. Die Leistung durch einen Dritten würde diesen Zweck zunichte machen, die Verpflichtung zur Zahlung des Zwangsgeldes ist damit als höchstpersönlich einzustufen[456].

Auch im Zivilrecht existieren „vertretbare" Handlungspflichten, deren Übertragbarkeit zumindest partiell ausgeschlossen ist. So ordnet § 1615 BGB an, dass Unterhaltsansprüche grundsätzlich mit dem Tode des Verpflichteten erlöschen, auch hier handelt es sich indes um Geldzahlungsansprüche, also um solche, die prinzipiell auch von Dritten erfüllt werden könnten. Gleiches gilt für ein Rentenversprechen im Wege der

---

451 Wallerath, JuS 1971, S. 465 ; Ihmels, DVBl. 1972, S. 482; v. Mutius, GewArch. Bd. 62, S. 87
452 Peine DVBl. 1980, S. 945 ; ders. JuS 1997, S. 986
453 Zacharias, JA 2001, S. 724; Riedl, Rechts- und Pflichtennachfolge, S. 191 ; OVG Hamburg, BauR 1997, S. 104
454 Peine, JuS 1997, S. 986 (Fn. 27) ;auch Ossenbühl, zur Haftung des Gesamtrechtsnachfolgers für Altlasten, S. 55
455 OVG Münster, NJW 1980, S. 415
456 Erichsen / Ehlers, Allgemeines Verwaltungsrecht, 13. Aufl. § 17 II 5 Rz. 18 Fn. 110; Rumpf, VerwArch. Bd. 78 (1987) S. 296; OVG Münster NJW 1980, S. 415.; anders noch Hurst, DVBl. 1963, S. 806, der gerade in dem vermögensrechtlichen Charakter des Zwangsgeldes einen Grund für dessen Übergangsfähigkeit erblickte und (unter Verweis auf die damaligen §§ 30 StGB u. 68 Abs. 4 OWiG) deren Übergang bejahte, obwohl er einen Übergang der zugrunde liegenden Polizeipflicht wegen ihrer Höchstpersönlichkeit grundsätzlich ablehnte. Hiergegen dezidiert Ossenbühl, NJW 1968, S. 1992

Schenkung gem. § 520 BGB[457]. Ebenso ist im öffentlichen Recht die Übergangsfähigkeit von Sozialhilfeansprüchen, die ebenfalls auf Geldzahlungen gerichtet sind, zumindest diskutabel[458].

Bereits hieraus ergibt sich, dass von der Vertretbarkeit einer Maßnahme nicht ohne weiteres auf deren fehlende Höchstpersönlichkeit geschlossen werden darf[459], also darauf, dass die Handlung ihrem aus dem Polizeirecht abgeleiteten Sinn und Zwecke nach genauso gut von einem Dritten würde erbracht werden können.

Schließlich ist noch festzuhalten, dass die Theorie von der „Vertretbarkeit" ohnehin nur Anhaltspunkte zur Übergangsfähigkeit *konkretisierter* Polizeipflichten liefern könnte, da im Falle einer lediglich abstrakten Verantwortlichkeit ja noch überhaupt keine Maßnahme angeordnet ist, über deren Vertret- oder Unvertretbarkeit man befinden könnte[460].

Die Theorie von der „Abtrennbarkeit" folgt dem gleichen Argumentationsmuster wie die von der „Vertretbarkeit". Hiernach sei eine Pflicht dann nachfolgefähig, wenn sie von ihrem Träger „abtrennbar"[461] oder „ablösbar"[462] sei, wobei auch hier die Abtrenn- oder Ablösbarkeit mit einer Vertretbarkeit der Handlung oder der Möglichkeit der Ersatzvornahme begründet wird. Diese Ansätze begegnen daher den gleichen Einwänden wie die Lehre von der Übergangsfähigkeit vertretbarer Handlungen.

c) „Verhaltens- und Erfolgspflichten"

Nach einer weiteren Auffassung ist für die Übergangsfähigkeit polizeirechtlicher Pflichten zu unterscheiden zwischen solchen, die einen konkreten Erfolg herbeiführen sollen (diese seien grundsätzlich übergangsfähig) und denjenigen, die dem Pflichtigen ein bestimmtes Verhalten abverlangen (diese seien nicht übergangsfähig)[463].

Dieser Ansicht lässt sich indes bereits entgegenhalten, dass die Erzielung eines bestimmten Erfolges regelmäßig nur durch ein persönliches Verhalten möglich sein wird, so dass zwischen diesen beiden Kriterien nicht sauber abzugrenzen ist.

So räumt auch Otto ein, dass es eine dritte Kategorie von „gemischt-typischen Pflichten" geben müsse, welche sowohl die Veranlassung des Pflichtigen zu einem bestimmten Verhalten als auch die Erzielung eines bestimmten Erfolges zum Gegenstand hätten[464]. Richtigerweise dürften nahezu sämtliche Polizeipflichten unter

---

457 Hierzu wendet Ossenbühl, Zur Haftung des Gesamtrechtsnachfolgers für Altlasten, S. 37, ein, die Notwendigkeit der ausdrücklichen Anordnung der fehlenden Übergangsfähigkeit durch ein Gesetz belege gerade, dass diese Ansprüche eben nicht ihrer Natur nach bereits unübertragbar seien; so auch v. Mutius, VerwArch 1971, S. 99 Fn. 32

458 BVerwGE 29, S. 18 ff.

459 So jetzt auch Ossenbühl, Zur Haftung des Gesamtrechtsnachfolgers für Altlasten, S. 55

460 Papier, DVBl. 1996, 128; auch Peine, DVBl. 1980, S. 944 weist darauf hin, dass allenfalls die zur Erfüllung der Pflicht mögliche oder erforderliche Handlung als vertretbar bezeichnet werden kann, nicht aber die Pflicht selbst. Auf S. 945 stellt er dann aber im Widerspruch hierzu fest, „dass eine Pflicht nachfolgefähig ist, wenn sie durch Ersatzvornahme erfüllbar ist"

461 Peine, DVBl. 1980, S. 945

462 Schink, GewArch 1996, S. 60

463 Otto, die Nachfolge in öffentlich-rechtliche Positionen des Bürgers, 1971, S. 67 ff; dem folgend auch Ihmels, DVBl. 1972, S. 483

464 Otto, Die Nachfolge in öffentlich-rechtliche Positionen des Bürgers, S. 67 ff.

diese Kategorie fallen, da eine „rein" erfolgsbezogene Pflicht unter völliger Loslösung von ihrem Adressaten bereits rechtstheoretisch nicht möglich ist[465].

Weiter will Otto bezüglich dieser dritten Pflichtengruppe differenzieren zwischen der Einzelrechtsnachfolge und der Gesamtrechtsnachfolge von Todes wegen. Bei letzterer stehe der auf einen sachlichen Erfolg zielende Charakter der gemischt-typischen Pflicht im Vordergrund,[466] die Gesamtrechtsnachfolge „diene gerade dazu, den einen selbständigen Zweck der gemischt-typischen Pflicht noch zu erfüllen". Als Begründung wird lediglich angeführt, ansonsten könne der Zweck der Erfolgsverwirklichung nicht mehr erreicht werden. Auch dies ist indes ein Zirkelschluss, der als Voraussetzung den zu begründenden Umstand anführt.

Schließlich dürfte sich diese Ansicht auch nicht wesentlich von derjenigen über die Vertretbarkeit der Gefahrenbeseitigungsmaßnahme unterscheiden. Ein rein sachbezogener Erfolg dürfte regelmäßig auch von Dritten herbeigeführt werden können, eine solche Pflicht wäre somit stets vertretbar und damit sowohl nach dieser Theorie wie nach derjenigen von Otto übergangsfähig.

d) Die Abgrenzung nach der Ermessensgebundenheit von Entscheidungen

Die Erkenntnis, dass personenbezogene Umstände insbesondere bei Verwaltungsakten auf dem Gebiet des Polizeirechts häufig bei der Ermessensausübung eine Rolle spielen, hat zu der Theorie geführt, Rechtspositionen, deren Entstehung auf eine Ermessensentscheidung der Behörde zurückzuführen ist, seien des Überganges auf ein anderes Rechtssubjekt nicht fähig[467].

Dem könnte zunächst entgegengehalten werden, dass hiermit in unzulässiger Weise materielle und verfahrensrechtliche Aspekte vermengt würden[468]. Aufgrund welcher Entscheidungskriterien ein Verwaltungsakt zustande gekommen sei, habe mit dem Inhalt der Pflicht an sich nichts zu tun[469]. Hierbei bleibt jedoch zunächst unberücksichtigt, dass – insbesondere im Polizeirecht – verfahrens- und materiellrechtliche Komponenten zumindest sehr eng miteinander verwoben sind[470] und im übrigen möglicherweise bereits der Inhalt der Pflicht[471], aber häufig jedenfalls die Tatsache ihrer Existenz an sich von den Kriterien, die der Ermessensbetätigung zugrunde lagen, abhängen und dies bei der Frage, ob diese Pflicht auch bei einem anderen Rechtssubjekt existieren könne, nicht völlig unberücksichtigt bleiben sollte[472].

Auch führt diese Theorie letztendlich zu einem ähnlichen Ergebnis wie die Differenzierung zwischen Handlungs- und Erfolgspflichten, nämlich zur Aufspaltung

---

[465] Dietlein, Rechtsnachfolge, S. 118

[466] Zumindest, solange er nicht nur quasi als „Nebeneffekt" der Verhaltenspflicht anzusehen sei, Otto, Die Nachfolge in öffentlich – rechtliche Positionen des Bürgers, S. 69

[467] Finkelnburg, JuS 1965, S. 498, der mit diesem Umstand die Höchstpersönlichkeit einer Polizeiverfügung begründet; Schenke, GewArch 1976, S. 2; das OVG Münster, NJW 1980, S. 415 begründet hiermit die Höchstpersönlichkeit einer Zwangsmittelandrohung

[468] So Riedl, Rechts- und Pflichtennachfolge, S. 196

[469] v. Mutius, VerwArch 1971, S. 100

[470] Zu den Einzelheiten siehe unten IV 4 a

[471] Durch die Ausübung des Auswahlermessens der Behörde zwischen mehreren möglichen Rechtsfolgen

[472] Für die Berücksichtigung solcher verfahrensrechtlichen Komponenten auch Dietlein, Nachfolge im öffentlichen Recht, S. 121, der dies gar als „wesentliche Erkenntnis" der Theorie von der Differenzierung nach Ermessenskriterien bezeichnet.

einer einheitlichen Verwaltungsentscheidung in einen „personenbezogenen“ und einen „sachbezogenen“ Teil[473], was dem Wesen des Verwaltungsaktes fremd ist[474].

Letztlich scheint auch die sich aus dieser Theorie ergebende Konsequenz keineswegs zwingend, dass, wenn dem Erlass des Verwaltungsaktes auch personenbezogene Ermessenskriterien zugrunde lagen, eine Übergangsfähigkeit grundsätzlich und auf jeden Fall ausgeschlossen sein müsste[475]. Zumindest denkbar ist auch, dass den sachbezogenen Kriterien ein so deutlich stärkeres Gewicht zukommt, dass eine Übergangsfähigkeit zumindest angedacht werden kann[476].

e) Die „Dinglichkeit“

Nach dieser Auffassung[477] existieren Polizeipflichten, die einen so starken Sachbezug aufweisen, dass sie dem Schicksal des von ihnen betroffenen Objekts folgen, unabhängig davon, wem dieses Objekt z. B. zivilrechtlich zugeordnet wird. Die Polizeipflicht geht damit „automatisch“ z. B. im Wege einer zivilrechtlichen Rechtsnachfolge auf den neuen Eigentümer über.

Sofern diese Lehre dazu dienen sollte, für den Übergang einer Rechtsposition auf das Vorliegen eines Übergangstatbestandes zu verzichten, war dies, wie oben unter IV 1 b dargestellt, abzulehnen.

Dessen ungeachtet ist diese Theorie imstande, wertvolle Argumente für die Beantwortung der Frage zu liefern, ob eine Polizeipflicht *übergangsfähig* sei[478]. Zuzugeben ist dieser Ansicht nämlich, dass ihr Ausgangspunkt, bestimmte polizeirechtliche Pflichten resultierten weniger aus den persönlichen Verhältnissen des Pflichtigen als aus dem Zustand einer Sache, zu der der Pflichtige eine Beziehung aufweise, sicherlich zutrifft[479].

So weist Rumpf[480] zutreffend darauf hin, dass sich mit zunehmender Technisierung der Gesellschaft der Schwerpunkt der Gefahrenabwehr von der Verhinderung sozialschädlichen Verhaltens einzelner Individuen weg und zum Schutz vor schädlichen Produkten, Anlagen oder Verfahren verlagert habe[481].

Auch folgende Überlegung spricht für die Möglichkeit einer überwiegenden Sachbezogenheit von Polizeipflichten: So ausgiebig eine Rechtsnachfolge bezüglich des Subjekts diskutiert wird, so eindeutig dürfte es keine Rechtsnachfolge bezüglich

---

473 Dietlein, Nachfolge im öffentlichen Recht, S. 120

474 Hüttenhain, Sachbezogene Regelungen und Rechtsnachfolge im Verwaltungsrecht, S. 217; Schenke, GewArch 1976, S. 6; Oldiges, JA 1978, S. 543

475 Gusy, Polizeirecht, 5. Aufl. § 5 Rz. 362; so aber Finkelnburg, JuS 1965, S. 498. Das OVG Lüneburg (NJW 1980, S. 78) schließt mit dieser Begründung eine Bindung des Rechtsnachfolgers gem. § 121 VwGO an eine gerichtliche Entscheidung über eine Abbruchverfügung aus, bemerkt dann aber, dass hierdurch „nichts über die Wirkung der Beseitigungsanordnung gegenüber dem Rechtsnachfolger gesagt ist“.

476 BVerwG BRS 24, Nr. 193, S. 303 bejaht eine Übergangsfähigkeit mit ebendieser Begründung und führt aus, die personalen Elemente könnten noch im Vollstreckungsverfahren ausreichend Berücksichtigung finden.

477 Dargestellt unter IV 1 b

478 Rau, Jura 2000, S. 42; so im Ergebnis auch Schenke, GewArch 1976, S. 3

479 So auch Rumpf, VerwArch. Bd. 78 (1987), S. 295; auch Brehm (JZ 1972, S. 229) spricht von einer möglichen „Verdinglichung“ der Störereigenschaft; ebenso für die zivilrechtliche Störerposition aus § 1004 BGB OLG Düsseldorf, NJW 1990, S. 1000

480 VerwArch. Bd. 78 (1987), S. 295

481 Hierzu erläutert er aaO. verschiedene plastische Beispiele.

des Objekts geben. Wenn z. B. das Fahrzeug, dessen Entfernung aus dem öffentlichen Verkehrsraum verlangt wird, vernichtet wird, so käme kaum jemand auf den Gedanken, die Beseitigungspflicht würde weiter bestehen. Gleiches würde in dem Falle gelten, in welchem das Gebäude, dessen Abriss angeordnet ist, auf sonstige Weise zerstört würde. Indem die jeweils auf das betreffende Objekt bezogene Polizeipflicht in diesen Fällen das Schicksal der Sache, nämlich ihren Untergang, teilt, wird deutlich, dass vorrangiges Ziel der Polizeipflicht eine Änderung des Zustandes der Sache war und nicht die Veranlassung des in Anspruch genommenen Rechtssubjektes zu einer bestimmten Tätigkeit.

f) Die Normzwecklehre

In eine ähnliche Richtung zielt der Ansatz, überhaupt keine allgemeingültigen Aussagen über abstrakte Einordnungskriterien zu treffen, sondern die Frage der Übergangsfähigkeit einer Rechtsposition je nach dem Zweck der Norm zu beantworten, welche der Entstehung der jeweiligen Rechtsposition zugrunde lag[482]. Das entscheidende Argument für die Beantwortung der Frage ist daher der Zurechnungsgrund der polizeirechtlichen Vorschrift[483]. Maßgebliches Kriterium soll hierbei sein, ob dem Zweck einer öffentlich-rechtlichen Position, namentlich einer Verpflichtung, eher durch die Annahme ihrer Nachfolgefähigkeit oder ihrer Nachfolgeunfähigkeit Rechnung getragen wird. Zur Beantwortung dieser Frage sollen eine Reihe von einzelfallbezogenen Indizien herangezogen werden, namentlich das Überwiegen persönlicher oder sachlicher Merkmale im Tatbestand[484] der jeweiligen Norm.

g) Eigene Stellungnahme

Den Theorien der „Höchstpersönlichkeit“, der „Abtrennbarkeit“ und der „Vertretbarkeit“ ist gleichermaßen vorzuwerfen, dass sie im Rahmen eines Zirkelschlusses den zu begründenden Umstand zur Voraussetzung erklären[485].

Wenn die „Höchstpersönlichkeit“, „fehlende Abtrennbarkeit“ oder „Unvertretbarkeit“ einer Verpflichtung, wie von den Vertretern dieser Ansichten vorausgesetzt, bedeutet, dass diese von niemand anderem als dem ursprünglich Verpflichteten erfüllt werden kann, so ist es zwangsläufig, dass die Pflicht auf keine andere Person übergehen kann. Hierbei hat das Kind aber nur einen anderen Namen bekommen. Ein Kriterium für die Beantwortung der Frage, wann eine Pflicht denn nun – allgemein – übergangsfähig sei oder nicht, ist hieraus nicht gewonnen.

Der wesentliche Kritikpunkt gegenüber der Theorie der Dinglichkeit bzw. Sachbezogenheit von Polizeipflichten ist die nicht hinreichende Berücksichtigung der Tatsache, dass in einen Verwaltungsakt auch personale Elemente einfließen können.

Bei genauer Betrachtung liegt sämtlichen Differenzierungsansätzen das gleiche Denkmodell zugrunde. Es wird stets untersucht, ob die jeweilige öffentlich-rechtliche Position in persönlicher Hinsicht auf ihren Träger zugeschnitten worden sei[486] oder ob sie ebensogut des Übergangs auf ein anderes Rechtssubjekt fähig sei, wobei letz-

[482] Riedl, Rechts- und Pflichtennachfolge, S. 203 ff.
[483] Ossenbühl, Zur Haftung des Gesamtrechtsnachfolgers für Altlasten, S. 65
[484] Riedl, Rechts- und Pflichtennachfolge, S. 207 f.
[485] Im Ergebnis ebenso Heitmann, Rechtsnachfolge, S. 19; Ihmels, DVBl. 1972, S. 482
[486] BVerwG E 35, S. 48

teres vor allem dann anzunehmen sei, wenn der durch die jeweilige Pflicht herbeizuführende Erfolg und nicht der dahin führende Handlungsweg im Vordergrund stehe.

Allen Theorien ist gemeinsam, dass sie einzelne Aspekte aufzeigen, die für oder gegen die Annahme eines überwiegenden Personenbezuges sprechen. So ist die Vertretbarkeit einer Handlung sicherlich ein Indiz für deren Übergangsfähigkeit, letztlich aber nicht mit jener gleichzusetzen. Auch sagt die zur Erfüllung einer Pflicht erforderliche Handlung nicht notwendig etwas über den Charakter der Pflicht selbst aus[487]. Je mehr personenbezogene Elemente in der Ermessensentscheidung eine Rolle gespielt haben, welche zur Entstehung der konkreten Pflicht beigetragen haben, desto weniger wird davon auszugehen sein, dass sie dem Rechtsnachfolger gegenüber ebenso erlassen worden wäre, was gegen eine Übergangsfähigkeit spricht. Einer vom Pflichtenträger „ablösbaren" Handlung wird eher eine Übergangsfähigkeit zu bescheinigen sein als einer „höchstpersönlichen" Pflicht. Eine Handlungspflicht, die auf die Herbeiführung eines (außerhalb der betroffenen Person liegenden) Erfolges gerichtet ist, mag eher übergangsfähig sein als die Verpflichtung zu einer bestimmten Handlung, unabhängig von deren Zielgerichtetheit. Keine dieser Theorien vermag indes ohne Ausnahmen auszukommen, wie vorstehend bereits gezeigt worden ist. Allgemeingültigkeit kann daher keiner dieser Ansätze für sich beanspruchen.

Aus der Vielzahl der versuchten Klassifizierungen und ihrer jeweiligen Defizite lässt sich bei nüchterner Betrachtung nur der Schluss ziehen, dass es aussichtslos erscheint, die Frage nach der Übergangsfähigkeit oder Nicht-Übergangsfähigkeit einer öffentlich-rechtlichen Position dadurch zu beantworten, dass man dieses Begriffspaar durch ein anderes ersetzt und bei der Subsumtion unter diese neue Begrifflichkeit auf dieselben Probleme stößt wie vorher.

Es erscheint vielmehr sachgerecht, anzuerkennen, dass die Vielfalt der betroffenen Materien und die unterschiedliche Ausgestaltung der betroffenen Sachverhalte es unumgänglich erscheinen lassen, die Frage nach der Übergangsfähigkeit einer konkreten Rechtsposition ausschließlich im Einzelfall zu beantworten[488], wobei, wie erwähnt, die hierzu entwickelten Abgrenzungstheorien wertvolle Hinweise geben können, keine für sich indes geeignet ist, diese Frage abstrakt und allgemeingültig zu beantworten.

Als Ausgangspunkt kann hier das sämtlichen Theorien zugrunde liegende Gegensatzpaar „überwiegender Personenbezug" oder „überwiegender Sachbezug" der jeweiligen Pflichtenposition dienen, wonach es sowohl Pflichten gibt, bei deren Entstehung und nach deren Inhalt personenbezogene Umstände (zumindest: so gut wie)

---

[487] Peine, DVBl. 1980, S. 944

[488] Nichts anderes macht die Rechtsprechung schon seit jeher bei der Beurteilung der Vererblichkeit von öffentlich-rechtlichen Ansprüchen: Auch soweit sich diese auf Geldzahlungen oder sonstige vertretbare Leistungen beziehen, wird in jedem Einzelfall geprüft, ob Sinn und Zweck der den Anspruch begründenden Norm eine Überleitung nahelegen oder einer solchen entgegenstehen, so BVerwGE 35, S. 48 (verneinend für Beihilfeanspruch im Rahmen der Kriegsopferfürsorge), BVerwGE 25, S. 23 (verneinend für Sozialhilfeansprüche wegen des Bezugs auf die konkrete Lebenssituation des Betroffenen), BVerwGE 30, S. 123 (bejahend für Wohngeldansprüche), BVerwG NJW 1987, S. 3212 (verneinend für das sog. „Bauherrenprivileg" aus § 6 Abs. 2 S. 3 WoBindG; für eine Übertragung dieser Grundsätze auch auf den Pflichtenübergang Ossenbühl, zur Haftung des Gesamtrechtsnachfolgers für Altlasten, S. 63

keine Rolle spielen als auch solche, bei denen der Personenbezug den maßgeblichen Ausschlag gibt[489].

Am ehesten mag dieser Ansatz demjenigen der Dinglichkeitslehre oder der Lehre vom Normzweck ähneln. Die Lehre von der Dinglichkeit war insofern abzulehnen, als sie eine solche Sachbezogenheit *generell* bei allen Polizeipflichten, die aus der Zustandsverantwortlichkeit für ein Grundstück resultieren, als ausschlaggebend annehmen will. Eine solche Verallgemeinerung klingt zumindest in der Rechtsprechung an.

Zuzustimmen ist ihr jedoch dahingehend, dass eine Polizeipflicht, *wenn und soweit* sie sich ausschließlich oder zumindest überwiegend auf den Zustand einer Sache bezieht, des Übergangs auf einen Rechtsnachfolger grundsätzlich fähig sein kann[490].

Umgekehrt wird eine Rechtsnachfolge regelmäßig dann ausscheiden, wenn die Polizeipflicht bzw. ihre konkrete Ausgestaltung im Einzelfall nicht nur auf den Zustand einer Sache zugeschnitten und damit gleichzeitig losgelöst von personalen Komponenten des Sachwalters war, sondern wenn sie maßgeblich beeinflusst worden ist von persönlichen Eigenschaften des Gebotsempfängers oder aber zumindest nicht ohne relevante Berücksichtigung solcher persönlichen Momente entstanden ist[491]. Hierbei ist in der Tat auf den Zweck der jeweils die in Rede stehende Pflicht begründenden Norm abzustellen.

In der jüngeren Literatur wird eine Übergangsfähigkeit auch dann abgelehnt, wenn die Pflicht „derart an die Person des Pflichtigen gekoppelt ist, dass sich mit dem Wechsel des pflichtigen Zuordnungssubjekts der konkrete Gesetzeszweck nicht mehr erreichen lässt"[492].

Diese Ansicht mag graduell restriktiver sein als die vorstehend vertretene; deckt sich indes mit dieser in der Annahme, dass eine „abstrahierende" Klassifizierung in übergangsfähige und nicht übergangsfähige Arten von Polizeipflichten nicht möglich ist.

Die Beantwortung der Frage, ob eine Polizeipflicht im Rahmen einer Rechtsnachfolge übergangsfähig sei, ist somit regelmäßig nur durch eine wertende Betrachtung im Einzelfall möglich[493]. Hierbei können – wie sich gezeigt hat – allen vorgenannten Theorien maßgebliche Anhaltspunkte entnommen werden.

Nicht zu prüfen ist die Frage der Übergangsfähigkeit bei denjenigen Rechtspositionen, bei denen der Gesetzgeber eine Nachfolge durch Schaffung ausdrücklicher Übergangsnormen selbst angeordnet hat. Dies betrifft sämtliche oben unter III 1 e bb genannten Tatbestände, in denen bestimmt ist, dass die jeweiligen Rechtspositionen im Falle einer Rechtsnachfolge auf den Nachfolger übergehen. In diesem Zusammenhang erschließt sich auch die Antwort auf die eingangs aufgeworfene Frage, ob

---

[489] Otto, Die Nachfolge in öffentlich – rechtliche Positionen des Bürgers, S. 95
[490] Otto, Die Nachfolge in öffentlich – rechtliche Positionen des Bürgers, S. 95; Wolff / Bachof / Stober, Verwaltungsrecht Bd. 1, § 42 VIII 3 Rz. 55
[491] Schenke, GewArch 1976, S. 2; Wolff / Bachof / Stober, Verwaltungsrecht Bd. 1, § 42 VIII 3 Rz. 54
[492] Dietlein, Nachfolge im öffentlichen Recht, S. 125; Zacharias, JA 2001, S. 724
[493] Wolff / Bachof / Stober, Verwaltungsrecht Bd. 1, § 42 VIII 3 Rz. 55; Erichsen / Ehlers, Allgemeines Verwaltungsrecht, 13. Aufl. § 17 II 5 Rz. 18; so auch Rimann, DVBl. 1962, S. 553, der auf die Verschiedenartigkeit der Natur der einzelnen Rechtsverhältnisse hinweist.

es sich bei diesen Normen lediglich um solche deklaratorischer Natur oder gar um „legislatorischen Zufall“ handele.

Es ist vielmehr zu konstatieren, dass der Gesetzgeber die Frage, ob die jeweilige Position übergangsfähig sei oder nicht, in diesen Fällen nicht der Auslegung durch den Rechtsanwender überlassen wollte, sondern sie im Rahmen seiner legislatorischen Kompetenzen selbst entschieden hat[494].

Diesen Vorschriften kommt daher teilweise eine Doppelnatur zu: Im Rahmen einer gewillkürten zivilrechtlichen Einzelrechtsnachfolge ordnen sie, wie oben erläutert, den Übergang der betreffenden öffentlich-rechtlichen Position an, womit die Frage der Übergangsfähigkeit implizit in positivem Sinne mit entschieden wird; im Falle der – auch öffentlich-rechtlichen – Gesamtrechtsnachfolge beschränkt sich ihre Aussage darauf, die Übergangsfähigkeit der jeweiligen Pflicht für den Rechtsanwender bindend festzulegen.

Ob sich der Gesetzgeber dabei jeweils tatsächlich im Rahmen seiner Befugnisse gehalten hat oder ob diese Bestimmungen ihrerseits im Einzelfall möglicherweise gegen höherrangiges Recht verstoßen, ist eine andere Frage, die im Rahmen der vorliegenden Arbeit indes nicht beantwortet werden kann. Die jeweiligen Entscheidungen des Gesetzgebers sind daher zunächst als verbindlich hinzunehmen.

[494] So auch Nolte / Niestedt, JuS 2000, S. 1972

V. Beantwortung der Ausgangsfragen

Bisher ist festgestellt worden, dass eine Rechtsnachfolge in öffentlich-rechtliche Positionen und damit auch in Polizeipflichten grundsätzlich möglich ist. Als Übergangstatbestände kommen vor allem die §§ 1922 ff. BGB als auch im öffentlichen Recht gültige Regelung der Gesamtnachfolge von Todes wegen und die §§ 415 ff. BGB analog als Einzelnachfolgetatbestände in Betracht.

Bei der oben unter IV 2 a und b angestellten Untersuchung hat sich gezeigt, dass das „Gegensatzpaar", welches im Rahmen der Rechtsnachfolge zu unterscheiden ist, sich weniger aus den Bezeichnungen „Gesamt-" und „Einzelrechtsnachfolge" bildet[495], sondern vielmehr aus den Begriffen „imperative Rechtsnachfolge" und „gewillkürte Rechtsnachfolge". Der Unterschied manifestierte sich vor allem in den unterschiedlichen Anforderungen an die Strenge des Gesetzesvorbehaltes, welcher in Fällen gesetzlich angeordneter Pflichtennachfolge den Rückgriff auf methodische Rechtsfindungsquellen, insbesondere den Analogieschluss, verbot, während in Fällen freiwilliger Pflichtenübernahme aufgrund der eingeschränkten grundrechtlichen Relevanz die analoge Anwendung von Vorschriften des Zivilrechts zur Begründung einer Rechtsnachfolge ausreichte.

Der Umstand, dass dennoch in der Diskussion um eine Pflichtennachfolge klassischerweise das Begriffspaar „Gesamt-" und „Einzelrechtsnachfolge" bemüht wird[496], dürfte darin begründet liegen, dass das Zivilrecht, wie eingangs unter III 1 d cc festgestellt, keine imperative Einzelpflichtnachfolge kennt und somit die Einzelpflichtnachfolge dort als klassischer Fall der gewillkürten Rechtsnachfolge gesehen wird. Es wurde bereits ausgeführt, dass dies im öffentlichen Recht anders ist (und aufgrund des Vorbehalts des Gesetzes auch anders sein muss), indem dort eine Reihe von Vorschriften die Nachfolge in bestimmte, einzelne Pflichtenpositionen anordnen.

Ein weiterer Grund für die unzutreffende Begriffspaarbildung mag darin zu sehen sein, dass das Problem der Einzelpflichtnachfolge im öffentlichen Recht vor allem da relevant wird, wo eine zivilrechtliche Einzelrechtsnachfolge vorausgegangen ist, also z. B. die Eigentumsübertragung an einem Grundstück. Umgekehrt ist im Rahmen der zivilrechtlichen Gesamtrechtsnachfolge diejenige von Todes wegen (bei der es sich, wie oben unter III 1 d aa erläutert, auch in Fällen rechtsgeschäftlicher Erbeinsetzung um eine imperative Rechtsnachfolge handelt) in der Praxis so dominant, dass darüber die Möglichkeit der freiwilligen Gesamtrechtsnachfolge unter juristischen Personen und sonstigen Gesellschaften[497] regelmäßig vernachlässigt wird[498].

---

[495] Nach diesen Kriterien wird aber in fast sämtlichen Veröffentlichungen unterschieden, so z. B. Peine, DVBl. 1980, S. 944, mit der auch bei anderen zu findenden nicht weiter begründeten Aussage: „Entsprechend der zivilistischen Differenzierung zwischen Universal- und Singularsukzession ist zu unterscheiden"

[496] Schlabach / Simon, NVwZ 1992, S. 144; Peine, JuS 1997, S. 986 ; Rau, Jura 2000, S. 37; Habermehl, Polizei- und Ordnungsrecht, S. 103 Rz. 222; Wolff / Bachof / Stober, Verwaltungsrecht Bd. 1, § 42 VIII 3 Rz. 57; Scholler / Schloer, Grundzüge des Polizei- und Ordnungsrechts, § 10 III. S. 269

[497] Ob es sich in diesen Fällen rechtsdogmatisch nicht möglicherweise auch um eine imperative Gesamtrechtsnachfolge handelt, die lediglich an den Tatbestand der Umwandlung anknüpft, kann vorliegend nicht näher untersucht werden; die Rechtsprechung hat diese Problematik teilweise „umschifft", indem sie eine Rechtsnachfolge als nicht gegeben angesehen hat, wenn die Vermögen der „alten" und „neuen" Rechtsträger weitgehend identisch waren, s. BVerwG DÖV 2001, S. 1001

[498] Diese Differenzierung klingt allerdings bei Peine (JuS 1997, S. 987) an, der darauf hinweist, juristische Personen dürften sich durch Umwandlung ihrer Verhaltenshaftung nicht entziehen, diese bestünde daher – anders als bei der Gesamtrechtsnachfolge von Todes wegen – auch weiterhin fort.

Im Folgenden soll aus Rücksicht auf die überkommene Terminologie die gängige Differenzierung „Gesamtrechtsnachfolge“ / „Einzelrechtsnachfolge“ beibehalten werden; der Begriff der Gesamtrechtsnachfolge wird dabei synonym für die imperative Pflichtennachfolge verwendet, während unter der Überschrift „Einzelrechtsnachfolge“, sofern nichts Abweichendes ausgeführt ist, die gewillkürte Rechtsnachfolge verstanden wird.

Zur Lösung der in dieser Arbeit zu untersuchenden Fragen ist nunmehr in Konsequenz zu den vorstehenden Ausführungen für jede einzelne Fallkonstellation zu prüfen, ob die Polizeipflicht jeweils auch tatsächlich auf den Rechtsnachfolger übergeht.

1. Die abstrakte gefahrenabwehrrechtliche Verantwortlichkeit im Allgemeinen

Bevor untersucht werden kann, ob nach den vorstehend als maßgeblich herausgearbeiteten Kriterien die abstrakte gefahrenabwehrrechtliche Verantwortlichkeit überhaupt geeignetes Objekt einer Rechtsnachfolge sein kann, ist die Natur dieser Rechtsbeziehung zwischen Bürger und Staat noch genauer zu definieren.

Aus der oben unter I 2 a und b erläuterten Eigenart der gefahrenabwehrrechtlichen Verantwortlichkeit geht hervor, dass sie im Laufe ihrer Entwicklung drei wesentliche Stufen durchläuft[499]:

Zunächst steht das jeweilige Rechtssubjekt dem polizeirechtlichen Gefahrenabwehrtatbestand sozusagen „neutral“ gegenüber; es handelt sich um den klassischen Fall der Gesetzesunterworfenheit des Bürgers ohne konkreten Bezugs- oder Berührungspunkt[500] zwischen ihm und dem Tatbestand.

Auf der nächsten Stufe ist bereits eine Gefahr eingetreten, für die ein bestimmtes Verhalten des jeweiligen Rechtssubjekts oder der Zustand einer Sache, zu welcher das Rechtssubjekt eine Sonderbeziehung aufweist, ursächlich im Sinne der oben dargestellten Kriterien gewesen ist[501].

Im nächsten Schritt schließlich hat die Behörde bereits gegenüber dem betroffenen Bürger eine bestimmte Maßnahme zur Gefahrenabwehr getroffen.

Während ein allgemeiner Konsens dahingehend festzustellen ist, dass die drittgenannte Stufe durchweg als die „konkrete“ bzw. „konkretisierte“ Polizeipflicht anerkannt wird[502], ist unklar, ob unter dem Begriff der „abstrakten“ Polizeipflicht lediglich die zweitgenannte oder auch schon die erste Stufe zu verstehen sein solle[503]. Unabhängig von diesem rein begrifflichen Disput dürfte indes nicht ernsthaft in Frage stehen, dass die erste Stufe jedenfalls noch keine rechtliche Sonderbeziehung zwi-

[499] Petersen, NJW 1992, S. 1202 (S. 1204)
[500] Zacharias, JA 2001, S. 722
[501] Ossenbühl, zur Haftung des Gesamtrechtsnachfolgers für Altlasten, S. 56
[502] Abweichend insoweit nur Otto, Die Nachfolge in öffentlich-rechtliche Positionen des Bürgers, S. 22, der diese Stufe der Pflicht als „aktuell“ bezeichnet und als konkret bereits die zweitgenannte Variante betitelt.
[503] Für die Einordnung bereits der allgemeinen Gesetzesunterworfenheit als „allgemeine Gefahrvermeidungspflicht“ z. B. Pietzcker, DVBl. 1984, S. 458 (allerdings auch mit Einschränkungen); Wallerath, JuS 1971, S. 461 (S. 465): „Pflicht zu einem nichtstörenden Verhalten“; dagegen Peine, DVBl. 1980, S, 941 (S. 948), Martensen, DVBl. 1996, S. 286 (S. 288); Petersen, NJW 1992, S. 1202 (S. 1204)

schen Staat und Bürger begründet, die aber nach den oben unter III 1 a dargestellten Grundsätzen für eine Rechtsnachfolge unabdingbare Voraussetzung ist.

Im übrigen würde, wollte man eine solche Sonderbeziehung bereits auf der ersten Stufe annehmen, auf diese Weise auch der Unterschied zwischen Zustands- und Verhaltensverantwortlichkeit praktisch eingeebnet: Bestünde bereits eine allgemeine „Gefahrvermeidungspflicht" des Bürgers, so hätte dieser für den Fall, dass von einer ihm kraft Eigentums oder Innehabens der tatsächlichen Gewalt zugeordneten Sache eine Gefahr ausginge, bereits gegen diese Pflicht verstoßen und wäre neben seiner Eigenschaft als Zustandsstörer stets auch Verhaltensverantwortlicher. Dies wird indes der Systematik der Störerbegriffe des Gefahrenabwehrrechts nicht gerecht. Die allgemeine Rechtsunterworfenheit des Bürgers kann nicht Gegenstand einer Sukzession zwischen zwei Rechtssubjekten sein[504], es handelt sich vielmehr um eine für alle Bürger bzw. für alle dem Gesetz unterworfenen Personen gleichermaßen geltende Pflicht. Eine solche Pflicht einer Rechtsnachfolge zu unterwerfen, würde beim Rechtsnachfolger allenfalls zu einer „Verdoppelung" der Pflichtenstellung, einmal aus eigener und einmal aus abgeleiteter Verantwortlichkeit führen, ein solches Ergebnis wäre indes sinnlos[505].

Ebenso eindeutig ist, dass die dritte Stufe der Verantwortlichkeit, die durch eine konkrete Gefahrbeseitigungsmaßnahme begründet worden ist, eine solche Rechtsbeziehung darstellt, deren Übergangsfähigkeit zu untersuchen sein wird.

Im Folgenden soll daher ausschließlich die zweite Stufe als abstrakte gefahrenabwehrrechtliche Verantwortlichkeit bezeichnet und auf ihre Übergangsfähigkeit hin untersucht werden.

2. Die abstrakte Zustandsverantwortlichkeit

Als abstrakte Zustandsverantwortlichkeit ist die Rechtsstellung des Bürgers anzusehen, der Eigentümer oder Inhaber der tatsächlichen Gewalt über eine Sache ist, von der eine polizeirechtlich relevante Gefahr ausgeht, ohne dass bereits eine behördliche Maßnahme zur Gefahrenabwehr getroffen worden wäre.

a) Übergangsfähigkeit

Von vielen Autoren wird eine Übergangsfähigkeit bereits mit dem Hinweis verneint, für eine solche bestehe kein Bedürfnis, da diese Polizeipflicht in der Position des Rechtsnachfolgers als neuem Eigentümer oder neuem Inhaber der tatsächlichen Gewalt ohnehin neu entstehe[506]. Schon dies ist nicht zwingend, wie der Fall belegt, dass sich ein Zustandsverantwortlicher der Sache durch Dereliktion entledigt. In diesem Falle wirkt seine Zustandshaftung nach herrschender Meinung[507] sowie nach

---

[504] Zacharias, JA 2001, S. 722; Brehm, JZ 1972, S. 226; Lisken / Denninger, Handbuch des Polizeirechts, S. 249 Rz. 110

[505] Heitmann, Rechtsnachfolge, S. 137

[506] Papier NVwZ 1986, S. 262, ebenso ders. DVBl. 1996, S. 127; Schlabach / Simon, NVwZ 1992, S. 144; Schink, GewArch 1996/2, S. 59; Rau, Jura 2000, S. 40; Muckel, Klausurenkurs im besonderen Verwaltungsrecht, S. 152 Fall 18a; im Ergebnis ebenso Rumpf, VerwArch Bd. 78 (1987), S. 302; a. A. aber Stadie, DVBl. 1990,S. 505

[507] Friauf, in: Schmidt – Aßmann, Besonderes Verwaltungsrecht, 11. Aufl., 2. Abschnitt Rz. 89 (anders jetzt aber Schoch in der 13. Aufl. 2. Kap. 2 c dd Rz. 153); OVG Bremen, DVBl. 1989, S. 1008

teilweise ausdrücklicher gesetzlicher Bestimmung[508] auch nach Beendigung seiner Eigentümerstellung fort. Im Falle einer eintretenden Gesamtrechtsnachfolge (z. B. durch Tod) stellt sich somit durchaus die Frage nach der Übertragbarkeit dieser „fortdauernden" abstrakten Zustandshaftung, da die Gesamtrechtsnachfolger in die diese haftungsbegründende Position (Eigentum) nicht mehr einrücken können[509].

Das (vorhandene oder fehlende) Bedürfnis für einen Rechtsübergang vermag außerdem eine dogmatische Begründung für die Möglichkeit oder Unmöglichkeit eines solchen Übergangs nicht zu liefern.

Hierfür dürfte vielmehr auf den Charakter der abstrakten Zustandshaftung bzw. auf die diese Polizeipflicht begründende Wertung zurückzugreifen sein[510].

Soweit hierzu vertreten wird, eine einer abstrakten Zustandsverantwortlichkeit entspringende inhaltlich zu bestimmende Polizeipflicht existiere bereits deshalb nicht[511], weil der Einzelne gar nicht in der Lage sei, die Vielzahl der Gefahrentatbestände und die Möglichkeit zu bestimmten Gefahrbeseitigungsmaßnahmen zu erkennen[512], was im übrigen durch das dem Polizeirecht zugrunde liegende Opportunitätsprinzip bestätigt werde, so dürfte dies zumindest in der aus dem Argument gezogenen Folgerung zu weit gehen[513].

Zwar erscheint das Gegenargument[514] nicht zwingend, wonach es auch im Strafrecht „materielle" Pflichten gebe, die den Bürger auch ohne Konkretisierung zu einem bestimmten Verhalten verpflichteten. Dieser Vergleich verfängt deshalb nicht, weil im Strafrecht bei der letztendlich maßgeblichen Beurteilung der Frage, ob der Täter gegen die jeweilige Norm verstoßen hat, den täterbezogenen subjektiven Merkmalen durch die hierbei maßgeblichen Korrektive der Rechtswidrigkeit und Schuld Rechnung getragen wird.

Nichtsdestoweniger ist aufgrund der polizeirechtlichen Gesetze bzw. deren Anwendung und Auslegung feststellbar, wer als „Zustandsstörer" angesehen werden kann, nämlich der Inhaber der tatsächlichen Gewalt und/oder der Eigentümer der Sache, von der die jeweilige Gefahr ausgeht. Allein diese Störereigenschaft (und nicht die Verpflichtung zu einer bestimmten Maßnahme) begründen bereits die abstrakte Polizeipflichtigkeit.

Ob daraus weiter gefolgert werden kann, diese Polizeipflichtigkeit enthalte auch eine allgemeine „Nichtstörungspflicht[515] oder aber – zumindest in dem Fall, dass eine Ge-

[508] So z. B. § 5 Abs. 3 PolG NW, § 5 Abs. 3 PolG Brem, § 7 Abs. 3 SOG Nds, § 5 Abs. 3 POG Rhl-Pf., § 5 Abs. 3 PolG Saarl., Art. 8 Abs. 3 PAG Bay

[509] Eine andere Frage ist, ob sich dieses Problem nicht unter Heranziehung der Grundsätze der Verhaltensverantwortlichkeit treffender lösen ließe, die Dereliktion könnte als gefahrverursachender Akt angesehen werden (so auch Pieroth / Schlink / Kniesel, Polizei- und Ordnungsrecht, § 9 Rz. 35), dies würde aber die Frage nach der Möglichkeit des Übergangs der Zustandsverantwortlichkeit nicht beantworten.

[510] Dietlein, Nachfolge im öffentlichen Recht, S. 229

[511] Wagner, Die Polizeipflicht von Hoheitsträgern, 1971, S. 24 ff.

[512] Götz, Allgemeines Polizei- und Ordnungsrecht, § 9 Rz. 192, bezeichnet eine solche Pflicht als nicht praktikable Handlungsanweisung für den Bürger, nimmt sie aber dennoch an

[513] So im Ergebnis auch Nolte / Niestedt, JuS 2000, S. 1075

[514] Peine, DVBl. 1980, S. 948

[515] So ausdrücklich Habermehl, Polizei- und Ordnungsrecht, S. 87 Rz. 177, der allerdings einen Übergang dieser abstrakten Pflicht auf einen Rechtsnachfolger ablehnt, S. 103 Rz. 222

fahr eingetreten ist[516] – den Auftrag, dafür zu sorgen, dass der polizeirechtswidrige Zustand der Sache beendet[517], mithin die Gefahrenlage (auch ohne ausdrückliche behördliche Anordnung) beseitigt werde[518], erscheint indes zweifelhaft.

Hiergegen spricht bereits der Umstand, dass die Auswahl der jeweils in Anspruch zu nehmenden Person sowie der zu treffenden Maßnahme in das Ermessen der Behörde gestellt ist[519]. Dem hieraus ableitbaren Argument, der Bürger würde durch eigenmächtige „Maßnahmen" dem der Behörde eröffneten Handlungsspielraum „vorgreifen" und eventuell geplante Maßnahmen vereiteln, kann noch entgegnet werden, dass eine solche „Vorgreiflichkeit" auch bereits im Beitrag zum Entstehen der Gefahrenlage gesehen werden kann und es darüber hinaus der Behörde letztendlich gleichgültig sein kann, auf welche Weise ein anderer die Gefahr beseitigt.

Gegen die Annahme einer solchen aus dem Gesetz abzuleitenden „bestimmten" abstrakten Polizeipflicht spricht hingegen entscheidend die Systematik der einschlägigen allgemeinen Polizeigesetze: Diese wenden sich nicht unmittelbar an den Bürger und legen ihm inhaltlich bestimmte Pflichten auf[520], sondern sie sind an die Behörde gerichtet formuliert und statuieren deren Befugnisse[521]. Diese Befugnisse sind indes noch ohne inhaltliche Bestimmtheit und ermächtigen die Behörde expressis verbis lediglich, „ihre Maßnahmen gegen" bestimmte Personen „zu richten", ohne dass bestimmt wäre, welche Maßnahmen dies sein sollten[522]. Den Vorschriften über die Handlungs- und Zustandsstörer kommt damit lediglich der Charakter einer „Richtungsbestimmung" der gefahrenabwehrrechtlichen Maßnahme aus Sicht der Behörde, nicht aber derjenige einer an den jeweiligen Bürger gerichteten konkreten Anordnung zu[523].

Dies wird dadurch besonders deutlich, dass die jeweiligen Polizeigesetze es auch zulassen, Maßnahmen gegenüber einer dritten, in das gefahrenträchtige Geschehen nicht kausal oder durch die Beziehung zu einer Sache involvierten Person, einem „Nichtstörer" zu treffen[524]. Würde man den Vorschriften, die die Richtung der gefahrenabwehrrechtlichen Maßnahmen regeln, den Inhalt beimessen, konkrete Pflichten für die jeweils potentiellen Adressaten zu begründen, so käme man nicht umhin, auch für den Nichtstörer eine solche abstrakte Polizeipflicht anzunehmen, eine Konsequenz, die, soweit ersichtlich, nirgendwo gezogen wird.

Schließlich würde die Annahme einer solchen bestimmten, abstrakten Polizeipflicht auch dazu führen, dass der ihr Unterworfene sich im Falle des Eintritts einer konkre-

---

[516] Ossenbühl, zur Haftung des Gesamtrechtsnachfolgers für Altlasten, S. 57

[517] Martensen, DVBl. 1996, S. 288; Drews / Wacke, Allgemeines Polizeirecht, S. 205 sprechen von einer „selbstverständlichen Pflicht des Einzelnen gegenüber der Allgemeinheit"; Bay VGH ZfW 1989, S. 151

[518] So aber Stadie, DVBl. 1990, S. 505, der argumentiert, auch im Zivilrecht bestehe eine Verpflichtung unabhängig von ihrer Titulierung im Prozess - dieser Vergleich dürfte indes wegen der Besonderheit des Verwaltungsrechtsverhältnisses - dazu sogleich – fehlgehen; in die gleiche Richtung argumentiert auch Heitmann, Rechtsnachfolge, S. 137

[519] Schenke, GewArch. 1976, S. 2

[520] Pieroth / Schlink / Kniesel, Polizei- und Ordnungsrecht, § 9 Rz. 4

[521] Papier, DVBl. 1996, S. 127; Rau, Jura 2000, S. 43; Zacharias, JA 2001, S. 723

[522] Schwachheim, NVwZ 1988, S. 226

[523] Pieroth / Schlink / Kniesel, Polizei- und Ordnungsrecht, § 9 Rz. 4; Götz, Allgemeines Polizei- und Ordnungsrecht, § 9 Rz. 192 differenziert hier: Die Gesetze enthielten eine solche Aufforderung an den Bürger aus gutem Grunde nicht, da sie keine praktikable Handlungsanweisung für den Bürger darstellen könne, es gebe aber dennoch eine allgemeine Gefahrvermeidungspflicht.

[524] Zacharias, JA 2001, S. 723

ten Gefahr stets auch der Haftung als Verhaltensverantwortlicher ausgesetzt sähe, da er es ja unterlassen hat, dem aus der allgemeinen Gefahrvermeidungspflicht resultierenden Gebot Folge zu leisten[525].

Daher besteht die Aufgabe der allgemeinen Polizeigesetze und somit auch der aus diesen hergeleiteten abstrakten Verantwortlichkeit lediglich darin, den Störer zu bestimmen[526] und dadurch der Behörde gegenüber denjenigen Personenkreis festzulegen, welcher durch eine konkrete Maßnahme in Anspruch genommen werden kann. Sie statuiert daher nur eine Eingriffsbefugnis der Behörde[527], stellt somit klar, dass die vom Gesetz als „Störer" klassifizierten Subjekte als potentielle Adressaten einer Verfügung in Betracht kommen und von der Behörde in Anspruch genommen werden dürfen[528], begründen indes ihrerseits (noch) keine konkreten Rechtspflichten für den Bürger[529], sondern, wie von Hurst[530] formuliert, lediglich dessen „Verpflichtbarkeit".

Inhaltlich bestimmte Rechtspflichten des Bürgers entstehen erst aufgrund eines noch mehrfach gestuften Entscheidungsverfahrens der Behörde[531], bei welchem auf jeder Stufe eine Ermessensausübung vorzunehmen ist (Entschließungsermessen, ob überhaupt eingeschritten werden solle, Auswahlermessen bezüglich des in Anspruch zu nehmenden Subjekts sowie Auswahlermessen in Bezug auf das anzuwendende Mittel). Erst am Ende dieses Verfahrens steht die Rechtspflicht eines Bürgers zu einem bestimmten Handeln oder Unterlassen[532].

Nach dieser zutreffenden Ansicht beschränkt sich somit die abstrakte Zustandsverantwortlichkeit in der Position des Bürgers auf die Erfüllung der gesetzlichen Tatbestandsmerkmale „Eigentümer" einer bzw. „Inhaber der tatsächlichen Gewalt" über eine gefahrverursachende Sache, was ihn zu einem potentiellen Adressaten einer behördlichen Verfügung macht.

Fraglich ist somit allenfalls, ob diese abstrakte Position der „Verpflichtbarkeit" des Übergangs auf ein anderes Rechtssubjekt fähig ist[533]. Denn auch, wenn es sich bei dieser Position um keine konkrete Handlungspflicht des Bürgers, sondern lediglich um eine Eingriffsbefugnis der Behörde ihm gegenüber handelt[534], so stellt diese Position doch zumindest eine in höherem Maße individualisierte Rechtsbeziehung zwischen Bürger und Behörde dar als die eingangs erläuterte allgemeine Gesetzesun-

---

525 Pieroth / Schlink / Kniesel, Polizei- und Ordnungsrecht, § 9 Rz. 4
526 Papier, DVBl. 1996, S. 127; Zacharias, JA 2001, S. 722; Dietlein, Nachfolge im öffentlichen Recht, S. 85 ff.
527 Dietlein, Nachfolge im öffentlichen Recht S. 85 ff..; Tettinger, § 15 III Rz. 514; Lisken / Denninger, Handbuch des Polizeirechts, S. 249 Rz. 110
528 Papier, DVBl. 1996, S. 127; Rau, Jura 2000, S. 43
529 Muckel, Klausurenkurs im besonderen Verwaltungsrecht, S. 154 Fall 18b; anders Ossenbühl, zur Haftung des Gesamtrechtsnachfolgers für Altlasten, S. 56, der – ebenso wie Stadie (DVBl. 1990, S. 505) – den Umfang der Pflicht als gegeben annimmt und die Konkretisierung lediglich als Verschaffung eines Titels für die jeweilige Polizeibehörde ansieht.
530 AöR Bd. 83 (1958), S. 43 (S. 65)
531 Muckel, Klausurenkurs im besonderen Verwaltungsrecht, S. 154 Fall 18b; Zacharias, JA 2001, S. 723 lehnt daher die Annahme einer bereits inhaltlich bestimmten abstrakten Polizeipflicht auch mit dem Hinweis auf den Vorbehalt des Gesetzes ab; das „Hineinlesen" einer bestimmten Pflicht in einen solchen Ermächtigungstatbestand verstoße gegen diesen Grundsatz.
532 Papier DVBl. 1996, S. 127; Schwachheim, NVwZ 1988, S. 226
533 Verneinend Muckel, Klausurenkurs im besonderen Verwaltungsrecht, S. 154 Fall 18b
534 Pieroth / Schlink / Kniesel (Polizei- und Ordnungsrecht, § 9 Rz. 50) formulieren: „Befugnisse können nicht in ihren Adressaten übertragen und vererbt werden".

terworfenheit, bezüglich derer Einigkeit dahingehend herrscht, dass diese eines Übergangs auf andere Rechtssubjekte nicht zugänglich ist. Insofern erscheint es zumindest diskutabel, dass sich dieser erhöhte Grad an Individualisierung in der Person eines Rechtsnachfolgers fortsetzen könnte[535]. Immerhin könnte man sie als verbindlichkeitsähnliche Rechtsposition für übergangsfähig halten[536].

Hierzu ist es nach den eingangs getroffenen allgemeinen Ausführungen erforderlich, den Grund für das Bestehen der Pflichtenposition herauszuarbeiten und zu prüfen, ob diese ihrem Charakter nach auf einen Rechtsnachfolger übergeleitet werden kann.

Eine Person wird dann als abstrakt zustandsverantwortlich angesehen, wenn sie aufgrund ihrer Nähe zur Sache bzw. ihres Herrschaftsverhältnisses über diese rechtlich und tatsächlich eine gegenüber anderen Subjekten gesteigerte Befugnis bzw. Möglichkeit hat, auf die Sache einzuwirken[537]. Dies ergibt sich u. a. auch daraus, dass der Eigentümer oder Berechtigte dann nicht als Zustandsstörer angesehen wird, wenn ihm die Verfügungsbefugnis gegen seinen Willen entzogen worden ist[538]. Anknüpfungspunkt ist somit die aktuell tatsächlich und rechtlich bestehende Verfügungsbefugnis über die Sache[539].

Erlischt aber dieses rechtliche oder tatsächliche Herrschaftsverhältnis, so entfällt damit auch der Grund der polizeirechtlichen Verantwortlichkeit[540]. Mit anderen Worten: Mit der Beendigung z. B. der Eigentümerstellung entfällt die Zustandshaftung[541], da diese das Eigentum tatbestandlich voraussetzt[542].

Eine rechtliche Position, deren Tatbestand entfallen ist, kann aber schwerlich in abgeleiteter Rechtsstellung bei einem Rechtsnachfolger fortbestehen. Auch der Umstand, dass der Rechtsnachfolger ja seinerseits den Tatbestand nunmehr erfüllt, spricht gerade nicht für eine vom Rechtsvorgänger derivativ übernommene und fortgeführte Rechtsstellung, sondern bestätigt die von der herrschenden Meinung vertretene Auffassung, dass die Zustandsverantwortlichkeit bei ihm als neuem Sachwalter originär neu begründet worden ist[543].

Dies lässt sich am ehesten mit den oben unter III 1 d gg angesprochenen zivilrechtlichen Statusregelungen vergleichen, welche das Statut einer Person („Ehegatte", „Kaufmann" etc.) an das Vorliegen bestimmter rechtlicher und tatsächlicher Voraussetzungen knüpfen, ohne dass es darauf ankäme, wie und aus welchem Grunde diese entstanden sind. Bei diesen Bestimmungen läge der Gedanke ebenfalls fern, eine Rechtsnachfolge in solche Positionen anzunehmen. Ebenso ist im Zivilrecht anerkannt, dass Forderungen und Pflichten, die mit dem Status (auch dem des Eigentü-

---

[535] Zacharias, JA 2001, S. 723
[536] So Oldiges, JA 1978, S. 543
[537] Tettinger, Besonderes Verwaltungsrecht / 1, § 15 II Rz. 504
[538] § 5 Abs. 2 S. 2 PolG NW
[539] Knemeyer, Polizei- und Ordnungsrecht, § 27 Rz. 334; OVG NW, NWVBl. 1997, S. 176
[540] Rau, Jura 2000, S. 40; Schink, GewArch. 1996/2, S. 59; Götz, Allgemeines Polizei- und Ordnungsrecht, § 9 Rz. 247; Muckel, Klausurenkurs im besonderen Verwaltungsrecht, S. 152 Fall 18a
[541] Nach § 4 Abs. 6 BBodSchG bleibt allerdings unter dort normierten besonderen Voraussetzungen die Zustandsverantwortlichkeit des früheren Eigentümers trotz Verlust des Eigentums zusätzlich zu der neu begründeten Verantwortlichkeit des Rechtsnachfolgers erhalten. Hier handelt es sich indes um eine ausdrückliche Ausnahmeregelung, die an dem vorbezeichneten Grundsatz nichts ändert.
[542] Wallerath, JuS 1971, S. 465; Wachsmuth, FS Küchenhoff, S. 724; Bay VGH ZfW 1989, S. 150
[543] Brehm, JZ 1972, S. 229

mers) zusammenhängen, nicht auf ein anderes Rechtssubjekt übergehen können, so z. B. der Vindikationsanspruch aus § 985 BGB[544].

Um es noch etwas plakativer zu formulieren: Bei dem Status des Eigentümers handelt es sich kraft der Natur des Eigentums, wie bereits oben unter III 1 d gg dargelegt, um einen Status mit Exklusivitätscharakter. Ungeachtet der Möglichkeit von Eigentümergemeinschaften ist es gerade der Inhalt des Eigentums, dass es nur bei einer Person (oder einer Gruppe von Personen) gleichzeitig vorliegen kann[545]. Gleiches gilt für die Innehabung der tatsächlichen Gewalt[546]. An diese jeweilige Bezugsperson wendet sich die abstrakte Zustandsverantwortlichkeit; das exklusive Tatbestandsmerkmal „Eigentum“ oder „tatsächliche Gewalt“ verdeutlicht, dass es auf die causa der Entstehung dieser Rechtsposition nicht ankommt.

Zuzugeben ist den eingangs genannten Stimmen, die ein Bedürfnis für die Annahme der Übergangsfähigkeit der abstrakten Zustandsverantwortlichkeit verneinen, schließlich noch der Umstand, dass, selbst wenn man vorliegend zu einem anderen Ergebnis käme, die praktischen Auswirkungen gering wären, da die dann auf den Nachfolger übergehende Pflichtigkeit derjenigen, welche nach der vorstehenden Auffassung bei ihm originär neu entsteht, inhaltsgleich wäre, da er genauso wie sein Vorgänger den gesetzlichen Regelungen unterworfen ist und eine diese allgemeinen Regelungen näher ausgestaltende oder konkretisierende Verfügung eben gerade noch nicht ergangen ist, so dass es für seine rechtliche Position keinen Unterschied macht, ob er die abstrakte Zustandsverantwortlichkeit originär oder im Wege der Rechtsnachfolge erworben hat.

b) Übergangstatbestand

Die Frage nach einem Übergangstatbestand stellt sich somit nach der hier vertretenen Auffassung nicht, da, selbst wenn ein solcher existierte, wie z. B. im Falle der Gesamtrechtsnachfolge, dieser auf die abstrakte Polizeipflichtigkeit mangels deren Übergangsfähigkeit nicht anzuwenden wäre[547].

3. Die abstrakte Verhaltensverantwortlichkeit

Unter abstrakter Verhaltensverantwortlichkeit ist die Rechtsstellung des Bürgers zu verstehen, der durch sein Verhalten eine Gefahrenlage geschaffen hat, ohne dass bereits eine behördliche Maßnahme zur Gefahrenabwehr getroffen worden wäre.

a) Übergangsfähigkeit

Einige Stimmen verneinen die Übergangsfähigkeit der abstrakten Verhaltensverantwortlichkeit generell mit dem Argument, persönliches Verhalten sei immer sub-

---

[544] Grüneberg in: Palandt, BGB, vor § 414 Rz. 1

[545] Auch Brehm (JZ 1972, S. 229) wendet sich mit dieser Begründung ausdrücklich gegen die noch von RGZ 153, S. 210 vertretene Auffassung, in Fällen der Rechtsnachfolge könne es zu einem „doppelten“ Anspruch und damit zu einer gesamtschuldnerischen Haftung auf der Verpflichtetenseite kommen.

[546] Hier mag der wesentliche Unterschied zum Besitzbegriff des Bürgerlichen Rechts liegen, bei dem das Institut des mittelbaren Besitzes, insbesondere in Form des mehrfach gestuften mittelbaren Besitzes, eine Vielzahl von „gleichzeitigen“ Besitzern zulässt, wohingegen die tatsächliche Gewalt über eine Sache stets nur bei einem Rechtssubjekt (oder einer entsprechenden Gruppe von Rechtssubjekten) liegen kann.

[547] Für eine solche Anwendung auch auf abstrakte Polizeipflichten aber Stadie, DVBl. 1990, S. 505

jektbezogen und eine daraus resultierende Verantwortlichkeit daher höchstpersönlicher Natur[548].

Dem wird entgegengehalten, auf diese Weise werde nicht genügend differenziert zwischen dem Grund für die Zuordnung der Verantwortlichkeit (dem Verhalten) und der daraus resultierenden Gefahrenbeseitigungspflicht, welche durchaus auch eine vertretbare Handlung zum Gegenstand haben könne, die dann übergangsfähig sei[549].

Zur Begründung wird angeführt, eine abstrakte verhalte sich zu einer konkretisierten Verantwortlichkeit wie der materiellrechtliche Anspruch im Zivilrecht zu seiner durch Urteil titulierten Form[550], die Pflicht zu gefahrbeseitigendem Handeln ergebe sich unmittelbar aus dem Gesetz[551], die Konkretisierung (also der Verwaltungsakt) „erinnere" den Betroffenen lediglich an diese Pflicht und schaffe darüber hinaus die Möglichkeit der zwangsweisen Durchsetzung der Pflicht.

Diese Gegenmeinung verkennt indes, dass – ebenso wie bei der abstrakten Zustandsverantwortlichkeit – die vom Gesetzgeber festgelegte Störereigenschaft eben nur eine staatliche Eingriffsbefugnis statuiert[552], aber eben noch keine konkrete Beseitigungspflicht des Bürgers begründet, die einer „Titulierung" zugänglich wäre[553]. Nirgendwo in den Polizeigesetzen findet sich die Formulierung, dass der Störer zu einem bestimmten Handeln verpflichtet wäre, sondern lediglich, dass die zuständige Behörde ihm (oder anderen) gegenüber Maßnahmen erlassen könne[554]. Der konkrete, auf ein bestimmtes Subjekt bezogene Inhalt der Pflicht wird eben erst durch den anordnenden behördlichen Akt festgelegt[555].

Weiter spricht gegen das Argument, der Konkretisierung der Pflicht komme nur deklaratorischer Charakter zu oder sie diene nur der Titulierung der Pflicht, der Umstand, dass der jeweilige Verwaltungsakt (die „Konkretisierung") nicht mit der materiellen Gesetzeslage und der sich daraus möglicherweise ergebenden „abstrakten Pflicht" in Einklang stehen muss. Sofern die Behörde beispielsweise einen Bürger als Verhaltensstörer in Anspruch nimmt, der in Wirklichkeit überhaupt nichts zur Entstehung der konkreten Gefahrenlage beigetragen hat[556], dürfte unstreitig sein, dass der Betroffene dieser behördlichen Anordnung zunächst folgen muss, es sei denn, er schaffte sie durch Widerspruch oder Anfechtung und Aufhebung einer eventuell angeordneten sofortigen Vollziehbarkeit aus der Welt[557]. Hier wird besonders deutlich, dass die abstrakte Verantwortlichkeit nicht mit der konkretisierten Handlungspflicht übereinstimmen muss und daher ein aliud zu dieser darstellt. Im vorgenannten Beispiel kann die konkretisierte Pflicht nicht als Titulierung einer (schließlich gar nicht

---

[548] Wallerath, JuS 1971, S. 465; Tettinger, § 15 III Rz. 516; OVG Lüneburg, BRS 1978, S. 350; im Ergebnis auch Schenke, Polizei- und Ordnungsrecht, § 4 VII Rz. 296; ebenso Wachsmuth, FS Küchenhoff, S. 722
[549] Stadie, DVBl. 1990, S. 504
[550] Stadie, DVBl. 1990, S. 505; Schink, GewArch. 1996, S. 60
[551] Martensen, DVBl. 1996, S. 288; Schink, GewArch. 1996, S. 60; Hurst, DVBl. 1963, S. 805; Bay VGH ZfW 1989, S. 151
[552] Zacharias, JA 2001, S. 723; Rau, JA 2000, S. 43
[553] Dietlein, Nachfolge im öffentlichen Recht, S. 275; Rau, Jura 2000, S. 43
[554] Papier, DVBl. 1996, S. 128
[555] Was schon im Begriff „Konkretisierung" deutlich wird.
[556] Und auch nicht die zur Heranziehung als "Verdachts"- oder „Anscheinsstörer" erforderlichen Kriterien erfüllt
[557] Heitmann, Rechtsnachfolge, S. 140

bestehenden) abstrakten Pflicht angesehen werden und ist trotzdem als bestehende und zu befolgende Pflichtenstellung existent.

Es ist allerdings zu beachten, dass bei der Verhaltensverantwortlichkeit ein wesensgemäßer Unterschied zur Zustandsverantwortlichkeit in Bezug auf deren Entstehen und Fortbestand gegeben ist: Die Zustandshaftung entfällt nach dem Grund ihrer Zuordnung in dem Augenblick, in dem die besondere rechtliche Beziehung des bisherigen Verantwortlichen zu der Sache endet (und entsteht dann ggf. in der Position des zivilrechtlichen Rechtsnachfolgers neu). Aufgrund dieser Exklusivität der Rechtsstellung wurde auch vorstehend eine derivative Überleitung dieser Position auf den Nachfolger ausgeschlossen. Im Gegensatz hierzu knüpft die Verhaltensverantwortlichkeit an ein einmaliges Geschehen an (auch wenn dieses möglicherweise länger andauert), ist mit diesem Geschehen zur Entstehung gebracht und dauert, so lange die Gefahrenlage besteht, fort[558].

Die Rechtsposition, „Verhaltensstörer zu sein", ist somit nicht bereits theoretisch zwangsläufig mit dem Wegfall des Zuordnungssubjektes beendet (in der Form, dass sie – wie bei der Zustandshaftung – gleichsam automatisch durch ein anderes Zuordnungssubjekt abgelöst würde). Diese Rechtsposition könnte daher zumindest theoretisch den Übergang auf ein anderes Rechtssubjekt überdauern[559].

Auch hier ist für die Frage der Übergangsfähigkeit indes auf den Grund der gesetzlichen Inanspruchnahme abzustellen[560].

Dabei kommen zwei Ansätze in Betracht. Nach der klassischen, „gefahrenabwehrrechtlichen" Theorie liegt der Bestimmung des Verhaltensverantwortlichen ein reiner Effektivitätsgedanke zugrunde. Danach bestimmt das Postulat der möglichst schnellen und wirksamen Gefahrenbekämpfung die Inanspruchnahme desjenigen, der eine besondere Nähe zur Gefahrenquelle aufweist, wobei diese Nähe in rechtlicher und tatsächlicher Hinsicht zu bestimmen ist, solange die rechtliche Nähe nicht schon zu einer Haftung als Zustandsstörer führt. Hiernach ist, wie oben unter III 2 b dargestellt, derjenige als Verhaltensstörer anzusehen, der die „unmittelbare", regelmäßig somit die zeitlich letzte[561] Ursache für den Eintritt der Gefahr gesetzt hat. Hintergrund dieser Ansicht ist, dass derjenige, der den maßgeblichen Geschehensablauf in Gang gesetzt oder aber zumindest nach der Theorie von der unmittelbaren Verursachung[562] den zeitlich letzten Abschnitt des Kausalverlaufs maßgeblich beeinflusst hat, auch am ehesten in der Lage sein wird, das gefahrträchtige Geschehen zu beenden[563]. Insbesondere fallen hierunter auch diejenigen Gefahrenlagen, in welchen die Gefahren nicht von einer Sache, sondern unmittelbar von einer Person ausge-

---

[558] Wallerath, JuS 1971, S. 465; Bay VGH, BayVBl. 1986, S. 594; anders noch in der 12. Aufl. Götz, Allgemeines Polizei- und Ordnungsrecht, § 9 Rz. 247: „Die Verhaltensverantwortlichkeit verbleibt dem, der die Gefahr verursacht hat, und endet mit seinem Tode." In der 13. Aufl. wird diese Problematik indes nicht mehr diskutiert.

[559] Hurst (DVBl. 1963, S. 805) will hingegen aus dieser Besonderheit ein Fortbestehen beim ursprünglich Verpflichteten jedenfalls bei Rechtsnachfolge unter Lebenden bejahen; ebenso Wachsmuth, FS Küchenhoff, S. 722, der dies freilich dahingehend einschränkt, dass regelmäßig die Vollstreckung eingestellt werden müsste, da dem Rechtsvorgänger die Erfüllung der Verpflichtung nunmehr unmöglich geworden sei.

[560] Papier, DVBl. 1996, S. 128; Ossenbühl, Zur Haftung des Gesamtrechtsnachfolgers für Altlasten, S. 65

[561] Schoch in: Schmidt – Aßmann, Besonderes Verwaltungsrecht, Kap. II 2 d aa Rz. 128

[562] Dazu oben unter III 2 b

[563] Dietlein, Nachfolge im öffentlichen Recht, S. 231

hen, so z. B. bei störender Lärmverursachung, Bedrohungen oder aber auch durch Hilflosigkeit von Personen.

All diesen Umständen ist gemeinsam, dass sie an einen in der Person des Verhaltensverantwortlichen vorliegenden, spezifischen Tatbestand anknüpfen, eine klassische Form der „Sonderverantwortung“[564]. Ob diese Umstände in der Person des potentiellen Rechtsnachfolgers ebenso vorliegen, so dass eine Überleitung der sich aus dem Verhalten seines Vorgängers ergebenden Verantwortlichkeit auf diesen systemgerecht erscheint, ist bereits dem Grundsatz nach fraglich. Auch wenn Konstellationen denkbar sind, in denen sich die Nähe des (vormals) Pflichtigen zur Gefahrenquelle in der Situation des Rechtsnachfolgers fortsetzt, dürfte doch in der überwiegenden Zahl der denkbaren Fälle eine solche Vergleichbarkeit der Verursachungslagen ausscheiden. Das besondere Näheverhältnis des ursprünglich Verhaltensverantwortlichen zur Gefahrenquelle setzt sich daher in der Person des Rechtsnachfolgers grundsätzlich nicht fort, der Grund der Effektivität gefahrenabwehrrechtlichen Handelns gebietet eine Überleitung der Verhaltensverantwortlichkeit somit nicht nur nicht, er steht ihr vielmehr grundsätzlich entgegen[565].

Diese „Effektivitätstheorie“ zur Bestimmung des maßgeblichen Grundes für die gefahrenabwehrrechtliche Verhaltensverantwortlichkeit ist indes nicht unbestritten. Nach anderer Ansicht liegt der Schwerpunkt der Herleitung dieser Position in der Anknüpfung an ein pflichtwidriges Verhalten des Störers oder aber zumindest in der Zuordnung der Gefahrenquelle zu seiner Risikosphäre[566]. Der Effektivitätstheorie wird dabei vor allem entgegengesetzt, sie verkenne die Systematik der polizeirechtlichen Störervorschriften, die nach Verantwortungsbereichen, nicht aber nach Nähekriterien differenzierten. Schon die Frage, ob der potentielle Rechtsnachfolger die Gefahr ebenso gut beseitigen könne wie der ursprünglich Verhaltensverantwortliche, verstelle den Blick auf das System der polizeirechtlichen Verantwortlichkeit.

Zutreffend an diesem Argument ist, dass die Möglichkeit zur Beseitigung der Gefahr, insbesondere die Innehabung des Gegenmittels, nicht zur Begründung einer Störerposition dienen, sondern allenfalls die Inanspruchnahme eines Dritten als Nichtstörer rechtfertigen kann. Die nach der vorgenannten Theorie maßgebliche größtmögliche Effektivität liegt gerade dem Gedanken der Verpflichtbarkeit eines Dritten, eines Nichtstörers, zugrunde, der nur dann in Anspruch genommen werden darf, wenn von ihm eine schnellere oder nachhaltigere Beseitigung der Gefahr erwartet werden kann als bei Inanspruchnahme der eigentlichen Störer. Diese Trennung zwischen Störer und Nichtstörer würde verwischt, wenn man den Zurechnungsgrund für die Verhaltensverantwortlichkeit ausschließlich unter finalen Aspekten suchen würde.

Auch dem potentiellen Rechtsnachfolger eines Verhaltensverantwortlichen kommt in Bezug auf die geschaffene Gefahrenlage keine andere Rolle zu als diejenige des verpflichtbaren Dritten: er hat selbst zur Entstehung des Gefahrentatbestandes nichts beigetragen. Diese gesetzlich vorgegebene Systematik der Trennung zwischen Stö-

[564] Dietlein, Nachfolge im öffentlichen Recht, S. 231; Ossenbühl, Zur Haftung des Gesamtrechtsnachfolgers für Altlasten,
[565] Papier, DVBl. 1996, S. 125 (S. 128); Gallwas / Mößle, Bayerisches Polizei- und Sicherheitsrecht, S. 143 Rz. 530
[566] Pietzcker, DVBl. 1984, S. 457

rer und Nichtstörer lässt sich mit der Postulation des Effektivitätsprinzips nicht in Einklang bringen[567].

Nach der vorrangig auf kausale Gesichtspunkte abstellenden Ansicht liegt der Zurechnungsgrund der Verhaltensverantwortlichkeit im Grundsatz der persönlichen Verantwortlichkeit für eigenes Handeln[568], es soll derjenige zur Gefahrenbeseitigung herangezogen werden, der durch sein Tun oder Unterlassen[569] die unmittelbare[570] Ursache für eine Gefahrenlage im polizeirechtlichen Sinne geschaffen hat[571], wobei insbesondere darauf abgestellt wird, ob es sich bei den gefahrverursachenden Handlungen um „pflichtwidrige" handelt[572] oder ob sich die Gefahr der „Risikosphäre" des Handelnden zurechnen lässt.

Auch wenn es hierbei weder auf einen Schuld-[573] noch auf einen Rechtswidrigkeitsvorwurf ankommt, so wird doch nach herrschender Meinung in der Regel derjenige nicht als Störer angesehen, der lediglich eine von der Rechtsordnung zur Verfügung gestellte Handlungsmöglichkeit in sozial adäquater Weise wahrgenommen hat[574]. All diese Einschränkungen zeigen das Bestreben, zumindest ein Minimum an persönlicher Individualisierbarkeit des Zurechnungsgrundes – offenbar als Rechtfertigung für die „Sanktion" gefahrenabwehrrechtlicher Inanspruchnahme[575] – herzuleiten.

Nach dieser „kausalen" Ansicht stellt somit der Zurechnungsgrund erst recht einen personengebundenen Umstand dar[576], der beim Rechtsnachfolger regelmäßig nicht vorliegen kann[577], er ist vielmehr das klassische Beispiel einer individuellen Sonderverantwortung[578], die einer derivativen Inanspruchnahme Dritter grundsätzlich entgegensteht[579].

Da nach alledem beiden Ansätzen zufolge der Zuordnungsgrund maßgeblich in einem personenbezogenen Umstand zu sehen ist[580], kann die Übergangsfähigkeit der abstrakten Verhaltensverantwortlichkeit zutreffenderweise vor dem Hintergrund beider Theorien nicht angenommen werden.

---

567 Dietlein, Nachfolge im öffentlichen Recht, S. 232
568 Tettinger, Besonderes Verwaltungsrecht I, § 15 I Rz. 488
569 Schumann, Grundriss des Polizei- und Ordnungsrechts, S. 42, Nr. 5.2.2
570 Tettinger, Besonderes Verwaltungsrecht I, § 15 Rz. 492
571 Friauf in: Schmidt – Aßmann, Besonderes Verwaltungsrecht, S. 137 Rz. 73
572 Pietzcker, DVBl. 1984, S. 459; OVG NW, NWVBl. 1997, S. 176
573 Schoch in: Schmidt – Aßmann, Besonderes Verwaltungsrecht, 2. Kap. II 2 d aa Rz. 127; Schumann, Grundriss des Polizei- und Ordnungsrechts, S. 42, Nr. 5.2.2; Götz, Allgemeines Polizei- und Ordnungsrecht, § 9 Rz. 195
574 Tettinger, Besonderes Verwaltungsrecht I, § 15 Rz. 493
575 Was so offen indes nirgendwo formuliert wird, da auch die Vertreter dieser Ansicht zumindest expressis verbis einen Sanktionscharakter der polizeilichen Inanspruchnahme bestreiten
576 Tettinger, Besonderes Verwaltungsrecht 1, § 15 Rz. 516; OVG Lüneburg, BRS 1978, S. 350
577 Papier, DVBl. 1996, S. 128; im Ergebnis für den Fall der Einzelrechtsnachfolge ebenso Schlabach / Simon, NVwZ 1992, S. 144, die argumentieren, der Rechtsnachfolger habe „nichts mit dem vorangegangenen Handeln des Veräußerers zu tun", inkonsequenterweise soll dies aber für den Fall der Gesamtrechtsnachfolge anders zu beurteilen sein
578 Dietlein, Nachfolge im öffentlichen Recht, S. 233
579 Dietlein, Nachfolge im öffentlichen Recht S. 233., der sogar noch weiter geht und argumentiert, eine solche Übergangsfähigkeit sei nicht nur nicht gegeben, sondern die Anordnung eines solchen Übergangs sei dem Gesetzgeber aus verfassungsrechtlichen Gründen heraus gar verboten.
580 So im Ergebnis auch Schenke, Polizei- und Ordnungsrecht, § 4 VII Rz. 296

b) Übergangstatbestand

Da eine Rechtsnachfolge in die abstrakte Verhaltensverantwortlichkeit demnach ausscheidet, stellt sich auch hier nach der vorliegend vertretenen Auffassung nicht die Frage nach einem Übergangstatbestand.

4. Die konkretisierte Zustandsverantwortlichkeit

a) Übergangsfähigkeit

Anders als bei der abstrakten Verantwortlichkeit ist hier durch die erfolgte Konkretisierung bereits eine inhaltlich dezidiert ausgeformte Pflichtenstellung des Verfügungsadressaten geschaffen worden, für die – zumindest grundsätzlich – die Übertragung auf einen Rechtsnachfolger in Betracht kommt.

Zu beachten ist hier indes die Problematik, dass die konkretisierende Verfügung nicht nur die (materielle) Rechtspflicht geschaffen hat, sondern gleichzeitig auch mit ihrem Ergehen das jeder Verfügung immanente Verwaltungsverfahren in Gang gesetzt hat, welches in den jeweiligen Verwaltungsverfahrensgesetzen seine Ausgestaltung gefunden hat.

Es ist somit zum einen zu fragen, ob die konkretisierte Polizeipflicht an sich, also ihrem materiellen Gehalt nach, auf einen Rechtsnachfolger übergehen kann und in einem zweiten Schritt, ob der Übergang auch verfahrensrechtlich gegen den Rechtsnachfolger wirkt und wenn ja, in welcher Form.

Für die Lehre vom „dinglichen" bzw. „sachbezogenen" Verwaltungsakt stellt sich dieses Problem nicht. Sie wurde (teleologisch) gerade für diesen Fragenkreis entwickelt und gibt die einfache Antwort an die Hand, dass eine durch Verwaltungsakt konkretisierte Zustandsverantwortlichkeit grundsätzlich übergangsfähig sei, da sie eben nicht persönlicher, sondern sachbezogener Natur sei und ihre Rechtsnachfolgefähigkeit daher derjenigen der Sache, für die sie bestehe, gleichkomme[581].

Nachdem dieser Lehre indes nur ihrem Grundgedanken nach dahingehend zuzustimmen ist, dass die überwiegende Sachbezogenheit eines Verwaltungsaktes ein (gegebenenfalls starkes) Indiz für die Übergangsfähigkeit der sich daraus ergebenden Verantwortlichkeit ist, ist diese Frage differenziert zu betrachten:

aa) materiellrechtliche Übergangsfähigkeit

Das vereinzelt anzutreffende Argument, für eine Übergangsfähigkeit bestehe auch hier kein Anlass, da die Zustandsverantwortlichkeit ja in der Person des Rechtsnachfolgers erneut originär entstehe[582], berücksichtigt allerdings nicht hinreichend den vorstehenden, gerade auch von den Vertretern dieser Theorie dargelegten Ansatz, dass die Zustandsverantwortlichkeit bei dem neuen Eigentümer *originär* nur als abstrakte Zustandsverantwortlichkeit entstehen kann, da ja diesem gegenüber gerade noch keine Konkretisierung erfolgt ist. Vorliegend soll indes die Frage beantwortet werden, ob die Zustandsverantwortlichkeit in ihrer (materiell) konkretisierten Form –

[581] Götz, Allgemeines Polizei- und Ordnungsrecht, § 9 Rz. 249 jedenfalls für das Bau- und Anlagenrecht

[582] Papier, NVwZ 1986, 262; Riedl, Rechts- und Pflichtennachfolge, S. 286

also z. B. die Pflicht zur Vornahme einer bestimmten Handlung – auf den Rechtsnachfolger übergehen könne[583].

Zu prüfen ist hier daher zunächst, ob sich – so wie bei der abstrakten Verhaltensverantwortlichkeit – aus dem Zurechnungsgrund der konkreten Polizeipflicht grundsätzliche Bedenken gegen eine Übergangsfähigkeit derselben herleiten lassen. Nicht verwechselt werden darf dies mit dem Zurechnungsgrund der abstrakten Zustandsverantwortlichkeit, in deren Rahmen die tatbestandliche Anknüpfung an eine exklusive Rechtsposition maßgeblich war und die daher eines derivativen Überganges nicht fähig war. Vorliegend ist vielmehr der Zurechnungsgrund der von der Behörde festgesetzten Pflicht zu untersuchen, für den nicht die formale Anknüpfung an ein Tatbestandsmerkmal, sondern der inhaltliche Grund der entstandenen Verpflichtung maßgeblich ist. Es ist somit zu prüfen, was konkret die Grundlage der konkreten Zustandsverantwortlichkeit bildet.

Teilweise wird hierzu vertreten, die Zustandsverantwortlichkeit resultiere daraus, dass der jeweilige Rechts- oder Sachgewaltsinhaber die Grenzen seiner Berechtigung überschritten habe, dass er gegen die Pflicht verstoßen habe, den Zustand der Sache in polizeirechtlich akzeptablem Rahmen zu halten[584]. Dem kann nicht zugestimmt werden[585]. Hierdurch würde die im Gesetz angelegte Grenze zwischen Zustands- und Verhaltensverantwortlichkeit nivelliert[586], der Zurechnungsgrund bestünde, wollte man dieser Ansicht folgen, in einem persönlichen Verhaltensvorwurf, welcher dem Institut der Zustandsverantwortlichkeit gerade fremd ist.

Eine andere Auffassung sieht die Zustandshaftung als Ausfluss der Sozialbindung des Eigentums[587]. Sie knüpfe an den durch das Eigentum vermittelten privatnützigen Sachgenuss an[588] und mute dem Eigentümer daher zu, auch die mit der Nutzung verbundenen Nachteile selbst zu tragen und nicht der Allgemeinheit aufzubürden[589]. Diese Ansicht erklärt indes nicht hinreichend, aus welchem Grund der Inhaber der tatsächlichen Gewalt gleich- oder teilweise sogar vorrangig[590] in Anspruch genom-

---

583 Muckel, Klausurenkurs im besonderen Verwaltungsrecht, S. 155 Fall 18c; Lisken / Denninger, Handbuch des Polizeirechts, S. 250 Rz. 113

584 Drews / Wacke, Allgemeines Polizeirecht, S. 205; Gusy, Polizeirecht, 5. Aufl. § 5 Rz. 362; Drews / Wacke / Vogel / Martens, Gefahrenabwehr, S. 293; in diesem Sinne auch Hurst, AöR Bd. 83 (1958), S. 59

585 Götz (NVwZ 1998, S. 687) wendet sich bereits gegen den seiner Ansicht nach irreführenden Begriff „Haftung"

586 Dietlein, Nachfolge im öffentlichen Recht, S. 242

587 Schink, GewArch 1996, S. 57; Pietzcker, DVBl. 1984, S. 462; Ihmels, DVBl. 1972, S. 482; Drews / Wacke, Allgemeines Polizeirecht, S. 235

588 Pape, NJW 1992, S. 2665

589 Friauf in: Schmidt-Aßmann, Besonderes Verwaltungsrecht, 11. Aufl. 2. Abschnitt II b bb Rz. 91, der im Umkehrschluss annimmt, für Gefahren, die von der Allgemeinheit ausgingen und denen kein eigener Sachnutzen des Eigentümers gegenüberstehe (Krieg, Kontamination durch Massenverkehr etc.) scheide eine Zustandsverantwortlichkeit des Eigentümers aus (anders jetzt aber in der 13. Aufl. Schoch, 2. Kap. II 2 e cc Rz. 149). Pape (NJW 1992, S. 2666) will zusätzlich diejenigen Fälle ausnehmen, in denen die wirtschaftliche Belastung der Kostentragung den wirtschaftlichen Nutzen der Sache überwiegt. Für den Einschluss auch all dieser Fälle in die Zustandshaftung aber Schoch, JuS 1994, S. 1026; auch Tettinger, Besonderes Verwaltungsrecht 1, § 15 Rz. 345; ebenso Götz, Allgemeines Polizei- und Ordnungsrecht, 12. Aufl, § 9 Rz. 223, der die Zustandshaftung indes „auf die Sache begrenzen" will, so dass sich der Eigentümer dieser notfalls durch Dereliktion entledigen könnte, weshalb er beklagt, dass dies in den Polizeigesetzen „in Verkennung des Zusammenhangs" mittlerweile überwiegend anders geregelt worden ist; siehe zu diesem Fragenkreis jetzt auch BVerfG, BB 2000, S. 1369, welches eine Opfergrenze aus dem Verhältnis des Verkehrswertes der Sache zu dem finanziellen Aufwand der Gefahrbeseitigung herleiten will.

590 S. hierzu oben unter III 2 a

men werden kann, obwohl der tatsächlichen Gewalt keinerlei begünstigende Rechtsnatur zukommt[591]. Allenfalls ließe sich an tatsächliche Vorteile denken, die aus der tatsächlichen Nutzung einer Sache resultieren.

Es lässt sich nicht verkennen, dass solche Ansätze offenbar die Konstruktion eines Rechtfertigungsgrundes für die Inanspruchnahme als Zustandsstörer intendieren, indem sie die positiven Möglichkeiten der Eigentümerposition oder der tatsächlichen Sachherrschaft betonen, um die gefahrenabwehrrechtliche Zustandshaftung praktisch als deren „Kehrseite" darzustellen[592]. Möglicherweise liegt dies auch hier darin begründet, dass die – regelmäßig kostenpflichtige – Inanspruchnahme als Störer, unabhängig von ihrer rechtskonstruktiven Bestimmung oder Herleitung, zumindest aus der Sicht des Betroffenen meistens einen potentiell punitiven Einschlag hat. Doch so sehr dieser Umstand auch im Rahmen der Verhaltenshaftung gegen eine Übergangsfähigkeit spricht, so wenig greift dieses Argument bei der Frage nach der Rechtsnachfolge in die Zustandsverantwortlichkeit: Das Verhalten stellt einen Umstand dar, der streng auf die Person des Rechtsvorgängers bezogen ist und beim Rechtsnachfolger gerade nicht vorliegen konnte (und bei dessen Vorliegen allenfalls eine eigene Verhaltensverantwortlichkeit begründen konnte), hingegen setzt sich der Zurechnungsgrund im Rahmen der Zustandshaftung beim potentiellen Rechtsnachfolger fort.

Dieser ist nunmehr Inhaber der begünstigenden Position, mit der die aus dieser Position als „Ausfluss"[593] verbundenen Pflichten begründet werden.

Für die Befürworter einer rein finalen Herleitung des Zurechnungsgrundes ergibt sich hier kein weiterer Diskussionsbedarf: Die Zustandsverantwortlichkeit resultiert hier schlicht aus der faktischen und rechtlichen Einwirkungsmöglichkeit auf die gefahrverursachende Sache[594]. Diese ist in der Person des (zivilrechtlichen) Rechtsnachfolgers ebenso begründet wie in derjenigen des ursprünglichen Rechtsinhabers.

Wenn hiernach im Falle der Zustandsverantwortlichkeit unabhängig von deren dogmatischer Herleitung keine grundsätzlichen Bedenken gegen eine Übergangsfähigkeit bestehen, ist damit doch eine solche noch nicht positiv festgestellt.

Denn unabhängig vom Zurechnungsgrund ist für eine Bejahung der Übergangsfähigkeit auch auf den konkreten Inhalt der Pflicht abzustellen.

Dieses Kriterium wird von vielen Autoren nach den bereits oben dargelegten Kriterien der Vertretbarkeit[595] oder der Höchstpersönlichkeit[596] differenziert, wobei teilweise die Höchstpersönlichkeit (immer) dann verneint wird, wenn die betreffende Pflicht als vertretbar angesehen wird[597].

---

[591] Insbesondere dann nicht, wenn man sie, wie überwiegend angenommen, als streng losgelöst vom zivilrechtlichen Besitzbegriff interpretiert, zu dessen Gunsten immerhin eine Reihe von Besitzschutzrechten und an den Besitz geknüpften Vermutungen und sonstige Berechtigungen bestehen.
[592] Dies kritisiert Schoch, JuS 1994, S. 1026
[593] BGH, DVBl. 1986, S. 360
[594] Tettinger , Besonderes Verwaltungsrecht 1, § 15 Rz. 504; Schink, GewArch 1996, S. 57; v. Mutius, VerwArch Bd. 62, S. 86; BVerwG, NJW 1986, S. 1626; OVG NW, NWVBl. 1997, S. 176
[595] Rumpf, VerwArch Bd. 78 (1987), S. 297: wenn die angeordnete Pflicht vertretbar sei, gehe sie „selbstverständlich" über; ebenso v. Mutius, GewArch Bd. 62, S. 87 Fn. 60: „Es ist einfach logisch undenkbar, dass eine höchstpersönliche Pflicht von einem Dritten erfüllt werden kann."
[596] Schoch, JuS 1994, S. 1030
[597] Schoch, JuS 1994, S. 1030

Diesen Ansätzen der „Vertretbarkeit" bzw. „Höchstpersönlichkeit" ist das oben bereits angeführte Argument entgegenzuhalten, dass diese Kriterien mit dem argumentieren, was sie begründen wollen. Wie bereits ausgeführt, kann die Übertragbarkeit einer Rechtsposition nicht damit begründet werden, die betreffende Pflicht könne auch von einem Dritten erfüllt werden, da dies ja gerade in Frage steht. Anders herum ausgedrückt: Wenn die Pflicht von einem Dritten erfüllt werden kann, kann sie naturgemäß auch übertragen werden, der gleiche Schluss ist ebenso umgekehrt möglich. Hier bilden daher die Bezeichnungen „Übertragbarkeit", „Vertretbarkeit" und (fehlende) „Höchstpersönlichkeit" weitgehend austauschbare Begriffe[598].

Wie ebenfalls bereits ausgeführt, intendieren diese Begrifflichkeiten indes zutreffend eine (nur eben in dieser allgemeinen Kategorisierung nicht mögliche) vorzunehmende Prüfung im jeweiligen Einzelfall dahingehend, ob die Pflicht ihrem Wesensgehalt nach von dem jeweils Betroffenen ablösbar ist bzw. ob sie derart an die Person des Pflichtigen gekoppelt ist, dass sich mit dem Wechsel des pflichtigen Zuordnungssubjektes der konkrete Gesetzeszweck nicht mehr erreichen lässt[599]. Diese Fragestellung ist auch der Sache nach interessengerecht, bedarf nur nicht der Herleitung über die „Zwischenbegrifflichkeiten" der Vertretbarkeit oder Höchstpersönlichkeit.

Im Rahmen der Beantwortung dieser letztlich entscheidenden Frage können dann sämtliche Kriterien der vorgenannten Theorien herangezogen werden, soweit sie sach- und interessengerecht sind.

Für die konkretisierte Polizeipflicht kommt damit sowohl der Extremfall in Betracht, dass die von der Behörde angeordnete Gefahrbeseitigungsmaßnahme an die Person des ursprünglichen Adressaten der Verfügung untrennbar gebunden war, so dass eine Vornahme dieser Maßnahme durch eine andere Person nach ihrem Sinn und Zweck insgesamt ausscheidet[600] (hier ist dann eine Übergangsfähigkeit stets zu verneinen) als auch das entgegengesetzte Extrem, dass die Maßnahme überhaupt keinen über die Notwendigkeit eines Adressaten hinausgehenden Bezug zu der Person aufweist, an die sie ursprünglich gerichtet war und daher ohne jede Änderung ihrer Rechtmäßigkeitsvoraussetzungen (in materieller, nicht verfahrensrechtlicher Hinsicht!) auf einen Rechtsnachfolger übertragbar ist[601]. In beiden Fällen sind hierzu nicht nur die Maßnahmen an sich, sondern auch die persönlichen Verhältnisse von Rechtsvorgänger *und* potentiellem Rechtsnachfolger zu beachten, da es durchaus denkbar ist, dass bei einer Polizeipflicht, die in Bezug auf den ursprünglich Verpflichteten ohne Personenbezug erscheint, erst in der Person des Rechtsnachfolgers Umstände vorliegen, die sich als personenbezogene Merkmale auf die Pflichtigkeit auswirken können[602].

---

[598] Woran sich auch nichts dadurch ändert, dass es - wie oben angeführt - einzelne vertretbare Pflichten gibt, die dennoch höchstpersönlich (also wieder: nicht übertragbar) sind - z. B. die Zahlung eines Zwangsgeldes

[599] Dietlein, Nachfolge im öffentlichen Recht, S. 125; Zacharias, JA 2001, S. 724

[600] Wachsmuth (FS Küchenhoff, S. 723) sieht dies auch bei baurechtlichen Beseitigungsanordnungen stets als gegeben an

[601] Ortloff (JuS 1981, S. 577) vertritt die Ansicht, dass dies bei der baurechtlichen Abrissverfügung stets der Fall sei, hier sei noch nicht einmal zwischen Zustands- und Verhaltensverantwortlichkeit zu differenzieren, da es in diesem Zusammenhang immer nur um eine „Haftung für den Zustand selbst" gehe; ebenso VGH München, NJW 1997, S. 962; genau entgegengesetzt Wachsmuth, FS Küchenhoff, S. 723

[602] Rumpf (VerwArch 78/1987, S. 270) bildet hierzu den Fall, dass dem Eigentümer eines ohne Genehmigung im Außenbereich gebauten Hauses gegenüber eine Abbruchverfügung erlassen wird,

In der Praxis dürfte die weit überwiegende Anzahl der Fälle zwischen diesen beiden Extremen angeordnet sein, die Mehrzahl der gefahrenabwehrrechtlichen Maßnahmen dürfte daher sowohl personen- als auch sachbezogene Elemente enthalten, so dass die Frage, ob die konkret betroffene gefahrenabwehrrechtliche Pflicht übergangsfähig sei oder nicht, in praktisch jedem Einzelfall einer genauen Prüfung zu unterziehen sein wird[603].

Nicht hiermit zu verwechseln ist die Frage, ob der Erlass des jeweiligen Verwaltungsaktes, also die Anordnung der Maßnahme gegenüber dem Betroffenen, beim Rechtsvorgänger möglicherweise anderen Kriterien in Bezug auf seine Rechtmäßigkeit unterlegen hätte als bei seinem Rechtsnachfolger[604]. Die konkretisierte Polizeipflicht mag des Übergangs auf einen Rechtsnachfolger fähig sein, trotzdem kann sie, bezogen auf die Person des Rechtsnachfolgers, rechtswidrig sein[605].

Diese Fragestellung berücksichtigt, dass eine konkretisierte Polizeipflicht nicht nur personen- und sachbezogene Elemente *enthält*, sondern dass solche Elemente auch für die Entscheidung darüber maßgeblich sein können, ob die konkrete Maßnahme überhaupt gegenüber dem von ihr Betroffenen hätte angeordnet werden dürfen[606].

Fehlen solche personalen Elemente beim Rechtsnachfolger, so hätte die Behörde eine entsprechende Handlungs-, Duldungs- oder Unterlassenspflicht ihm gegenüber nicht anordnen dürfen[607]. Dies ist indes keine Frage der Übergangsfähigkeit: Der Übergang ist – worauf im Folgenden noch näher einzugehen sein wird – aus Sicht des Rechtsnachfolgers in seiner Situation am ehesten vergleichbar mit dem Erlass des entsprechenden Verwaltungsaktes dem Rechtsvorgänger gegenüber, da in beiden Fällen bei dem Betroffenen erstmals eine entsprechende Verpflichtung begründet wird. Ob ein Verwaltungsakt *faktisch* erlassen werden *kann*, ist aber eine grundsätzlich andere Fragestellung als diejenige, ob er auch (in Bezug auf Inhalt und Ermessen) *rechtmäßig* erlassen werden *darf*. Genauso, wie die Behörde dem Rechtsvorgänger gegenüber einen Verwaltungsakt erlassen kann, der rechtswidrig ist (weil dieser z. B. besondere Umstände des Falles nicht ausreichend berücksichtigt), so kann eine aus einem rechtmäßigen Verwaltungsakt resultierende Handlungspflicht auch des Übergangs auf einen Rechtsnachfolger fähig sein, auch wenn sie aufgrund von z. B. in seiner Person liegenden Umständen ihm gegenüber nicht hätte auferlegt werden *dürfen*[608].

---

dieser wird im Anschluss von seinem mittellosen Sohn und dessen 12 Kindern beerbt, die nach Beseitigung des Hauses obdachlos werden würden). Ein solcher Fall demonstriert indes, dass die „scheinbar" rein sachbezogene Maßnahme eben doch nicht ohne Berücksichtigung persönlicher Umstände beurteilt werden kann. Die Besonderheit lag hier dann allenfalls darin, dass diese Umstände beim Rechtsvorgänger keine Rolle spielten.

603 Gallwas / Mößle, Bayerisches Polizei- und Sicherheitsrecht, S. 143 Rz. 531 wollen lediglich die Pflicht zur Duldung der jeweiligen behördlichen Maßnahme auf den Rechtsnachfolger übergehen lassen, da es insoweit auf persönliche Umstände nicht ankomme, eine Differenzierung, die nicht einleuchtet.

604 Bargou, VBlBW 1981, S. 194

605 Schenke, Polizei- und Ordnungsrecht, § 4 VII Rz. 293; Heitmann, Rechtsnachfolge, S. 153; Wallerath, JuS 1971, S. 464; Oldiges, JA 1978, S. 543; v. Mutius, GewArch Bd. 62, S. 86

606 Otto, Die Nachfolge in öffentlich – rechtliche Positionen des Bürgers, S. 98; Schenke, GewArch. 1976, S. 2

607 Heitmann, Rechtsnachfolge, S. 153

608 Im Ergebnis ebenso Wallerath, JuS 1971, S. 464

Das Ergebnis dieser Argumentation könnte nur dann unbillig erscheinen, wenn dem Rechtsnachfolger zur Feststellung einer solchen Rechtswidrigkeit keinerlei Rechtsmittel zur Verfügung stünden. Dies ist allerdings eine verfahrensrechtliche Frage, die im Anschluss erörtert werden soll.

Festzuhalten ist demnach, dass die im Rahmen einer konkretisierten gefahrenabwehrrechtlichen Zustandsverantwortlichkeit bestehende Handlungs-, Duldungs- oder Unterlassungspflicht dann die für eine Rechtsnachfolge notwendige Übergangsfähigkeit besitzt, wenn sie nicht so maßgeblich von personalen Elementen geprägt ist, dass sich durch den Übergang ihr Sinn und Zweck verändern würde. Hierbei nicht zu berücksichtigen sind personale Elemente, die nur für das Zustandekommen der Rechtspflicht oder die Beurteilung ihrer Rechtmäßigkeit eine Rolle spielen.

So bezieht sich z. B. die Erteilung einer Gaststättenerlaubnis oder einer Fahrerlaubnis oder die Anordnung einer Ausreiseverpflichtung oder einer gesundheitlichen Untersuchung bereits ihrem Inhalt nach so eindeutig auf subjektive Voraussetzungen, dass die daraus resultierende öffentlich-rechtliche Position schon aus sich heraus des Übergangs auf ein anderes Rechtssubjekt nicht fähig ist. Der Anordnung an den Fahrzeughalter hingegen, ein ordnungswidrig abgestelltes Fahrzeug zu entfernen, oder der Verfügung gegenüber dem Grundstückseigentümer, eine Kontamination des Grundstückes zu beseitigen, liegt eine Ermessensbetätigung der Behörde in Bezug auf die Störerauswahl zugrunde, die Anordnung an sich ist neutral, aber die Auswahl des Störers beruht auf personenbezogenen Erwägungen (oder sollte dies zumindest) und kann daher den Verwaltungsakt der konkret davon betroffenen Person gegenüber rechtswidrig erscheinen lassen.

bb) Übergang der verfahrensrechtlichen Position

In den Fällen, in welchen die Zustandsverantwortlichkeit übergangsfähig ist, begründet die von einer möglichen Übergangsnorm angeordnete Rechtsnachfolge somit eine entsprechende Handlungs-, Duldungs- oder Unterlassenspflicht beim Rechtsnachfolger. Dieser sieht sich nunmehr als Verpflichteter der Behörde gegenüber. Umgekehrt kann diese die sich aus dem Übergang ergebende Verpflichtung durchzusetzen versuchen.

Der Behörde obliegt hierbei nach dem Vorgesagten eine doppelte Prüfungspflicht: An erster Stelle steht die Frage, ob die konkret betroffene Rechtspflicht überhaupt des Übergangs auf einen Rechtsnachfolger fähig ist. An zweiter Stelle ist dann zu fragen, ob eine Inanspruchnahme des Rechtsnachfolgers aus dieser Rechtspflicht sonstigen Bedenken in Bezug auf deren Rechtmäßigkeit begegnet[609]. Erst bei Bejahung der ersten und Verneinung der zweiten Frage kommt ein Vorgehen gegen den Rechtsnachfolger überhaupt in Betracht.

Da naturgemäß hierbei Fehler der Behörde nicht auszuschließen sind, kommt es für den Rechtsschutz des Bürgers entscheidend darauf an, in welcher verfahrensrechtlichen Stellung sich der Rechtsnachfolger der Behörde gegenüber befindet.

[609] Schenke, GewArch. 1976, S. 5; ders. in: Schenke, Polizei- und Ordnungsrecht, § 4 VII Rz. 294

Auch hier stellt sich das bereits oben unter III 3 dargestellte Grundproblem, dass die Normierung eines Rechtsnachfolgetatbestandes auch im Verwaltungsverfahrensrecht (bislang) unterblieben ist.

Sofern daher vertreten wird, ein Einrücken des Rechtsnachfolgers in eine – wie auch immer konkret ausgestaltete – verfahrensrechtliche Position finde überhaupt nicht statt[610], so lässt dies den Übergang der konkretisierten Polizeipflicht praktisch ins Leere laufen. Die Pflicht des Rechtsnachfolgers zur Vornahme der behördlich angeordneten Maßnahme bestünde zwar materiellrechtlich, könnte aber von der Behörde nicht durchgesetzt, sondern müsste dem Rechtsnachfolger gegenüber neu begründet werden.

Peine[611], der diese Ansicht vertritt, da wegen der Rechtsschutzgarantie des Art. 19 Abs. 4 GG der Rechtsnachfolger in der Lage sein müsse, seine „Verfahrensgrundrechte zu wahren", will dieser misslichen Folge dadurch begegnen, dass die Behörde keine neue materiellrechtliche Prüfung vornehmen müsse und unter Hinweis auf den dem Rechtsvorgänger gegenüber erlassenen Verwaltungsakt Sofortvollzug anordnen könne, denn „ist der alte Eigentümer materiell polizeipflichtig, so ist es auch der neue". Da die Prüfung der materiellen Rechtslage (auch durch das Gericht) unterbleiben könne, sei eine beschleunigte Durchsetzung des („neuen") Verwaltungsaktes möglich[612].

Hiergegen lässt sich anführen, dass eine Aufspaltung der behördlichen Entscheidung in einen regelnden und einen begründenden Teil der Natur eines Verwaltungsaktes nicht gerecht wird und außerdem eine solche Bindungswirkung an die Gründe der Entscheidung noch nicht einmal im Prozessrecht selbst anerkannt ist[613], dem eine Rechtskrafterstreckung ausdrücklich nicht fremd ist. Diese bezieht sich aber lediglich auf die durch den Tenor festgestellte Rechtslage, allenfalls zu deren Interpretation können die Entscheidungsgründe herangezogen werden.

Richtigerweise muss nach den oben[614] dargestellten Grundsätzen der Rechtsnachfolge im Verwaltungsverfahren hier unterschieden werden:

aaa) Noch nicht bestandskräftiger Verwaltungsakt

Hier tritt der Rechtsnachfolger gem. den §§ 173 VwGO, 239 ff. ZPO in dem Stadium in das Verfahren ein, in welchem es sich zum Zeitpunkt des Eintritts der Rechtsnachfolge befunden hat. Es greifen die in den §§ 239 ff. ZPO enthaltenen Schutzmechanismen zugunsten der Verfahrensbeteiligten, insbesondere die Unterbrechung des Verfahrens bis zur Aufnahme durch eine der Parteien.

Unbillig ist dies weder für die Behörde, welche auf diese Weise keine bereits erreichte Verfahrensposition „verliert", noch für den Rechtsnachfolger, der auf diese Weise seine eigenen Rechte durch aktives Betreiben des Verfahrens wahren kann.

---

[610] Scholler / Schloer, Grundzüge des Polizei- und Ordnungsrechts, S. 271 jedenfalls für die Einzelrechtsnachfolge; für die Vertreter der „Höchstpersönlichkeit" der Polizeipflicht war dies ohnehin selbstverständlich, s. Drews / Wacke, Allgemeines Polizeirecht, S. 210
[611] DVBl. 1980, S. 948
[612] So auch OVG Hamburg (BauR 1997, S. 104) für den Fall einer Nutzungsregelung
[613] Schenke, GewArch. 1976, S. 6
[614] Unter III 3

Fraglich ist allenfalls, ob dieser Grundsatz auch dann gilt, wenn die Möglichkeit einer Einflussnahme auf das Verfahren zu dem Zeitpunkt, in welchem der Parteienwechsel stattfindet, für den Betroffenen nicht mehr gegeben ist[615]. Hierin könnte in der Tat eine Verkürzung der grundrechtlich garantierten Positionen des Betroffenen gesehen werden. Diese Variante ist indes lediglich im Prozess denkbar, für den die vorstehenden Normen jedoch eine eindeutige und klare Anordnung enthalten, welche als eine auch vor dem Hintergrund des Gesetzesvorbehalts zulässige Entscheidung des Gesetzgebers gewertet werden muss.

Im Verwaltungsverfahren ist diese Möglichkeit jedoch nicht gegeben: Hier endet mit der Möglichkeit des Betroffenen zur Beteiligung auch automatisch das Verfahren: erst mit Ablauf der Widerspruchsfrist (welche ja in entsprechender Anwendung der §§ 239 ff. ZPO unterbrochen wird) wird der Verwaltungsakt bestandskräftig und endet damit das jeweilige Verwaltungsverfahren. Entsprechendes gilt für den Ablauf der Klagefrist gegen den Widerspruchsbescheid. Das bedeutet, dass der Rechtsnachfolger somit zwangsläufig für den Fall, dass noch keine Bestandskraft eingetreten ist, noch eine Einflussnahmemöglichkeit auf das Verfahren hat.

bbb) Bestandskraft des Verwaltungsaktes

Fraglich ist indes, ob der Rechtsnachfolger an eine eingetretene Bestandskraft des Verwaltungsaktes gebunden ist.

Im Falle eines über den Verwaltungsakt ergangenen Urteils wird auch diese Frage klar vom Gesetz beantwortet: Gemäß § 121 VwGO bindet dieses auch den Rechtsnachfolger.

Es verbleiben also die Fälle, in welchen die Bestandskraft durch das Nichterheben eines Widerspruches oder einer verwaltungsgerichtlichen Klage eingetreten ist.

Hier ist zu prüfen, ob die Behörde diesen bestandskräftigen Verwaltungsakt als Grundlage eines weiteren Vorgehens gegen den Rechtsnachfolger nutzen kann (sei es in Form der direkten Einleitung von Vollstreckungsmaßnahmen, sei es durch den von einigen als sachgerecht angesehenen Erlass eines „verkürzten" Überleitungs-Verwaltungsaktes[616]) oder ob sie nunmehr gegenüber dem Rechtsnachfolger eine vollständig neue Anordnung treffen muss.

Die Vertreter der erstgenannten Ansicht wollen den Rechtsnachfolger vollständig in die verfahrensrechtliche Position einrücken lassen, in welcher sich der Rechtsvorgänger zum Zeitpunkt des Eintritts der Rechtsnachfolge befunden hat[617], so dass er die Bestandskraft des Verwaltungsaktes gegen sich gelten lassen müsste.

Zur Begründung wird auf die entsprechende Regelung für den Verwaltungsprozess gem. § 121 VwGO (oder auch § 325 ZPO) hingewiesen[618]. Doch dürfte diese Schlussfolgerung nicht gerechtfertigt sein: Ein Gerichtsurteil kommt aufgrund einer kontradiktorischen Auseinandersetzung zwischen den beteiligten Parteien zustande,

[615] Die Rechtsnachfolge tritt beispielsweise nach Ende der mündlichen Verhandlung, aber vor Urteilsverkündung ein.
[616] VGH Kassel, NVwZ 1985, S. 281
[617] Stadie, DVBl. 1990, S. 506; Götz, Allgemeines Polizei- und Ordnungsrecht, § 9 Rz. 249; OVG Münster, NJW 1989, S. 2834; im Ergebnis auch Obermayer, VwVfG, § 13 Rz. 80 ff., der insofern zwischen übergangsfähigen und nicht übergangsfähigen Positionen differenziert
[618] Rumpf, VerwArch. Bd. 78 (1987), S. 299; Stadie, DVBl. 1990, S. 508; Ortloff, JuS 1981, S. 577

die von einem unabhängigen, regelmäßig objektiven Dritten, dem Gericht, entschieden wird. Es birgt daher in wesentlich höherem Maße die Vermutung der Richtigkeit und Rechtmäßigkeit in sich als ein Verwaltungsakt, der auf ein einseitiges Handeln eines der Beteiligten (der Behörde) hin zustande kommt und der regelmäßig aufgrund eines Unterlassens der anderen Partei Rechtskraft erlangt[619]. Die Art und Weise des Zustandekommens dieser beiden Rechtspositionen ist daher so unterschiedlich, dass die Übertragung einer für das Urteil angeordneten Geltung gegen den Rechtsnachfolger auf den Fall der Bestandskraft eines Verwaltungsaktes nicht in Frage kommt.

Im übrigen könnte man hier genauso gut mit dem Umkehrschluss argumentieren: Wenn im Gegensatz zur VwGO im VwVfG die Bindung des Rechtsnachfolgers an bestandskräftige Verwaltungsakte nicht angeordnet sei, dann sei eine solche auch nicht gewollt. Immerhin ist das VwVfG zeitlich nach der VwGO geschaffen worden; eine Übernahme der Vorschrift hätte daher nahegelegen.

Die Vertreter der Auffassung, nach welcher der Eintritt des Rechtsnachfolgers in die verfahrensrechtliche Position des Vorgängers erfolge, insbesondere die Vertreter der Lehre vom „dinglichen" Verwaltungsakt, argumentieren ferner überwiegend mit Praktikabilitätserwägungen zugunsten der Behörde.

So wird angeführt, im Falle des fehlenden Eintritts des Rechtsnachfolgers in die verfahrensrechtliche Position des Vorgängers liefen die Baurechtsbehörden „Gefahr, ihren gesetzlichen Auftrag, die von ihnen erlassenen ... Anordnungen notfalls auch zwangsweise durchzusetzen ... häufig nicht oder nur mit erheblichen zeitlichen Verzögerungen und mit unvertretbarem Verwaltungsaufwand erfüllen zu können"[620].

Es sei „unbefriedigend ..., wenn rechtmäßige ... Beseitigungsanordnungen nur deswegen nicht sollten durchgesetzt werden dürfen, weil ein möglicherweise nur vorgeschobener Eigentumswechsel herbeigeführt worden ist"[621].

Doch leuchtet nicht ein, warum zur Begründung eines Rechtsinstituts einseitig auf die Interessenlage eines der am Verfahren Beteiligten abgestellt werden sollte. Umgekehrt wird durch die von den Vertretern dieser Auffassung gezogene Konsequenz nämlich die Rechtsstellung des anderen Verfahrensbeteiligten, des betroffenen Bürgers, erheblich verkürzt. So stehen in diesem Fall dem „neuen" Adressaten keinerlei Rechtsmittel gegen die nunmehr ihn belastende Verfügung zu, was ebenfalls als „unbefriedigend" bezeichnet werden könnte[622].

Dieser Gesichtspunkt dürfte für die Beurteilung der vorliegenden Frage wesentlich entscheidender als die zuvor genannten Argumente sein, da das Grundgesetz die in diesem Fall betroffene Partei (den Bürger) im Gegensatz zur Behörde mit besonderen Rechten ausgestattet hat, so insbesondere mit der Rechtsschutzgarantie aus Art. 19 Abs. IV GG[623].

Diese grundgesetzliche Wertung muss dazu führen, dass dem Rechtsschutzinteresse des Bürgers ein stärkeres Gewicht beigemessen wird als dem Interesse der Be-

[619] Schenke, GewArch. 1976, S. 4
[620] VGH Mannheim, NJW 1979, S. 1565
[621] BVerwG, NJW 1971, S. 1625
[622] Rumpf, VerwArch Bd. 78 (1987), S. 282
[623] Peine, DVBl. 1986, S. 948

hörde an einer möglichst problemlosen Durchsetzung von ihr erlassener Verwaltungsakte.

Die Ansicht, wonach der Rechtsnachfolger des ursprünglichen Adressaten in die jeweils erreichte verfahrensrechtliche Position des ursprünglichen Adressaten einrückt – insbesondere also die bereits eingetretene Bestandskraft des „ursprünglichen" Verwaltungsaktes gegen sich gelten lassen muss – ist somit abzulehnen.

Eine Beschleunigung des Verwaltungsverfahrens lässt sich indes auch mit anderen Konstruktionen erreichen. So wird angenommen, zur Geltung der behördlichen Grundverfügung gegenüber dem Rechtsnachfolger müsse ihm diese durch einen weiteren, gesonderten Verwaltungsakt bekannt gegeben werden[624], den man dann als „Überleitungs-Verwaltungsakt" bezeichnen könnte. Gegen diesen Verwaltungsakt stünden dem Rechtsnachfolger dann wieder sämtliche Rechtsmittel zur Verfügung, inhaltlich aber auf die Frage beschränkt, ob eine Rechtsnachfolge tatsächlich stattgefunden hat[625].

Eine solche Konstruktion befriedigt allerdings in doppelter Hinsicht nicht. Aus Sicht der Behörde ist hier trotz allem ein erneutes Verwaltungsverfahren gegen den Rechtsnachfolger eigenständig in Gang zu setzen; dieser muss somit ermittelt und angeschrieben werden. Aus Sicht des Rechtsnachfolgers ist die Beschränkung auf die Frage der Rechtsnachfolge untunlich, da ihm auf diese Weise Einwendungen gegen die Rechtmäßigkeit des Verwaltungsaktes abgeschnitten werden, was insbesondere in dem Fall, dass der Veraltungsakt tatsächlich rechtswidrig gewesen und lediglich vom Rechtsvorgänger – aus welchen Gründen auch immer – nicht angegriffen worden ist, mit den vorbezeichneten Grundsätzen effektiven Rechtsschutzes sowie den grundrechtlichen Überlegungen schwer in Einklang zu bringen wäre.

Zu denken ist indes an eine weitere Möglichkeit: Der Übergang der konkretisierten Polizeipflicht auf den Rechtsnachfolger könnte auch dem Erlass eines Verwaltungsaktes ihm gegenüber gleichgestellt werden. Beide Fälle sind zumindest insofern gleichgelagert, als sie für ein bestimmtes Subjekt eine materiellrechtliche Pflicht (konkretisiert) begründen. Aus Sicht sowohl der Behörde als auch des Bürgers dürfte es keinen Unterschied machen, dass die Begründung der Pflichtenposition im Falle des Rechtsvorgängers originär, im Falle des Rechtsnachfolgers dagegen derivativ erfolgte. In beiden Fällen besteht nunmehr eine materielle Polizeipflicht, die vorher nicht bestanden hat.

In diesem Falle entfiele das zeitraubende Erfordernis für die Behörde, einen gleichlautenden Verwaltungsakt dem (gegebenenfalls von ihr erst noch zu ermittelnden) Rechtsnachfolger gegenüber zu erlassen.

Nun ist freilich Wirksamkeitserfordernis eines Verwaltungsaktes gem. § 41 VwVfG die Bekanntgabe des Verwaltungsaktes an den Adressaten. Dies kann nach herr-

[624] Schenke, Polizei- und Ordnungsrecht, § 4 VII Rz. 297; Pieroth / Schlink / Kniesel, Polizei- und Ordnungsrecht, § 9 Rz. 54; VGH Kassel, NVwZ 1985, S. 281; Galwass / Mößle, bayerisches Polizei- und Sicherheitsrecht, S. 146 Rz. 537 sehen lediglich das Erfordernis für eine Duldungsverfügung, was im Ergebnis indes auf das Gleiche hinauslaufen dürfte, da im Rahmen einer solchen Verfügung ebenfalls nur die Frage der Überleitung sachlich thematisiert werden dürfte.

[625] Lisken / Denninger, Handbuch des Polizeirechts, Teil E Rz. 112; Gusy, Polizeirecht, 6. Aufl., S. 364 Rz. 364

schender Meinung nur durch eine amtliche Handlung erfolgen[626]. Hierzu soll nicht der Fall zählen, dass der Verwaltungsakt dem Betroffenen auf sonstige Weise zur Kenntnis gelange[627].

Der Frage, ob diese Prämisse überhaupt berechtigt ist oder ob dem Rechtsschutzinteresse des Bürgers nicht auch (und schon) dann Genüge getan ist, wenn er von der Verfügung tatsächlich Kenntnis genommen hat, soll vorliegend nicht nachgegangen werden. Für die vorliegende Fallkonstellation ist festzustellen, dass diese Prämisse zu der Situation beim abgeleiteten Eintritt in die polizeirechtliche Pflicht nicht passt: Hier war der Verwaltungsakt dem Rechtsnachfolger gegenüber nicht bekanntzugeben, da dieser ursprünglich gar nicht Beteiligter des Verwaltungsverfahrens und somit allenfalls unbeteiligter Dritter war[628]. Die amtliche Bekanntgabe des Verwaltungsaktes ist vielmehr – korrekterweise – an denjenigen erfolgt, von welchem der nunmehrige Rechtsinhaber seine Rechtsstellung ableitet. Ihm müsste daher allenfalls die Überleitung auf ihn „amtlich bekanntgemacht" werden[629].

Die Überleitung der Pflichtenposition auf den Rechtsnachfolger erfolgt indes nach der hier vertretenen Auffassung – bei Vorliegen eines Übergangstatbestandes – bereits kraft Gesetzes, sofern dessen Tatbestandsvoraussetzungen – z. B. der Eintritt der Erbfolge – vorliegen, gerade ohne dass es auf eine erneute behördliche Verfügung ankäme.

Hieraus kann zwar nicht geschlossen werden, eine Kenntnisnahme vom Verwaltungsakt durch den Rechtsnachfolger sei überhaupt nicht erforderlich, dies ist vielmehr aufgrund der bestehenden Rechtsschutzgarantie sehr wohl zu verlangen.

Die Kenntnisnahme braucht indes nach dem Vorgesagten nicht in der strengen Form einer amtlichen Bekanntgabe zu erfolgen, sondern es reicht die tatsächliche Kenntnisnahme durch den Rechtsnachfolger von der Existenz der Verfügung aus. Beweisproblemen, die sich aus dem Bestreiten einer solchen Kenntnisnahme durch den Betroffenen ergeben, kann wie bei der gleichgelagerten Problematik sonstiger Drittbetroffenheit dadurch begegnet werden, dass ein Kennenmüssen der tatsächlichen Kenntnisnahme gleichgestellt wird[630].

Konsequenz hieraus ist, dass dem Rechtsnachfolger zu dem Zeitpunkt, in welchem er von dem seinem Vorgänger gegenüber erlassenen Verwaltungsakt Kenntnis erlangt, das Rechtsmittelinstrumentarium des VwVfG zur Verfügung steht, um sich gegen die – nunmehr ihn – belastende Verfügung zur Wehr zu setzen.

Sofern hiergegen eingewandt wird, dies eröffne dem Rechtsvorgänger die Möglichkeit, einer drohenden Bestandskraft der behördlichen Verfügung durch Herbeiführung einer Rechtsnachfolge zu entgehen, könnte dies bei natürlichen Personen tat-

---

626 Maurer, Allgemeines Verwaltungsrecht, § 9 Rz. 64; Meyer / Borgs, VwVfG, § 54 Rz. 43; Pieroth / Schlink / Kniesel, Polizei- und Ordnungsrecht, § 9 IV 2 Rz. 54 fordern jedenfalls eine Stellungnahmemöglichkeit des Rechtsnachfolgers; ebenso Redeker / v. Oertzen, VwGO, § 70 Rz. 2

627 Maurer, Allgemeines Verwaltungsrecht, § 9 Rz. 68

628 Rumpf, VerwArch, Bd. 78 (1987) S. 290

629 Gusy, Polizeirecht, 6. Aufl., S. 364 Rz. 364; dies ordnen auch in der Tat verschiedene landesgesetzliche Vorschriften an, z. B. § 4 Abs. 3 HessVwVG

630 Rumpf, VerwArch Bd. 78 (1987) S. 290; Drews / Wacke / Vogel / Martens, Gefahrenabwehr, 9. Aufl, § 19 / 5 S. 300

sächlich – aber auch nur – im Fall der gewillkürten Einzelrechtsnachfolge virulent werden[631].

Für die Fälle einer gewillkürten Einzelrechtsnachfolge in die öffentlich-rechtliche Pflicht ist bereits festgestellt worden[632], dass ein solches Geschehen ohnehin nur im Wege der analogen Anwendung der §§ 414, 415 BGB denkbar ist, Vorgänge, bei denen dem Schutzbedürfnis der Behörde durch ihre notwendige inhaltliche Beteiligung am Übertragungsvorgang hinlänglich Genüge getan ist[633].

Es verbleiben somit die Fälle, in denen eine gewillkürte zivilrechtliche Nachfolge (z. B. im Eigentum) stattgefunden hat und das Gesetz hieran den Übergang einer öffentlich-rechtlichen Position (z. B. der Pflicht zum Abriss eines Gebäudes) knüpft.

Die verfahrensrechtliche Lage ergibt sich hier, wie oben dargestellt[634], aus einer möglichen entsprechenden Anwendung der §§ 265, 266 ZPO auf dem Wege über die Verweisungsnormen der §§ 173 VwGO, 79 VwVfG.

Die Antwort auf die Frage, ob eine solche analoge Anwendung der zivilprozessualen Vorschriften möglich sei oder sich gem. § 173 VwGO analog aufgrund der Eigenarten des Verwaltungsverfahrens verbiete, konnte dort noch unbeantwortet bleiben, da noch nicht einmal geklärt war, ob die entsprechende Verpflichtung überhaupt auf den Rechtsnachfolger übergehen konnte.

Nachdem nunmehr festgestellt worden ist, dass dies von der jeweiligen Eigenart der von der Behörde angeordneten Pflicht abhängt, erscheint es sachgerecht, für die entsprechende Anwendung der §§ 265, 266 ZPO auch insoweit zu differenzieren:

Sofern die Pflicht demnach nicht übergangsfähig ist, spricht nichts dagegen, das Verfahren mit dem Rechtsvorgänger fortzusetzen. Streng genommen ist insofern eine analoge Anwendung der §§ 265, 266 ZPO überhaupt nicht erforderlich, da eine Rechtsnachfolge (bezogen auf das öffentliche Recht) überhaupt nicht stattgefunden hat.

In den Fällen, in denen eine Rechtsnachfolge indes auch in die aus der Zustandshaftung resultierende konkrete Verpflichtung stattgefunden hat, kommt es für die Frage, ob eine analoge Anwendung der §§ 265, 266 ZPO im Verwaltungsverfahren sachgerecht sei, nach den oben[635] entwickelten Grundsätzen ausschließlich noch darauf an, ob der gegenüber dem Vorgänger bestandskräftig gewordene Verwaltungsakt auch dem Rechtsnachfolger gegenüber Wirkung in dem Sinne entfalte, dass dieser an die Bestandskraft gebunden ist.

Nachdem vorstehend entwickelt worden ist, dass dies nicht der Fall sein kann, scheidet damit auch eine entsprechende Anwendung der §§ 265, 266 ZPO im Verwaltungsverfahren aus, da die Fortsetzung des Verfahrens mit dem nicht (mehr) der

---

[631] Die absichtliche Herbeiführung der Gesamtrechtsnachfolge durch Suizid dürfte eine rein theoretische Möglichkeit darstellen.

[632] Oben unter IV 2 b cc

[633] Im übrigen entfällt in dieser Variante auch jegliches Rechtfertigungserfordernis für das Einrücken des betroffenen Bürgers in ein bestimmtes Verfahrensstadium, da er dieses durch seine freiwillige Beteiligung am Übertragungstatbestand wissentlich und willentlich selbst herbeigeführt hat; die Annahme eines hiergegen bestehenden Rechtsschutzbedürfnisses erschiene widersinnig.

[634] Unter IV 3 c dd

[635] Unter IV 3 c dd

Polizeipflicht unterliegenden und auch nicht an die Verfügung gebundenen Rechtsvorgänger keinen Sinn ergäbe.

Auch hier tritt somit der Rechtsnachfolger nach den vorstehend entwickelten Grundsätzen in das Verwaltungsverfahren ein. In diesem Falle bestünde tatsächlich das von den Befürwortern einer Bindung an die Bestandskraft der Entscheidung angeführte Risiko einer bewussten, kollusiv herbeigeführten „nachträglichen" Beseitigung der Bestandskraft.

Festzuhalten ist hier jedoch zunächst, dass dieses Risiko aufgrund der anwendbaren Sondervorschriften nicht für verwaltungsgerichtliche Verfahren besteht. Das teilweise dargestellte „Horrorszenarium" eines erst nach jahrelangem Prozessieren bestandskräftigen Verwaltungsaktes, der dann gegenüber dem Rechtsnachfolger neu erlassen werden müsste, ist somit deplatziert. Die fehlende Bindung an die Bestandskraft greift ausschließlich für die Fälle, in welchen eine ordnungsbehördliche Maßnahme durch Nichteinlegung von Widerspruch oder Hinnahme des Widerspruchsbescheides Bestandskraft erlangt hat. Der in diesem Verfahrensstadium durch das Erfordernis eines neuen Verwaltungsverfahrens verlorene Zeitraum ist daher regelmäßig geringer als bei fehlender Bindung an eine Gerichtsentscheidung und liegt schließlich zu einem nicht unwesentlichen Teil im Verantwortungsbereich der Behörde selbst.

Im übrigen kann ein solches kollusives Vorgehen auch durch Heranziehung eines weiteren Gedankens vermieden werden: Wie oben ausgeführt, ist für das Einrücken des Rechtsnachfolgers in das erreichte Verfahrensstadium bei einem bestandskräftigen Verwaltungsakt davon auszugehen, dass ihm die verwaltungsrechtlichen Rechtsschutzmöglichkeiten von dem Zeitpunkt an zustehen, in welchem er von dem Vorliegen der Anordnung sowie des Überganges auf ihn Kenntnis hatte.

In den Fällen, in welchen ein Eigentumswechsel lediglich erfolgt, um die Behörde zum erneuten Erlass der jeweiligen Verfügung zu zwingen, kann davon ausgegangen werden, dass der Erwerber den Bestand der Verpflichtung bereits seit geraumer Zeit kennt. Anderenfalls könnte von einem kollusiven Zusammenwirken nicht gesprochen werden. Im Hinblick auf diese Kenntnis dürfte mithin zum Zeitpunkt der Rechtsmitteleinlegung durch ihn die dafür vorgesehene Frist regelmäßig abgelaufen sein. Anders mag dies in Bezug auf den Erwerbstatbestand sein, da es hier zumindest denkbar ist, dass die Einlegung des Rechtsmittels zeitlich unmittelbar nach dem Erwerb erfolgt. Doch ist hier zu berücksichtigen, dass das Erfordernis, der Rechtsnachfolger müsse vom Eintritt der Nachfolge überhaupt Kenntnis haben, ausschließlich seinem Schutze dient, da er nicht von einem solchen Vorgang überrascht werden soll. Nun bedarf es keiner vertieften Überlegung für die Feststellung, dass ein mit dem Rechtsvorgänger kollusiv zusammenwirkender Rechtsnachfolger eines solchen Schutzes nicht bedarf: Wer die Rechtsnachfolge absichtlich herbeiführt, um die Bestandskraft eines Verwaltungsaktes „auszuhebeln", kann sich nicht darauf berufen, er sei vom Eintritt der Rechtsnachfolge quasi „überrascht" worden.

Konsequenz aus dieser Überlegung ist, dass demjenigen Rechtsnachfolger, der diesen Übergang durch kollusives Zusammenwirken mit dem vormals Berechtigten herbeigeführt hat, ein Rechtsmittel gegen die behördliche Verfügung regelmäßig abgeschnitten sein wird, da dieses in aller Regel zu einem Zeitpunkt eingelegt wird, zu dem der maßgebliche Moment „Kenntnisnahme von der Verfügung" bereits so lange zurückliegt, dass auch für ihn die Rechtsmittelfrist als abgelaufen angesehen werden kann.

Dies entbindet naturgemäß die Behörde nicht davon, im Verfahren diese frühere Kenntnis zu behaupten und ggf. nachzuweisen. Da eine solche Kenntnis aber für das Vorliegen eines kollusiven Zusammenwirkens ohnehin konstitutiv ist, ist hierin kein Nachteil zu erblicken. Kann ein solches nicht nachgewiesen werden, muss es (auch ohne den strafrechtlichen Grundsatz des „in dubio pro reo" bemühen zu wollen) bei den allgemeinen Grundsätzen verbleiben.

Kann die Behörde dem Erwerber eine solche Kenntnis nicht nachweisen oder ist es vielmehr tatsächlich so, dass dieser keine Kenntnis vom Vorliegen der behördlichen Verfügung hatte und lediglich vom Veräußerer zur Erzielung des von diesem beabsichtigten Zwecks „missbraucht" wurde, so muss es nach dem Vorgesagten dabei bleiben, dass dem Rechtsnachfolger das Rechtsmittelinstrumentarium von dem Augenblick an zur Verfügung steht, in welchem er von der Verfügung Kenntnis hatte (oder ihm eine solche Kenntnis nachzuweisen ist). Dass ein kollusives Zusammenwirken von Veräußerer und Erwerber in Einzelfällen nicht nachzuweisen sein mag oder dass auf diese Weise der in missbilligenswerter Weise handelnde Rechtsvorgänger mit seinem Vorhaben „Erfolg hat", soll nicht geleugnet werden.

Doch auch hier verlangt die eingangs getroffene Abwägung zwischen Effektivitätsgesichtspunkten der Verwaltung und Rechtsschutzinteresse sowie Grundrechtsschutz des Rechtsnachfolgers, diese möglicherweise missliche Konsequenz hinzunehmen.

Schließlich mag es als widersprüchlich oder unbefriedigend erscheinen, auf diese Weise den Rechtsnachfolger eines Betroffenen, der sich gegen die belastende Verfügung zur Wehr gesetzt hat, „schlechter zu stellen" als den Rechtsnachfolger desjenigen Betroffenen, der den Verwaltungsakt hat rechtskräftig werden lassen. Hat der Rechtsvorgänger z. B. durch Widerspruch ein verwaltungsrechtliches Verfahren in Gang gesetzt hat, welches zum Zeitpunkt der Rechtsnachfolge noch im Werden begriffen ist, so ist der Rechtsnachfolger gemäß dem oben Gesagten an das jeweilig erreichte Verfahrensstadium gebunden. Hat der Rechtsvorgänger den Verwaltungsakt dementgegen rechtskräftig werden lassen, so muss das Verfahren dann nach der hier vertretenen Ansicht „von vorne beginnen" und dem Rechtsnachfolger stehen seine Rechte auf sämtlichen Stufen des Verfahrens zur Verfügung.

Doch zum einen ist nicht anzunehmen, dass mit diesem Ergebnis eine wirkliche Verkürzung der Rechtsschutzmöglichkeiten des Rechtsnachfolgers verbunden ist. Nachdem eine Anhörung auch in späteren Verfahrensabschnitten nachgeholt werden kann und die Widerspruchsbehörde ohnehin nach der Sach- und Rechtslage zum Zeitpunkt des Erlasses des Widerspruchsbescheides zu entscheiden hat, scheint der Betroffene, dem es nicht lediglich auf Zeitgewinn ankommt (und das dürfte in der überwiegenden Zahl der Fälle der bösgläubige oder rechtsmissbräuchlich handelnde Betroffene sein, dem nach den Vorausführungen die entwickelten Schutzwirkungen ohnehin nicht zugute kommen), hierdurch keinen Nachteil zu erleiden. Man könnte im Gegenteil argumentieren, auf diese Weise erhalte der betroffene Rechtsnachfolger eine raschere endgültige Entscheidung und sähe sich einer verkürzten Zeit der Ungewissheit ausgesetzt.

Außerdem ist zur Begründung dieser scheinbaren Divergenz die Richtung der Betrachtungsweise erneut ins Blickfeld zu rücken: Es geht vorliegend um den Grundrechtsschutz des Rechtsnachfolgers, welcher nur durch wirksame, insbesondere bestandskräftige Verwaltungsakte nachhaltig beeinträchtigt werden kann. Ein laufendes Verwaltungsverfahren hat regelmäßig noch zu keiner bestandskräftigen Anordnung und daher noch zu keiner (jedenfalls keiner dauerhaften, nicht mehr zu beseitigenden) Grundrechtsbeeinträchtigung geführt. Da es ausschließlich hierauf und nicht auf die Disposition oder Motivationslage des Rechtsvorgängers ankommt und auch eine „Gleichstellung“ in dem Sinne, dass man den Rechtsnachfolger in diesem Falle in ein fiktives verfahrensrechtliches Stadium einrücken ließe, vernünftigerweise nicht konstruierbar ist, hat es bei dieser vordergründigen Ungleichbehandlung zu verbleiben.

b) Übergangstatbestand

aa) Gesamtrechtsnachfolge

Die konkretisierte Zustandsverantwortlichkeit geht, soweit sie im Einzelfall übergangsfähig ist, gemäß den vorstehend vertretenen Grundsätzen nach den allgemeinen zivilrechtlichen Normen über die Gesamtrechtsnachfolge über. Dies betrifft sowohl den Erben als auch das im Falle der Umwandlung oder Verschmelzung neu entstehende oder übernehmende Unternehmen.

bb) Einzelrechtsnachfolge

Nach der hier vertretenen Auffassung findet eine Einzelrechtsnachfolge in die Zustandsverantwortlichkeit nicht von Gesetzes wegen statt, da es an einem Übergangstatbestand - insbesondere einem aus dem Zivilrecht ableitbaren - fehlt[636]. Wenn eine solche Nachfolge indes im Einzelfall durch eine ausdrückliche gesetzliche Normierung angeordnet wird, wie mittlerweile im Bauordnungsrecht vielfach geschehen, stellt sich die Problematik naturgemäß nicht. In diesem Falle ist dem Vorbehalt des Gesetzes Genüge getan und es findet eine Einzelrechts- (Einzelpflicht-) Nachfolge in die konkretisierte Zustandsverantwortlichkeit statt.

Sofern von Autoren, die eine Einzelpflichtnachfolge außer in den gesetzlich angeordneten Fällen grundsätzlich ablehnen, dies damit begründet wird, die Pflicht sei nicht disponibel[637], stellt dies letztendlich keine abweichende Begründung dar, da sich dies eben auch aus dem Zivilrecht ergibt, wo Pflichtenpositionen – außer im Falle der §§ 414, 415 BGB – ebenfalls nicht im Wege der Einzelrechtsnachfolge übertragen werden können.

Dass die Annahme eines – automatischen – Pflichtenübergangs als Folge einer Einzelrechtsübertragung, z. B. des Eigentums an einem Grundstück, wie von den Vertretern der „Dinglichkeit“ von Verwaltungsakten angenommen, nicht in Betracht kommt, ist oben dargelegt worden.

Eine Einzelrechts- (bzw. Einzelpflicht-) Nachfolge kommt daher lediglich in analoger Anwendung von § 415 BGB in Betracht[638]. Dies kann, wie oben ausgeführt, zunächst durch einen Vertrag geschehen, welcher sich direkt auf die Übernahme der jeweili-

[636] So auch Rau, Jura 2000, S. 41
[637] Schink, GewArch. 1996, S. 60
[638] Die Anwendbarkeit von § 414 BGB ist oben unter IV 2 b cc abgelehnt worden

gen Pflicht bezieht. Notwendig ist hier in jedem Fall die Mitwirkung der Behörde, sei es als Vertragspartei, sei es im Wege einer Zustimmungserklärung. In Betracht kommen hier z. B. Fälle, in welchen die Behörde Zweifel an der Leistungsfähigkeit des eigentlich Pflichtigen hat und in der Erfüllung der Pflicht durch einen Dritten größere Erfolgsaussichten sieht[639]. Zu beachten ist indes, dass auf diese Weise die Pflichtenstellung komplett auf den Erwerber übergeht und der ursprünglich Pflichtige nicht mehr von der Behörde in Anspruch genommen werden kann[640].

Weiter kann der Übergang der Pflicht, wie oben dargelegt, auch (finaler) Inhalt eines entsprechenden Vertrages zwischen zwei Grundrechtsträgern sein, sofern die Behörde auch hier ihr Einverständnis erklärt.

Von größerer praktischer Relevanz dürften nach den obigen Ausführungen[641] diejenigen Fälle sein, in welchen der zwischen ursprünglich Verpflichtetem und Rechtsnachfolger geschlossene Vertrag sich primär auf den Übergang einer bestimmten Rechtsposition (z. B. des zivilrechtlichen Eigentums) bezieht und den Übergang der damit verbundenen öffentlich-rechtlichen Verpflichtung, die dafür nach den obigen Ausführungen den Parteien zumindest bekannt sein muss, enthält. Nimmt die Behörde in diesen Fällen den Rechtsnachfolger in Anspruch, so gibt sie damit zu erkennen, dass sie den Übergang der Pflicht auf den Rechtsnachfolger anerkennt und somit konkludent genehmigt. In diesen Fällen findet daher (ohne das Erfordernis einer „Dinglichkeit“ o. ä.) eine Einzelrechtsnachfolge in die öffentlich-rechtliche Verpflichtung statt.

Ist den Parteien[642] das Bestehen einer solchen Verpflichtung nicht bekannt, so geht diese auch nicht über mit der Folge, dass sie beim ursprünglich Pflichtigen verbleibt[643]. Möchte die Behörde die Pflicht dem (regelmäßig zivilrechtlichen) Rechtsnachfolger gegenüber durchsetzen, so muss sie diese ihm gegenüber durch den Erlass eines neuen Verwaltungsaktes neu begründen. Dieses Ergebnis berücksichtigt hinlänglich den Grundrechtsschutz des Rechtsnachfolgers, in dessen Rechtsposition in solchen Fällen nicht ohne sein Einverständnis eingegriffen wird[644].

5. Die konkretisierte Verhaltensverantwortlichkeit

a) Übergangsfähigkeit

Betrachtet man lediglich die sich konkret aus der gefahrenabwehrrechtlichen Anordnung ergebende Handlungs- Duldungs- oder Unterlassungspflicht, so wird in den meisten Fällen eine Übergangsfähigkeit derselben nach den gleichen Kriterien

---

639 Siehe hierzu auch Nolte / Niestedt, JuS 2000, S. 1075

640 Freilich kann (als minus zur Schuldübernahme) auch ein Schuldbeitritt vereinbart werden, wonach sowohl der ursprünglich Verpflichtete als auch der Beitretende zur Erfüllung der Pflicht in Anspruch genommen werden können; dies ist dann aber kein Fall der Rechtsnachfolge mehr.

641 Unter IV 2 b cc

642 Oder zumindest einer Partei, bei der es sich regelmäßig um den Erwerber handeln wird, da das Bestehen einer Pflicht deren vormalige Bekanntgabe an den Betroffenen voraussetzt,

643 Der Frage, welche Möglichkeiten (möglicherweise repressiver Natur) die Behörde dann angesichts der in den meisten Fällen anzunehmenden subjektiven Unmöglichkeit der Pflichterfüllung diesem gegenüber hat, kann vorliegend nicht nachgegangen werden.

644 Siehe zu den grundrechtsspezifischen Anforderungen oben unter IV 2 b cc bbb

zu beurteilen sein wie im Falle der konkretisierten Zustandsverantwortlichkeit[645]. Es wären demnach den Theorien der Vertretbarkeit, der Abtrennbarkeit, der Dinglichkeit und der Frage nach den Ermessenskriterien die maßgeblichen Umstände zu entnehmen, welche den Charakter der jeweils bestehenden Pflicht ausmachen. Sofern diese Pflicht nach alledem nicht wesentlich durch personale Elemente determiniert wäre, käme man zu dem Ergebnis, auch hier eine Übergangsfähigkeit der jeweiligen Pflichtenposition anzunehmen[646].

Dies würde indes außer Acht lassen, dass es nach den Vorausführungen zur Rechtfertigung einer Übergangsfähigkeit auf den Grund der gesetzlichen Zuordnung der Pflichtenposition ankommt.

Die Argumentation, dass es zur Beantwortung der Frage der Übergangsfähigkeit der konkreten Pflicht lediglich darauf ankomme, ob diese vom potentiellen Rechtsnachfolger auch erfüllbar sei[647], sieht sich denselben Einwänden ausgesetzt wie die Theorie von der „Vertretbarkeit" oder „Abtrennbarkeit" gefahrenabwehrrechtlicher Pflichten vom ursprünglichen Zuordnungssubjekt. Auch die Verpflichtung aus einer Zwangsgeldfestsetzung wäre vom Rechtsnachfolger erfüllbar. Die Bejahung der Frage, ob jemand eine Pflicht erfüllen kann, rechtfertigt aber unter keinem dogmatischen Gesichtspunkt eine Begründung dieser Pflicht gegen ihn. Die einzige Konstellation, in der diese Herleitung eine Rolle spielt, ist, wie bereits mehrfach erwähnt, die Figur des gefahrenabwehrrechtlichen Nichtstörers. Bei diesem resultiert die Möglichkeit seiner Inanspruchnahme tatsächlich aus keiner wie auch immer gearteten Beziehung zur Gefahr, sondern lediglich auf der ihm gegebenen Möglichkeit der Gefahrenbeseitigung, also der Möglichkeit der Erfüllung der von der Behörde anzuordnenden Maßnahme.

Sowohl die Zustands- als auch die Verhaltensverantwortlichkeit basieren indes, wie dargelegt, auf einer inhaltlichen Verbundenheit des Pflichtigen mit der Gefahrenquelle, im Falle der Verhaltensverantwortlichkeit somit auf eigenem Verhalten des in Anspruch Genommenen. Wieso sich dies ändern sollte, weil die zuständige Behörde bereits eine konkrete Maßnahme angeordnet hat, ist nicht ersichtlich. Richtig ist allenfalls, dass der behördlichen Maßnahme kein irgendwie gearteter „Strafcharakter" zukommt, der die Maßnahme an die Person des jeweils Verpflichteten bände[648]. Dennoch existiert weder die abstrakte noch die konkrete gefahrenabwehrrechtliche Verantwortlichkeit losgelöst von personalen Determinanten, so dass ihre Zuordnung zu einem Rechtssubjekt rein zufälliger Natur wäre. Vielmehr ist auch hier zu fragen, ob sich der Zuordnungsgrund der Pflicht (und somit auch der konkret zur Gefahrenbeseitigung angeordneten Maßnahme) in der Person des Rechtsnachfolgers fortsetzt[649].

---

[645] Muckel, Klausurenkurs im besonderen Verwaltungsrecht, S. 158 Fall 18e; Wallerath, JuS 1971, S. 465; Stadie, DVBl. 1990, S. 504

[646] Rumpf, VerwArch. Bd. 78 (1987), S. 297; Schink, GewArch. 1996, S. 60; Rau, Jura 2000, S. 45

[647] Muckel, Klausurenkurs im besonderen Verwaltungsrecht, S. 158 Fall 18e

[648] Ihmels, DVBl. 1972, S. 482

[649] Hält man diese Fragenkreise (Zuordnungsgrund und Erfüllbarkeit) nicht auseinander, so kommt man zu solch merkwürdigen Konstruktionen wie das BVerwG in NJW 1963, S. 1076 für ein Aufbaudarlehen: „Das Darlehen ist sonach zwar an die Person des Lastenausgleichsberechtigten geknüpft, aber von ihr losgelöst, also nicht ‚höchstpersönlich'."

So wie oben für die Zustandsverantwortlichkeit festgestellt worden ist, dass sich deren Zuordnungsgrund in der Person des zivilrechtlichen Rechtsnachfolgers aufgrund ebendieser Rechtnachfolge fortsetzt und der Rechtsnachfolger als neuer „Herr über die“ oder „Nutznießer der“ gefahrträchtigen Sache daher nicht einwenden kann, er habe mit der der Zustandsverantwortlichkeit zugrunde liegenden Wertung „nichts zu tun“, so kann für die Verhaltensverantwortlichkeit festgestellt werden, dass sich dieser Zuordnungsgrund in der Person des Rechtsnachfolgers eben nicht fortsetzt.

Die denkbare Frage, ob sich der Rechtsnachfolger das Verhalten des ursprünglich Pflichtigen nicht gerade wegen der derivativen Ableitung der Pflicht zurechnen lassen müsse[650], verkehrt Tatbestand und Rechtsfolge der hier untersuchten Übergangsfähigkeit. Wenn die Übergangsfähigkeit zu verneinen ist, kommt es zu keiner Rechtsnachfolge und somit auch zu keiner derivativen Haftung für das Verhalten des Vorgängers.

Der Zurechnungsgrund ist aber für die konkretisierte Verhaltensverantwortlichkeit kein anderer als für die abstrakte Pflichtigkeit[651].

Es bleibt somit festzuhalten, dass im Falle der Verhaltensverantwortlichkeit der Zuordnungsgrund der gefahrenabwehrrechtlichen Pflichtigkeit, unabhängig davon, ob man ihn in der Nähe des Verhaltensverantwortlichen zur Gefahrenquelle oder in der Anknüpfung an den von ihm in Gang gesetzten pflichtwidrigen Kausalverlauf sehen will[652], sich in der Person des Rechtsnachfolgers keinesfalls fortsetzt[653]. Unabhängig von der Möglichkeit, dass dieser Grund durch eigenes Verhalten des Rechtsnachfolgers auch in seiner Person entstehen kann und dann eine eigene (aber eben keine abgeleitete) Verhaltensverantwortlichkeit begründet, ist die auf die Verhaltensverantwortlichkeit des Rechtsvorgängers gestützte Pflicht jedenfalls nicht als übergangsfähig anzusehen[654].

b) Übergangstatbestand

Auch hier stellt sich somit mangels Übergangsfähigkeit der jeweiligen Pflichtenposition die Frage nach einem Übergangstatbestand nicht mehr. Auch die konkretisierte Verhaltensverantwortlichkeit geht somit weder im Falle der Gesamt- noch der Einzelrechtsnachfolge auf einen Rechtsnachfolger über[655] .

---

[650] Nolte / Niestedt, JuS 2000, S. 1074

[651] Anders Finkelnburg (JuS 1965, S. 498), der gerade den Übergang einer konkretisierten Verhaltensverantwortlichkeit (im Gegensatz zur abstrakten) für ausgeschlossen hält, weil im Rahmen einer solchen Konkretisierung personenbezogene Umstände eine Rolle gespielt haben, was bei der abstrakten Verpflichtung dementgegen nicht angenommen werden könne.

[652] siehe hierzu oben unter V 2 a

[653] Lisken / Denninger, Handbuch des Polizeirechts, S. 250 Rz. 114; Brehm, JZ 1972, S. 228 begründet dies auch mit der fehlenden Wiederholungsgefahr

[654] Dies steht der Überlegung nicht entgegen, dass sich ein Dritter (oder auch der Rechtsnachfolger selbst) verpflichten kann, die jeweils geschuldete Maßnahme auszuführen, diese mag tatsächlich vertretbar oder abtrennbar sein; dies begründet aber, wie vorstehend gezeigt, nicht die Übergangsfähigkeit der *polizeirechtlichen Verpflichtung* zur Ausführung dieser Maßnahme.

[655] Der von Dietlein (Nachfolge im öffentlichen Recht, S. 233 ff.) aufgeworfenen Frage, ob der Gesetzgeber wegen der grundgesetzlichen Determinanten sogar gehindert wäre, einen solchen Übergang anzuordnen, soll hier nicht weiter nachgegangen werden, da die – soweit ersichtlich – einzige dies anordnende Norm bislang § 4 III 1 BBodSchG ist und einer Untersuchung dieser speziellen und sicherlich aus teleologischen Erwägungen heraus geschaffenen Vorschrift allgemeingültige Aussagen schwerlich entnommen werden könnten.

VI. Ergebnis / Zusammenfassung

Das hier gefundene Ergebnis soll der Übersichtlichkeit halber an einem Schaubild verdeutlicht werden:

			Übergangsfähigkeit	**Übergangsnorm**
Zustandsverantwortlichkeit	abstrakt	Gesamtrechtsnf.	(-)	
		Einzelrechtsnf.	(-)	
	konkret	Gesamtrechtsnf.	Im Einzelfall zu prüfen	§§ 1922ff. BGB, HGB, UmwG
		Einzelrechtsnf.	Im Einzelfall zu prüfen	imperativ (-) Ausn: spezialgesetzlich
				Freiwillig: § 415 BGB analog
Verhaltensverantwortlichkeit	abstrakt	Gesamtrechtsnf.	(-)	
		Einzelrechtsnf.	(-)	
	konkret	Gesamtrechtsnf.	(-)	
		Einzelrechtsnf.	(-)	

Es ist danach festzuhalten, dass abstrakte gefahrenabwehrrechtliche Verantwortlichkeiten grundsätzlich nicht auf Rechtsnachfolger übergehen. Gleiches gilt für aus einer Verhaltensverantwortlichkeit resultierende Pflichten. Konkrete Pflichtenpositionen können im Wege der Gesamtrechtsnachfolge übergehen, wobei die in den Zivilgesetzbüchern enthaltenen Rechtsnachfolgevorschriften auch für das öffentliche Recht gelten. Ein imperativer Übergang von Pflichtenpositionen im Wege der Einzelrechtsnachfolge ist nur dann möglich, wenn ein Gesetz dies anordnet. Hierzu findet sich in den zivilrechtlichen Kodifizierungen keine Norm, die der Gesetzgeber in das öffentliche Recht hätte übernehmen können. In den Regelungsmaterien des besonderen Verwaltungsrechts finden sich allerdings eine Anzahl ausdrücklicher Übergangsanordnungen, im Rahmen solcher Vorschriften findet eine Einzelrechtsnachfolge statt. Ferner ist eine Einzelpflichtnachfolge in konkrete Pflichtenübertragung in analoger Anwendung von § 415 BGB dann möglich, wenn dies unter Mitwirkung, respektive Zustimmung, der zuständigen Behörde erfolgt, welche auch dann anzunehmen ist, wenn diese die Pflichtübernahme des Rechtsnachfolgers durch dessen Inanspruchnahme konkludent genehmigt.

Der Bürger rückt in sämtlichen Fällen der imperativen Rechtsnachfolge nicht in die Verfahrensposition seines Rechtsvorgängers ein, sondern ist zu behandeln wie ein Betroffener, dem gegenüber die Behörde den jeweiligen Verwaltungsakt erstmals erlassen hat. Hierbei wird der Akt der förmlichen Bekanntgabe ersetzt durch den Zeitpunkt, zu dem der Bürger von der jeweiligen Polizeipflicht erstmals Kenntnis erlangt oder zumindest hätte erlangen müssen. Diese Kenntnis wird in Fällen kollusiven Zusammenwirkens der Parteien zur „Vernichtung" der Verfahrensposition der Behörde gegenüber dem Vorgänger regelmäßig gegeben sein, so dass die jeweilige Anordnung auch dem Nachfolger gegenüber Bestandskraft aufweist. In Fällen der gewillkürten Rechtsnachfolge stellt sich das Problem nicht, da der Rechtsnachfolger hier freiwillig in den jeweiligen verfahrensrechtlichen Stand eintritt.

Literaturverzeichnis

Alexy, Robert, Theorie der Grundrechte, Suhrkamp-Verlag, Frankfurt am Main, 3. Auflage 1996

Bargou, Hermann, Die öffentlich-rechtliche Aufsichtsarbeit in der zweiten juristischen Staatsprüfung, VwBlBW 1981, S. 192

Baumbach, Adolf / Lauterbach, Wolfgang / Albers, Jan / Hartmann, Peter, Zivilprozessordnung, Verlag C. H. Beck, München, 65. Auflage 2007

Bettermann, Karl-August, Vom Rechtsschutz und Rechtsweg des Bürgers gegen Rundfunk-Rufmord, NJW 1977, S. 515

Bettermann, Karl-August, Die Auswirkungen der Gebietsrechtsreform auf die Verträge der Kommunen mit Energieversorgungsunternehmen, Kohlhammer Verlag, Stuttgart, 1977

Bischoff, Kurt, Der ordentliche Rechtsweg bei Haftung des Rechtsnachfolgers für öffentlich-rechtliche Verbindlichkeiten, NJW 1977, S. 1419

Brehm, Wolfgang, Nachfolge in dingliche Unterlassungspflichten?, JZ 1972, S. 225

Brohm, Winfried, Öffentliches Baurecht, Verlag C. H. Beck, München, 3. Auflage 2002

Brox, Hans, Allgemeiner Teil des BGB, Carl Heymanns Verlag, 29. Auflage 2005

Brox, Hans, Allgemeines Schuldrecht, Verlag C. H. Beck, München, 30. Auflage 2004

Brox, Hans, Erbrecht, Carl Heymanns Verlag, München, 20. Auflage 2003

Bullinger, Manfred, Beiträge zum Handels- und Wirtschaftsrecht / Festschrift für Fritz Rittner, herausgegeben von Manfred Löwisch, Verlag C. H. Beck, München, 1991

Dietlein, Johannes, Nachfolge im öffentlichen Recht, Verlag Duncker & Humblot, Berlin, 1999

Drews, Bill / Wacke, Gerhard, Allgemeines Polizeirecht, Carl Heymanns Verlag, Berlin, 7. Auflage 1961

Ehlers, Dirk, Rechtsverhältnisse in der Leistungsverwaltung, DVBl. 1986, S. 912

Erichsen, Hans-Uwe / Ehlers, Dirk (Hrsg.), Allgemeines Verwaltungsrecht, Verlag Walter de Gruyter, Berlin, 13. Auflage 2006

Finkelnburg, Klaus, Zur Übung: Öffentliches Recht, JuS 1965, S. 496

Fleiner, Fritz, Institutionen des Deutschen Verwaltungsrechts, Mohr Verlag, Tübingen, 8. Auflage 1928

Forsthoff, Ernst, Lehrbuch des Verwaltungsrechts Band I, Verlag C. H. Beck, München, 10. Auflage 1973

Gallwas, Hans-Ullrich / Mößle, Wilhelm, Bayerisches Polizei- und Ordnungsrecht, Richard Boorberg Verlag, Stuttgart, 2. Auflage 1996

Götz, Volkmar, Allgemeines Polizei- und Ordnungsrecht, Verlag Vandenhoeck & Ruprecht, Göttingen, 13. Auflage 2001

Götz, Volmar, Die Entwicklung des allgemeinen Polizei- und Ordnungsrechts, NVwZ 1998, S. 679

Gusy, Christoph, Öffentlich-rechtliche Verträge zwischen Staat und Bürgern, DVBl. 1983, S. 1222

Gusy, Christoph, Polizeirecht, Verlag Mohr Siebeck, Tübingen, 6. Auflage 2006

Habermehl, Kai, Polizei- und Ordnungsrecht, Nomos Verlagsgesellschaft, Baden-Baden, 2. Auflage 1993

Heitmann, Heinrich, Die Rechtsnachfolge in verwaltungsrechtliche Berechtigungen und Verpflichtungen einer Zivilperson von Todes wegen, Dissertation, Münster, 1970

Hurst, Karl, Probleme der Zustandshaftung nach dem Polizei- und Ordnungsrecht im Falle der Rechtsnachfolge, DVBl. 1963, S. 804

Hurst, Werner, Zur Problematik der polizeirechtlichen Handlungshaftung, AöR Bd. 83 (1988), S. 43

Ihmels, Karl, Zur Vererblichkeit von Polizei- und Ordnungspflichten, DVBl. 1972, S. 481

Isensee, Josef / Kirchhof, Paul (Hrsg.), Handbuch des Staatsrechts Band V, 2. Auflage, C. F. Müller Juristischer Verlag, Heidelberg, 2000

Jauernig, Othmar, Zivilprozessrecht, Verlag C. H. Beck, München, 28. Auflage 2003

Jellinek, Georg, System der subjektiven öffentlichen Rechte, Wissenschaftliche Buchgesellschaft, Darmstadt, Unveränderter Nachdruck der 2. Auflage 1905, 1963

Jellinek, Walter, Verwaltungsrecht, Gehlen Verlag, Bad Homburg, 3. Auflage 1931 (Neudruck 1966)

Kluth, Winfried / Neuhäuser, Eva Julia, Der Anspruch auf Baulasteintragung, NVwZ 1996, S. 138

Knemeyer, Franz-Ludwig, Polizei- und Ordnungsrecht, Verlag C. H. Beck, München, 10. Auflage 2004

Kopp, Ferdinand / Schenke, Wolf-Rüdiger, Verwaltungsgerichtsordnung, C. H. Beck'-sche Verlagsbuchhandlung, München, 14. Auflage 2005

Kügel, Wilfried, Die Entwicklung des Altlastenrechts, NJW 1996, S. 2477

Lisken, Hans / Denninger, Erhard (Hrsg.), Handbuch des Polizeirechts, Verlag C. H. Beck, München, 3. Auflage 2001

Luhmann, Niklas, Grundrechte als Institution, Verlag Duncker & Humblot, Berlin, 1965

Malorny, Michael, Der Grundrechtsverzicht, JA 1974, S. 475

Martensen, Jürgen, Materielle Polizeipflicht und polizeiliche Verpflichtbarkeit des Bürgers in Anscheins- und Verdachtslagen, DVBl. 1996, S. 286

Maurer, Hartmut, Allgemeines Verwaltungsrecht, Verlag C. H. Beck, München, 16. Auflage 2006

Mayer, Otto, Deutsches Verwaltungsrecht 1. Band, Duncker & Humblot, München, 3. Auflage 1924 (Neudruck 1961)

Medicus, Dieter, Schuldrecht I - Allgemeiner Teil, Verlag C. H. Beck, München, 17. Auflage 2006

Menger, Christian-Friedrich (Hrsg.), Fortschritte des Verwaltungsrechts / Festschrift für Hans Julius Wolff, Verlag C. H. Beck, München, 1973

Meyer, Hans / Borgs, Hermann, Verwaltungsverfahrensgesetz, Metzner Verlag, Frankfurt am Main, 2. Aufl. 1982

Muckel, Stefan, Klausurenkurs zum besonderen Verwaltungsrecht, Luchterhand Verlag, Neuwied, 3. Aufl. 2005

v. Mutius, Albert, Zur Rechtsnachfolge in Verwaltungs- und Ordnungspflicht, VerwArch Bd. 62 (1971), S. 82

Nolte, Martin und Niestedt, Marian, Grundfälle zur Rechtsnachfolge im öffentlichen Recht, JuS 2000, S. 1071 u. 1172

Obermayer, Klaus, Kommentar zum Verwaltungsverfahrensgesetz, Luchterhand Verlag, Neuwied, 3. Auflage 1999

Oldiges, Martin, Rechtsnachfolge in Polizei- und Ordnungsrecht, JA1978, S. 541

Ortloff, Karsten-Michael, Baurechtliche Abrißverfügung und Rechtsnachfolge, JuS 1981, S. 574

Ossenbühl, Fritz, Zur Erziehungskompetenz des Staates, Festschrift für Friedrich Wilhelm Bosch zum 65. Geburtstag, herausgegeben von Walther J. Habscheid, Gieseking Verlag, Bielefeld, 1976

Ossenbühl, Fritz, Die Rechtsnachfolge des Erben in die Polizei- und Ordnungspflicht, NJW 1968, S. 1992

Ossenbühl, Fritz, Zur Haftung des Gesamtrechtsnachfolgers für Altlasten, Nomos Verlagsgesellschaft, Baden-Baden, 1995

Otto, Klaus, Die Nachfolge in öffentlich-rechtliche Positionen des Bürgers, Verlag Duncker & Humblot, Berlin, 1971

Palandt, Heinrich, BGB und Nebengesetze, Verlag C. H. Beck, München, 66. Auflage 2007

Pape, Kay Artur, Die Bewältigung von Altlasten in der Praxis, NJW 1994, S. 873

Papier, Hans-Jürgen, Altlasten und polizeiliche Störerhaftung, DVBl. 1985, S. 873

Papier, Hans-Jürgen, Die Verantwortlichkeit für Altlasten im öffentlichen Recht, NVwZ 1986, S. 256

Papier, Hans-Jürgen, Zur rückwirkenden Haftung des Rechtsnachfolgers für Altlasten, DVBl. 1996, S. 125

Peine, Franz-Joseph, Öffentlich-rechtliche Rechte und Pflichten, DVBl. 1980, S. 984

Peine, Franz-Joseph, Die Rechtsnachfolge in öffentlich-rechtliche Rechte und Pflichten, JuS 1997, S. 984

Petersen, Jan, Ordnungsrechtliche Verantwortlichkeit und Insolvenz, NJW 1992, S. 1202

Pieroth, Bodo / Schlink, Bernhard, Staatsrecht II (Grundrechte), C. F. Müller Juristischer Verlag, Heidelberg, 20. Auflage 2004

Pieroth, Bodo / Schlink, Bernhard / Kniesel, Michael, Polizei- und Ordnungsrecht, Verlag C. H. Beck, München, 3. Auflage 2005

Pietzcker, Jost, Polizeirechtliche Störerbestimmung nach Pflichtwidrigkeit und Risikosphäre, DVBl. 1984, S. 457

Rau, Markus, Die Rechtsnachfolge in Polizei- und Ordnungspflichten, JURA 2000, S. 37

Reiser, Ludwig, Dingliche Anwartschaften, Mohr Verlag, Tübingen, 1961

Riedl, Magnus, Die Rechts- und Pflichtennachfolge im Verwaltungsrecht, Carl Heymanns Verlag, München, 1998

Rimann, Waldemar, Zur Rechtsnachfolge im öffentlichen Recht, DVBl. 1962, S. 553

Rüfner, Wolfgang / Muckel, Stefan, Besonderes Verwaltungsrecht, Luchterhand Verlag, Neuwied, 2. Auflage 2002

Rumpf, Olav, Die Rechtsnachfolge im öffentlichen Recht, VerwArch. Bd. 78 (1987), S. 269

Schenke, Wolf-Rüdiger, Rechtsnachfolge in polizeilichen Pflichten, GewArch. 1976, S. 1

Schenke, Wolf-Rüdiger, Polizei- und Ordnungsrecht, C. F. Müller Juristischer Verlag, Heidelberg, 4. Auflage 2005

Schink, Alexander, Rechtsfragen der Altlasten, GewArch. 1996/2, S. 50

Schlabach, Erhard / Simon, Alexander, Die Rechtsnachfolge beim Verhaltensstörer, NVwZ 1992, S. 143

Schmidt-Aßmann, Eberhard (Hrsg.), Besonderes Verwaltungsrecht, Verlag Walter de Gruyter, Berlin, 13. Auflage 2005

Schnapp, Friedrich E. / Henckenötter, Sandra, Anordnung zur Tötung BSE - infizierter Kälber gegenüber einem Rechtsnachfolger, NWVBl. 1997, S. 481

Schnur, Roman, Probleme um den Störerbegriff im Polizeirecht, DVBl. 1962, S. 1

Schoch, Friedrich, Grundfälle zum Polizei- und Ordnungsrecht, JuS 1994, S. 1026

Scholler, Heinrich / Schloer, Bernhard, Grundzüge des Polizei- und Ordnungsrechts in der Bundesrepublik Deutschland, C. F. Müller Juristischer Verlag, Heidelberg, 4. Auflage 1993

Schumann, Karl – Heinz, Grundriss des Polizei- und Ordnungsrechts, Verlag Walter de Gruyter, Berlin, 1978

Schwachheim, Jürgen F., Zum Gesamtschuldnerausgleich unter mehreren Störern, NVwZ 1988, S. 501

Spannowsky, Willy, Probleme der Rechtsnachfolge im Verwaltungsverfahren und im Verwaltungsprozess, NVwZ 1992, S. 426

Stadie, Holger, Rechtsnachfolge im Verwaltungsrecht, DVBl. 1990, S. 501

Stern, Klaus, Handbuch des Staatsrechts Band III / 1, Verlag C. H. Beck, München, 1888

Stern, Klaus, Handbuch des Staatsrechts Band III / 2, Verlag C. H. Beck, München, 1994

Stober, Rolf, Rezension zu VGH Kassel (NJW 1976, S. 1910), NJW 1977, S. 123

Tettinger, Peter J. / Erbguth, Wilfried, Besonderes Verwaltungsrecht I, C. F. Müller Juristischer Verlag, Heidelberg, 8. Auflage 2005

v. Turegg, Kurt Egon, Feststellungsklage im Verwaltungsstreitverfahren, MDR 1952, S. 150

Wachsmuth, Hans – Joachim, Anordnungen nach Art. 100 Satz 1 und 2 BayBO gegen den Störer und seinen Rechtsnachfolger, in: Recht und Staat, Festschrift für Günther Küchenhoff zum 65. Geburtstag, herausgegeben von Hans Hablitzel, Verlag Duncker & Humblot, Berlin 1972

Wallerath, Max, Die Rechtsnachfolge im Verwaltungs- und Verwaltungsprozessrecht, JuS, 1971, S. 460

Wolff, Hans J. / Bachof, Otto / Stober, Rolf, Verwaltungsrecht I, C.H. Becksche Verlagsbuchhandlung, München, 11. Auflage 1999

Zacharias, Diana, Die Rechtsnachfolge im öffentlichen Recht, JA 2001, S. 720

Zöller, Richard, Zivilprozessordnung, Verlag Dr. Otto Schmidt, 26. Auflage 2007